Deepen Your Mind

前言

從 2018 年開始，我和高岳、孫奇一起從事業務安全產品設計、研發的工作。在此之前，高岳是行動安全方面的專家，孫奇是資深的 Java 架構師，而我則是從事駭客攻防對抗的工程師。於我們而言，這是一段非常美好的經歷，非常感謝命運的安排。

因為個人興趣和工作需要，我們和很多朋友就網際網路業務安全進行了深入交流。他們有的是網際網路公司的產品研發人員和營運人員，有的是傳統金融機構網際網路線上業務擴充推廣人員，也有的是專業風控和安全從業者。從與他們的溝通交流中，我們學到了很多業務領域的知識，同時也發現大家對網際網路駭客產業及網際網路業務安全系統建置缺乏深入了解。我們常常聽到這樣的話：「投入了很多資源建置網際網路業務安全系統，購買了專業公司的風控產品和服務，但是依然無法阻止網路駭客產業無情的攻擊。」

在實際專案中，我們也遇到了一些困擾：產品 PoC 測試嚴重脫離業務場景實際需求，錯誤的策略部署導致產品無法正常發揮防禦能力。我們在重現時常常反思這些問題，是不是可以透過某些方式幫助客戶更全面地了解業務風險的脈絡和駭客產業攻擊的策略。很多問題的產生並不是因為駭客產業集團的技術有多麼高明，而是因為防禦方不能夠極佳地幫助客戶了解業務風險。

2019 年 3 月的某一天，高嶽提議寫一本全面介紹網際網路業務反詐騙系統建置和實作經驗的書籍，這個建議點燃了我們心中的火焰。我們立即開始整理資料並寫作，經過 8 個多月的努力，我們在 2020 年的春節前完成了這本書稿。

本書主要分為洞察駭客產業、系統建置、實戰教學和新的戰場 4 個部分。第 1 部分介紹了駭客產業詐騙集團的運作策略和攻擊方法；第 2 部分歸納了我們在建置反詐騙技術系統過程中沉澱的實作經驗；第 3 部分分享了我們和駭客產業對抗的多個實戰案例，以及機器學習演算法的綜合運用；第 4 部分介紹了我們在物聯網、內容安全、隱私符合規範等方面的實作和對海外廠商的觀察。

希望讀者透過閱讀本書，可以對網際網路反詐騙的企業現狀有一個系統而實際的認識。業務安全的真正力量是內生的，專業的安全風控公司可以提供工具、平台和策略建議，但是只有業務方真正了解風險和防控想法，才能在與駭客產業的對抗中設計好業務規則、營運好安全性原則，取得較好的效果。如果讀者正在關注該領域或從事相關工作，我們相信本書一定能夠為您提供幫助。

我們相信本書將成為網際網路歷史中一個微小但堅硬的符號。以目前網際網路的進化速度，許多年後本書介紹的風控系統可能會被新技術完全重構，企業局勢也會有很大的不同。後來者可以透過本書觀察和體會企業與技術的演進軌跡，進而把握未來的發展趨勢。

用工作之外的時間把自己的想法變成數十萬字的圖書，是一件非常考驗耐心的事情。除了三位主要作者，還有以下幾位同學堅持參與撰寫本書的部分內容。

- 李克勤、章嵐撰寫了「第 2 章 駭客產業武器倉庫概覽」、「第 10 章 風險資料名單系統」和「第 11 章 詐騙情報系統」章節的初稿。
- 郭嵩、彭亮撰寫了「第 4 章 風控核心元件裝置指紋」中 Web 裝置指紋和 JS 混淆相關內容的初稿。
- 趙峰撰寫了「第 5 章 以使用者行為為基礎的生物探針」章節的初稿。
- 江傑撰寫了「第 6 章 智慧驗證碼的前世今生」章節的初稿。
- 賀海軍、王明英撰寫了「第 12 章 機器學習演算法的使用」實戰案例相關的內容。
- 劉瑩撰寫了「第 13 章 網際網路反詐騙實戰」章節的初稿。

在稿件完成之際，有特別多想感謝的朋友。在過去的一年中，羅小果等同事運作的專案，促使我們對業務安全防禦系統有了更深入的思考，使得本書的整體架構更具有邏輯性。在完成初稿後，陳鈞衍等多位技術同事列出了很多非常好的修改建議。感謝電子工業出版社的策劃編輯符隆美，感謝我們的同事韜哥、偉哥、藝嚴等，感謝「藍星技術群」的網際網路安全同行，沒有你們的鼓勵和幫助，也許就不會有這本書的面世。

作為網際網路安全從業者，回顧這幾年走過的路，駭客產業的技術發展和規模膨脹所帶來了很大的壓力，同時也讓我們有了更大的動力去建置更加有效的安全防禦產品系統。在此我們向網際網路安全企業中諸多提攜我們成長的前輩和守望相助的朋友們致敬，他們是 alert7、binw、cnhawk、coolc、cy07、flashsky、huiwang、instruder、kevin1986、lake2、lenx、linkboy、marcohp、mkliu、oldjun、pix、rozero、scz、tb、xi4oyu、xundi、方斌、丁麗萍、顧孔希、高亮、何藝、劉進、林鵬、馬坤、聶君、秦波、王彬、王任飛、王英健、閻文斌、楊珉、趙弼政等等（排名不分前後），還有很多很多企業拓荒者和同行者，在此難以一一列舉。

由於作者寫作水準有限，書中難免存在疏漏與不足之處，懇請讀者批評指正。就本書覆蓋的內容而言，在反爬蟲、反洗錢、業務生態秩序安全治理及使用者安全心智建設等深水區沒有進行深入說明，我們也是心有遺憾並且希望能夠在下一本書中彌補，敬請期待。

馬傳雷

目錄

第四部分　新的戰場

14 物聯網時代的風控

15 內容安全與符合規範

16 風控與資料符合規範使用

17 海外風控公司

A 參考文獻

網際網路業務安全概述

目前網際網路安全產業大致可以分為基礎安全和業務安全兩個領域。縱觀網際網路安全 20 多年的發展過程,業務安全還是一個相對年輕的細分領域。如果以上市為創業成功的標準,那麼業務安全領域的企業還在向著成功的方向努力奔跑著。

從網際網路誕生至 2014 年,網際網路安全企業關注的熱點基本都聚焦在網路安全、系統安全和應用安全這三大基礎安全領域上,"DDoS"(分散式拒絕服務攻擊)、「漏洞」、「個人資訊盜取」和「特洛伊木馬植入」等大家耳熟能詳的術語也是從這些領域中衍生出來的。啟明星辰、綠盟科技、奇安信和深信服等比較知名的企業,都屬於基礎網路安全領域。企業的發展以符合規範需求、漏洞攻防技術發展為驅動力,緩衝區溢位攻擊的流行推動了 IPS 產品的發展,CC 攻擊的興起促使 Anti-ddos 產品成為企業網路安全的防護產品,SQL 植入攻擊技術的普及則讓 WAF 產品成為安全防禦系統的標準配備。專業的乙方安全公司和「在野」的駭客集團是這一時期較為主要的技術博弈方,而絕大部分企業和政府單位的安全防護系統建設均以採購和使用乙方安全公司成熟的商業產品、解決方案和外部安全服務為主。

2014 年前後,隨著網際網路業務的爆炸式發展,黑色產業集團開始從「攻擊滲透系統獲利」的傳統策略進化到「利用業務風控缺失進行大規模牟利」的模式,並且逐漸形成規模龐大、分工明確的黑色產業鏈。同一時間,一批業務安全風控企業從天而降,標誌著業務安全細分領域的崛起。在此之前,僅有一些大型的網際網路公司因為黑色產業對其核心業務進行激烈的攻擊而成立了專業的業務安全團隊,如騰訊的 QQ 帳號安全團隊和盛大遊戲的反外掛團隊。這些團隊僅在公司內部做了很多拓荒性的工作，設計和研發了一些出色的內部安全平台和工具，但是對整個網際網路業務安全領域的影響不足。而一批新興的乙方風控企業，則選擇惠及更多的企業，將技術演算法賦能給其他風控能力薄弱的網際網路公司，共用黑色產業對抗成果。

在 2014 年之後的幾年時間裡，網際網路風控反詐騙陣營和黑色產業集團展開了波瀾壯闊的鏖戰，有關遊戲、電子商務、支付、視訊直播甚至共享單車等幾乎所有網際網路業務領域。雙方在拉鋸戰中互有勝負，直到網路警察「淨網行動」全面展開後，黑色產業的囂張氣焰才獲得有效遏制。

黑色產業攻擊的蔓延

從近年來的多個黑色產業攻擊事件的分析和深度追蹤中，我們可以看到黑色產業已經全面滲透到網際網路平台及金融機構的各個場景，迅速在全網蔓延，近幾年呈現出愈演愈烈的趨勢，給企業和社會造成了不可估量的損失。據統計，中國大陸黑色產業成員超過 50 萬人，黑色產業集團之間已經形成了相互分工、緊密合作的產業生態。由於企業之間資訊和資料的割裂，詐騙分子常常能順利游走於不同平台之間。

從網路警察已經偵破的黑色產業案件來看，黑色產業的攻擊規模不斷擴大，有關的網際網路企業和使用者也越來越多。2017 年，浙江省紹興市警方偵破了一起非法竊取 30 億筆使用者資料的黑色產業攻擊案件。犯罪集團利用技術方法非法綁架電信業者流量，進一步利用巨量資料分析技術取得使用者在網上的搜尋記錄、出行記錄、開房記錄、交易記錄等資訊，用於對網際網路金融企業的進一步攻擊。我們為網上銀行提供的帳號保護 SaaS 服務資料變化趨勢如圖 1 所示，可以看出黑色產業集團對金融業務的攻擊風險也呈現規模不斷擴大的局勢。

圖 1　登入場景風險分佈

近幾年來，網際網路領域發生了多起黑色產業攻擊事件，都印證了我們對黑色產業發展局勢的判斷。表 1 是我們收集的一些典型的黑色產業攻擊事件，供讀者參考。

表 1　典型的黑色產業攻擊事件

年份	事件	過程
2017 年	「快啊答題」黑色產業集團破解多家網際網路公司驗證碼	「快啊答題」黑色產業集團開發的驗證碼破解軟體，採用先進的以神經網路深度學習為基礎的人工智慧技術，可不斷自我訓練學習以增強準確度，快速巨量地破解驗證碼。該集團僅一個季就對多家網際網路公司的驗證碼進行了數百億次破解，非法取得並販賣大量公民資訊，已在 2017 年被浙江省紹興市警方破獲
2018 年	星巴克聖誕特飲邀請券被黑色產業「薅羊毛」	2018 年，星巴克推出行銷活動：下載星巴克 APP，註冊後可獲贈一張邀請券，能免費兌換任意一杯中杯聖誕當季特飲。由於此次行銷活動沒有採用反積分集點措施，黑色產業開發了自動註冊機，後台自動呼叫打碼平台進行自動兌換，短時間取得的廉價兌換券高達數十萬張。換來的兌換券透過朋友圈、微商等通路批次銷售。在朋友圈中，價值 25 元的咖啡券以 9.9 元、8.8 元，甚至兩三元的價格進行銷售。隨著訊息的擴散，「薅羊毛」的行為呈指數級增長，開始出現網友在星巴克咖啡廳排隊兌換咖啡的場景，部分店面的正常使用者消費受到嚴重影響

年份	事件	過程
2018 年	浙江省紹興市警方偵破「瑞智華勝」竊取 30 億筆使用者帳號資料案件	浙江省紹興市警方偵破了新三板上市公司北京瑞智華勝科技股份有限公司（簡稱「瑞智華勝」）非法竊取使用者 30 億筆資訊的案件。這次案件資訊竊取規模龐大，有關多家網際網路科技公司，包含百度、騰訊、阿里、京東等全國 96 家網際網路公司。該涉案集團透過與全國十餘省市多家電信業者簽訂行銷廣告系統服務合約，非法從電信業者流量池中取得使用者帳戶資訊，進一步操控使用者帳號，在微博、微信、QQ、淘寶和抖音等平台上加粉、加群、違規推廣，非法獲利
2018 年	"xxtouch" 集團惡意註冊養號	"xxtouch" 是一款按鍵精靈，它整合了改機工具的功能，包含偽裝手機資訊、GPS 資訊功能均可輕易一鍵偽造，為惡意註冊黑色產業配備了全套武器。該黑色產業集團形成了「下游微信惡意註冊養號人員——中游指令稿開發人員——上游軟體開發人員」的全生態鏈，現已被警方破獲
2019 年	巧達科技非法竊取數億筆公民資訊	2019 年，號稱擁有全國最大履歷表資料庫的人力銀行資料公司巧達科技被曝公司所有人員被北京警方帶走。該公司從中國大陸各大人力銀行網站竊取和整合了多達 2.2 億份履歷，其中包含大量的個人隱私資訊

業務安全的崛起

黑色產業在網際網路領域的橫行無忌，從反面推動了網際網路業務安全反詐騙領域的快速發展。網際網路業務模式的不斷創新決定了風險的複雜多變，如今業務安全企業的技術、產品和解決方案，已經覆蓋了幾乎所有的網際網路業務正常場景，並且和傳統安全領域也發生了深度的交集和融合。

下面是常見的風控場景舉例：

■ 註冊和登入場景的風控：如何對抗黑色產業註冊虛假帳號、養號的行為，如何對抗黑色產業暴力破解帳戶密碼，如何對抗「暴力密碼比對」攻擊。黑色產業手中掌握了大量的手機號碼卡、公民資訊和數以億計的已洩露的網際網路帳號密碼，這對任何一個網際網路平台都是致命的威脅。

■ 行銷活動風控保護：行銷活動發放的紅包、遊戲點券或其他獎勵如何才能夠不被黑色產業集團「薅羊毛」。這種事件層出不窮，網際網路上也常有報導。

■ APP 通路推廣保護：推廣 APP 裝機量投入巨額費用後，如何衡量真實效果。使用者每安裝啟動一個 APP，平台需要支付 10 元甚至 20 元，黑色產業透過「手機農場」虛假安裝已經是廣告企業頑疾。

■ 交易和支付場景風控：盜號支付如何解決、非法聚合支付如何解決、洗錢如何解決，這些符合規範性問題關乎支付平台和相關業務的生死。

■ 介面安全保護：簡訊發送介面被壞人用於製作「簡訊炸彈」是大家都遇到過的場景。

■ 內容安全：內容安全既包含「入」也包含「出」，「入」是檢測使用者發佈到平台的內容是否包含「色情、反動、賭博和暴力」等違規資訊，「出」則是對抗專業爬蟲大量取得網站內容資訊。

在這些場景中，黑色產業具備哪些資源、是如何實施攻擊的，網際網路企業如何從資料、工具和演算法等多個維度展開對抗，我們將在後續章節進行詳細的説明。

第一部分

洞察黑色產業

黑色產業發展局勢

本章將介紹中國大陸黑色產業的整體發展情況，供讀者參考。值得一提的是，公安部在 2019 年的「淨網行動」對黑色產業生態進行了系統性的打擊，黑色產業鏈在經歷了 5 年多的野蠻發展之後，終於獲得了有效地遏制。

1.1 黑色產業組織結構

根據中國網際網路絡資訊中心在 2019 年 8 月發佈的《第 44 次中國網際網路絡發展狀況統計報告》，截至 2019 年 6 月，中國大陸網民規模已達 8.54 億，手機網民規模已達 8.47 億。

如此大規模的網際網路使用者群眾產生了極大的網際網路業務需求和互動流量，形成了兩個網際網路生態，一個是看得見的，另一個是看不見的。看得見的生態，是網際網路廠商用網站、APP、小程式和線上線下的服務建置起來的。它們是由很多優秀的產品團隊設計產生的，有監管、有秩序、有規則。看不見的生態，是圍繞主流網際網路產品和服務衍生出的一條條黑色、灰色產業鏈，聚集了規模龐大的黑色產業群眾。它們雖然沒有明顯展現在普通網民面前，但是卻真實存在並且擁有強大的力量。

黑色產業群眾組織分工明細，如有「羊頭」、「推手」和「羊毛」之分的羊毛黨群眾（後文我們會詳細介紹這些術語），並且善於偽裝。黑色產業從業者中有的全職，有的兼職，在兼職人群中，有各行各業人員，辨認難度大。同時黑色產業群眾技術更新反覆運算迅速，可以在短時間內對廠商的防護方法破解並更新多個版本的作弊工具。據不完全統計，在這個龐大的黑色產業鏈中，黑色產業從業人員已達數十萬餘人，每年給網際網路公司造成的經濟損失超過百億元。

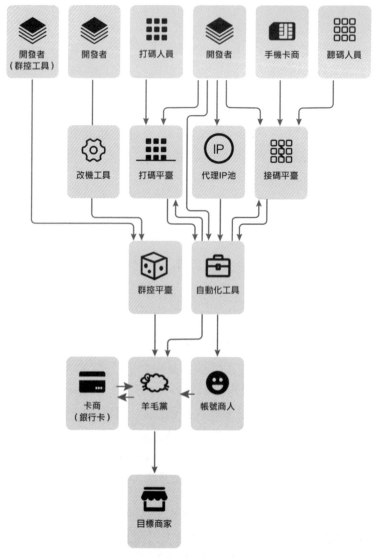

圖 1.1 黑色產業鏈結構

黑色產業群眾有各種各樣的工具，利用這些工具相當大地提升了黑色產業作案效率，同時也更加擴大了企業廠商的危害。這些工具常常是為了某種特定的應用場景而設計的，被黑色產業發現之後，開始大規模利用，對網際網路帶來了極大的影響。

經過長期對黑色產業鏈的追蹤調查，我們整理出了黑色產業鏈結構，如圖 1.1 所示。

在整個黑色產業鏈中，各個環節都已有專業分工，相互之間緊密配合，其中技術類別黑色產業負責提供豐富的代理 IP、虛假號碼和各種自動化工具。

網際網路黑色產業遠不止羊毛黨一種，只是很多自媒體會把參與行銷、優惠、滿減活動並以此牟利的黑色產業統稱為羊毛黨。在業務安全的角度上分析，我們會把不同產業、不同場景中的風險行為分門別類，針對特定的風險，使用特定的規則或模型進行防控。

在此，我們整理了一份「反詐騙詞典」，用於定義各種黑色產業的實際行為和名詞術語，列舉如下：

- **垃圾註冊**：在註冊環節中，使用虛假、不穩定的身份資訊，如虛假號碼、通訊小號、臨時電子郵件、虛假電子郵件註冊，或使用指令稿、註冊機進行批次註冊的行為，稱為垃圾註冊。註冊完的垃圾帳號，在直播視訊企業中被用於關注、點讚、觀看視訊量、批次評論等，在電子商務企業被用於刷店鋪存取量、關注量等。這種帳號在帳號命名上也有所特徵，常見的有不規則英文組合、古詩詞句截取等。

- **薅羊毛 (賺積分)**：使用虛假身份資訊或自動化工具參與各種行銷活動的行為，行銷活動包含但不限於折扣、返現、抽獎、滿減等形式，並且不能給平台帶來實際的活躍使用者或訂單交易。執行薅羊毛行為的人稱為羊毛黨。

- **黃牛 / 刷單**：在合法銷售途徑以外，壟斷、銷售限量參與權或商品，並以此牟利的仲介人稱為黃牛。從業務安全的角度上看，黃牛和刷單在行為上相似度極高，都發生在交易場景中，並且具有爆發性，會大量使用自動化工具。黃牛和刷單的區別在於，刷單過程中買到的產品，即使加價出售，也比商品原來的價格要低。而黃牛在倒賣的時候，價格會遠高於商品原本的價格。還有區別在於價格和目標商品類別目上，在刷單過程中刷手需提前確認收貨好評墊付商品金額，為了控制刷單成本一般選擇低價商品。但黃牛的目標多為熱門缺乏的熱點商品，便於後期加價出售獲利。如某熱門手機，某海外熱門歌手演唱會門票每年必遭黃牛哄搶，單價商品倒賣價格已達上萬元。在智慧風控引擎中，這兩種詐騙行為的表現幾乎是一致的，不做詳細區分。

- **眾包**：由多個獨立的個體共同參與完成的一項任務被稱為眾包。有羊頭發起，許多羊毛黨線上參與的薅羊毛行為稱為眾包薅羊毛。一個典型的案例，在某微信群中，羊頭和羊毛黨配合，羊頭負責收集線報並同步到微信群內，一般是商品折扣或滿減形式。同時，羊頭在群內收購商品，羊毛黨參與活動，低價購買了商品，可以直接轉售給羊頭，羊頭支付商品成本和手動費用。羊頭借此囤積了大量的低價商品，再透過其他線下通路轉售出去。所有參與此次薅羊毛行為的使用者都是獨立的真實使用者。

- **炒信**：透過各種途徑和方法進行虛假交易，快速提升商戶交易量、信用等級的行為統稱為炒信。

- **套利**：由商戶端發起的薅羊毛行為被定義為套利。舉例來說，在銀聯活動中，某家銀行的活動形式是，使用者到指定門店消費，消費滿 100 元送 50 元，同時商戶也可以獲得 50 元獎勵。活動期間出現了商家和羊毛黨聯合詐騙，羊毛黨到店掃碼支付，商家會退回支付的錢，沒有發生任何實質上的交易，但是羊毛黨和商家都能夠獲得獎勵，以此騙取獎勵。

- **空包**：虛假發送快遞，發送空的快遞或包裹。在電子商務場景中，訂單提交後，商家將商品包裝，透過快遞方式發送給使用者。在套利或炒信時，商家必須給平台提交物流單號完成發貨動作，買家簽收後錢款打入賣家帳號，一筆交易才算完成。此時，如果商戶選擇發送空的快遞，或提交已經完成的、其他平台的快遞單號，則可以節省成本。市面上也有很多打著代發快遞名頭的空包網站，代發一單快遞的售價為 0.6 元～ 0.8 元，並且可以提供真實的物流資訊來避開甲方平台的風控策略。

以上僅列舉了一些常見的、在黑色產業中間已經比較成熟的行為術語。這些
名詞對從事網際網路風控和業務安全的讀者來說，應該都不陌生，每一種業
務風險在不同的企業中都會有不同的表現。還有很多詐騙行為是隱性的，需
要長期監控和採擷才能發現。

1.2 黑色產業成員分佈

我們的情報團隊採用以人工智慧為基礎的情報系統對黑色產業網路進行了布
控，對黑色產業集團的運作方式、人員分佈等進行了深入追蹤和分析（黑色
產業情報系統的執行機制如圖 1.2 所示，我們在後面章節會詳細介紹）。

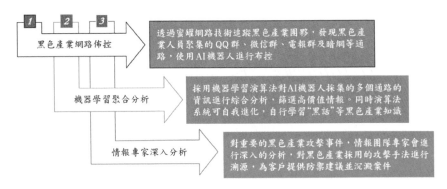

圖 1.2 黑色產業情報系統的執行機制

透過取樣近萬名活躍黑色產業參與者進行分析，結果如圖 1.3 所示，其中年齡
為 18 歲～ 24 歲的參與者百分比超過 50%。

圖 1.3 黑色產業參與者分佈

1.3 黑色產業專業化分工

在金錢驅動下，黑色產業集團的分工越來越精細，專業化程度不斷提升，巨量資料分析、深度學習和人工智慧技術也被廣泛使用。

2017 年，浙江省紹興市警方破獲了「快啊答題」打碼平台非法取得販賣公民資訊案。該集團利用人工智慧進行曬密暴力密碼比對、經銷資料、冒充詐騙、洗錢，組成了一條完整的黑色產業鏈。該案件受害人遍佈全國 20 多個省、5 個自治區、4 個直轄市，涉案金額高達 2000 多萬元。在該案中，黑色產業集團中的技術人員基於主流人工智慧深度學習 Caffe 架構，使用 vgg16 卷積核心神經網路模型，研發了一套非常先進的驗證碼自動識別平台，總累計破解驗證碼約 1200 億次。

1.4 黑色產業攻擊規模

據網際網路上一些公開的統計資訊，各種黑色產業每年給網際網路公司帶來的經濟損失已經超過百億元，黑色產業從業人員高達數十萬人。這些資訊的數量級基本是符合的，我們從 SaaS 服務呼叫資料也可以對黑色產業的規模有一個直觀的認識，如圖 1.4 所示。

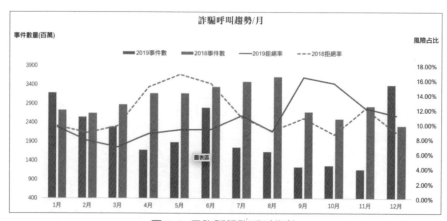

圖 1.4 反詐騙服務呼叫趨勢

圖 1.5 是各種事件中風險事件百分比，一般為 10% ～ 15%。這個數值與企業、場景、時間有直接的關係。其中，電子商務平台在「雙11」、「雙12」和 "6‧18" 等大規模的促銷活動時段，優惠力道比較大，詐騙事件會比其他時段要多。黑色產業集團一般也不打無準備之仗，常常在活動之前一到兩個月就開始籌備，註冊帳號、養號、開發和測試作弊工具等行為都會提前進行。

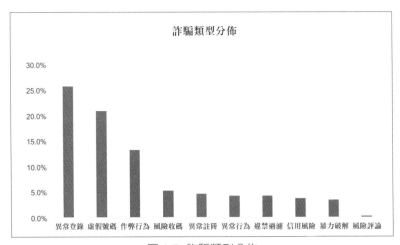

圖 1.5　詐騙類型分佈

從不同業務場景來看，註冊登入場景中的風險百分比是最高的，可以高達 40%。因為對絕大部分的業務流程來說，註冊登入是所有後續業務的門檻。黑色產業必須邁過這個門檻，才能執行交易、支付等行為。因此，如果能夠在註冊登入場景中做好風控，把絕大部分的黑色產業拒之門外，在後續的其他環節中，風險就會降低很多。

從地域上看，如圖 1.6 所示，詐騙攻擊的來源主要集中在華東地區，百分比為 45.72%。這並不代表黑色產業真實的所在地，而是透過 IP 歸屬地、手機號碼歸屬地、裝置定位等資訊綜合得出來的。

透過對參與詐騙活動的 IP 位址進行分析，發現近 10% 的詐騙行為都來自家用寬頻 IP 位址。

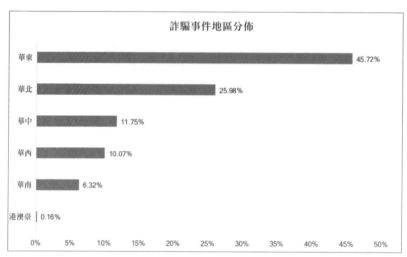

圖 1.6 詐騙攻擊來源區域分佈

透過知識圖譜連結分析，我們把使用相同手機號碼、裝置的黑色產業進行聚合，可以對黑色產業集團進行識別和深入採擷。在這些連結資料中，聚整合簇的就被定義為「集團」，集團中出現的手機號碼和裝置就可以被視為「成員」。我們累計發現並標記了超過 8 萬人的「超大規模」集團，有關的手機號碼、裝置節點數量總計超過 10 萬個，其規模分佈如圖 1.7 所示。

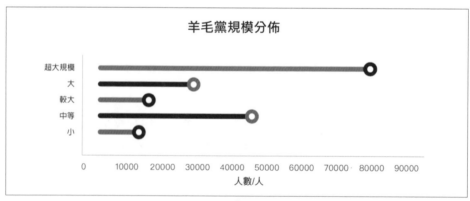

圖 1.7 羊毛黨規模分佈

1.5 電信詐騙黑色產業

在現實世界中還有一種更加兇殘的黑色產業集團——電信詐騙集團。這種黑色產業集團的危害遠遠超過上文所說的羊毛黨類黑色產業。他們通常透過暗網等通路購買大量公民隱私資料，透過分析後選定詐騙目標，撰寫特定的劇本實施詐騙。其劇本撰寫的針對性非常強，常常會擊中目標受害使用者的心理脆弱點，所以詐騙成功率非常高。我們曾多次協助銀行客戶進行電信詐騙案件的分析和對抗，持續追蹤了一個藏匿在境外的大型電信詐騙集團。該集團冒充司法機關對大量境內網民進行定向詐騙，在 3 個月內成功詐騙了近 7000人，詐騙金額高達近 2 億元（見圖 1.8）。其洗錢的通路和網路賭博集團類似，常常會經過「水房」（在企業裡指專業的洗錢通路）出境。

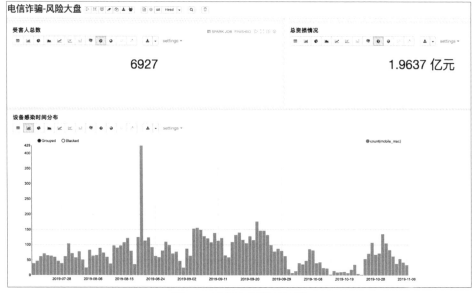

圖 1.8 電信詐騙案件追蹤

1.6 本章小結

本章主要介紹了黑色產業鏈發展的局勢、規模和運作的系統。所謂「知己知彼，百戰百勝」，在對抗黑色產業之前，必須先對他們進行充分的了解。

黑色產業鏈之所以難以斬斷，除技術因素之外，還和它形成的利益生態有相當大的關係。當黑色產業集團規模發展到某種程度後，它就成了一種能夠干擾網際網路正常生態的力量。

不少看似正規的網際網路企業為了獲得極速的成長，甚至會主動引用黑色產業生態的流量。

黑色產業武器倉庫概覽

本章我們會對黑色產業常用的一些技術方法進行簡單歸納介紹，幫助讀者了解黑色產業是如何運作、如何進行攻擊的。黑色產業技術也在與時俱進，其中不乏一些具有較高技術水準的作弊方法。

2.1 虛假號碼

這裡所説的「虛假號碼」是電信業者真實存在的手機號碼，但這些手機號碼未經實名認證，可以用於代替他人接收驗證碼。

現在的網際網路平台在使用者註冊時，幾乎都需要手機號碼接收驗證碼進行二次認證。手機號碼已經成為網民的通行證，甚至是「網路身份證」。採用手機號碼接收簡訊進行驗證，一方面解決了使用者實名的問題，另一方面也比採用郵件驗證等傳統方式更為便捷。

黑色產業集團在薅羊毛、刷單這種詐騙活動中，動輒就有數十萬個、數百萬個帳號參與，每一個帳號都表示有一個可以接收簡訊的手機號碼。這些手機號碼從何而來？難道黑色產業有這麼多的手機號碼來註冊嗎？

在網際網路黑色產業鏈中，源源不斷地有人給黑色產業提供大量可用的手機號碼。這些手機號碼幾乎成了所有網際網路詐騙活動的根源，我們也稱之為虛假號碼。虛假號碼由手機卡商提供，對接到接碼平台中，提供簡訊驗證碼代收服務，進一步被各種黑色產業使用。在整個黑色產業鏈中，手機卡商處於產業鏈上游，並且是整個產業鏈的關鍵節點。虛擬號碼數量初步估計為 5000 萬個，這批手機號碼會在全網流竄，對不同廠商進行詐騙活動。本節將對虛假號碼的技術原理進行詳細介紹。

2.1.1 貓池

使用過 ADSL 寬頻的讀者應該都還記得，裝完寬頻以後，我們需要使用一個裝置來進行訊號轉換，才能在電腦或路由器上撥號。這個裝置一般叫作「貓」，英文名為 Modem。

如圖 2.1 所示，其裝置叫作 Modem Pool，是一種用於控制和管理 SIM 卡的裝置，英文名字面翻譯成中文是「貓池」。

貓池其實是由多個 Modem 模組合而成的，從圖 2.2 中可以清晰地看到多個模組。每個模組等於一台簡單通訊功能的手機，附帶有 SIM 卡槽、基頻晶片、射頻晶片、手機天線。每個 Modem 模組都可以獨立控制，收發簡訊和撥打電話。

圖 2.1 貓池

圖 2.2 電路板

貓池可以用 AT 指令進行控制，例如。

- 電話呼叫 139****8888：ATD+139****8888\r\n。
- 掛斷電話：ATH\r\n。
- 讀取簡訊列表：AT+CMG\r\n。

使用 AT 指令不是很方便，於是市面上就出現了一系列搭配的貓池管理軟體。其中比較常見的就是「酷卡」和「嘻唎唎」。這些軟體具備了非常完整的貓池管理功能，以圖形介面的方式對貓池操作，底層依然透過 AT 指令來控制，但黑色產業操作已經十分方便了，如圖 2.3 所示為酷卡軟體的執行介面。

圖 2.3 酷卡軟體執行介面

「酷卡」本身不支援延伸開發，但會把讀取到的簡訊和通話記錄等資訊儲存到資料庫檔案中，可以使用其他程式讀取這個資料檔案，取得簡訊和來電資訊，這就給黑色產業帶來了便利。

接碼平台會給卡商提供「卡商端」程式，用於讀取和上傳貓池中的簡訊資料，其原理就是讀取「酷卡」和「嘻唎唎」兩款貓池管理軟體中的資料庫檔案。

2.1.2 簡訊驗證碼

簡訊驗證碼如今已經成為一種基本的身份認證方法，某些平台甚至把簡訊驗證碼當成唯一的驗證方式。

簡訊驗證碼本身具有隨機性，一般為 4～6 位的數字，有效期很短。簡訊驗證碼透過簡訊方式發送到使用者端，它是一種相對安全的通道。之所以說相對安全，是因為 GSM 網路簡訊是不加密的，能夠被無線電裝置偵測。一般在註冊場景中，使用者必須有一個手機號碼可以接收簡訊驗證碼，並且該手機沒有在該平台上使用過，才能完成整個註冊新帳號流程。

如果有足夠多的手機號碼來完成這個驗證，就可以大量地註冊帳號，應用於各種詐騙行為，而虛假號碼提供了這種可能。

一般的簡訊驗證碼，透過貓池和管理軟體配合就能夠自動讀取出來，實現註冊登入的自動化操作。為了對抗貓池，很多平台逐漸演變出了新型的驗證碼形式，例如語音驗證碼或要求使用者向指定號碼發送一條驗證碼簡訊。

部分貓池是支援語音功能的，可以將通話過程中的語音內容儲存為音訊檔案，進一步透過其他方法把驗證碼識別出來，比較常見的一種方法是「人工聽碼」。

如圖 2.4 所示為某接碼平台的註冊介面，可以註冊成為「聽碼人員」，專門負責從音訊檔案中聽取驗證碼資訊。

圖 2.4 某接碼平台的註冊介面

2.1.3 接碼平台

接碼平台是「虛假號碼」的集散地。在過去幾年裡，我們對網際網路上出現過的接碼平台進行了監控，累計發現了 300 多個接碼平台，這些平台源源不斷地為網際網路黑色產業提供虛假號碼資源。部分平台甚至提供有數量不小的境外手機號碼，其中北美和東南亞地區的手機卡數量比較多。接碼平台的後台介面如圖 2.5 所示。

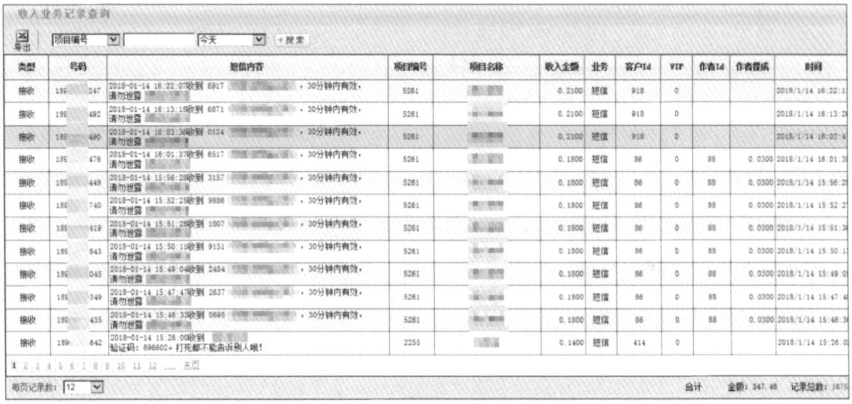

收入业务记录查询

导出　项目编号　今天　搜索

类型	号码	短信内容	项目编号	项目名称	收入金额	业务	客户Id	VIP	作者Id	作者提成	时间
接收	189[illegible]247	2018-01-14 16:22:07收到 6917 [illegible]，30分钟内有效，请勿泄露 [illegible]	5261	[illegible]	0.2100	短信	918	0			2018/1/14 16:22:1
接收	189[illegible]492	2018-01-14 16:13:19收到 6871 [illegible]，30分钟内有效，请勿泄露 [illegible]	5261	[illegible]	0.2100	短信	918	0			2018/1/14 16:13:2
接收	189[illegible]490	2018-01-14 16:03:36收到 0124 [illegible]，30分钟内有效，请勿泄露 [illegible]	5261	[illegible]	0.2100	短信	918	0			2018/1/14 16:03:4
接收	189[illegible]476	2018-01-14 16:01:37收到 6517 [illegible]，30分钟内有效，请勿泄露 [illegible]	5261	[illegible]	0.1800	短信	86	0	88	0.0300	2018/1/14 16:01:3
接收	189[illegible]449	2018-01-14 15:56:28收到 3157 [illegible]，30分钟内有效，请勿泄露 [illegible]	5261	[illegible]	0.1800	短信	86	0	88	0.0300	2018/1/14 15:56:2
接收	189[illegible]740	2018-01-14 15:52:25收到 9886 [illegible]，30分钟内有效，请勿泄露 [illegible]	5261	[illegible]	0.1800	短信	86	0	88	0.0300	2018/1/14 15:52:2
接收	189[illegible]419	2018-01-14 15:51:28收到 1007 [illegible]，30分钟内有效，请勿泄露 [illegible]	5261	[illegible]	0.1800	短信	86	0	88	0.0300	2018/1/14 15:51:3
接收	189[illegible]843	2018-01-14 15:50:11收到 9151 [illegible]，30分钟内有效，请勿泄露 [illegible]	5261	[illegible]	0.1800	短信	86	0	88	0.0300	2018/1/14 15:50:1
接收	189[illegible]045	2018-01-14 15:49:04收到 2454 [illegible]，30分钟内有效，请勿泄露 [illegible]	5261	[illegible]	0.1800	短信	86	0	88	0.0300	2018/1/14 15:49:0
接收	189[illegible]349	2018-01-14 15:47:47收到 2637 [illegible]，30分钟内有效，请勿泄露 [illegible]	5261	[illegible]	0.1800	短信	86	0	88	0.0300	2018/1/14 15:47:4
接收	189[illegible]435	2018-01-14 15:46:33收到 0695 [illegible]，30分钟内有效，请勿泄露 [illegible]	5261	[illegible]	0.1800	短信	86	0	88	0.0300	2018/1/14 15:46:3
接收	189[illegible]642	2018-01-14 15:26:00收到 [illegible] 验证码：696602。打死都不能告诉别人哦！	2255	[illegible]	0.1400	短信	414	0			2018/1/14 15:26:0

1 2 3 4 5 6 7 8 9 10 11 12 ... 末页

每页记录数：12　　合计　金额：347.48　记录总数：1675

圖 2.5 接碼平台後台介面

在 2017 年以前，接碼平台會從卡商手中低價收購大量手機卡，使用貓池進行管理，再開發管理系統和 API，給黑色產業提供付費服務。2017 年，中國大陸規模較大的「愛碼平台」被溫州網路警察查處，網路警察從工作室中搜出了超過 200 萬張已經用過的手機卡。

此後，接碼平台的角色發生了一些變化，基本上只扮演一個中間商人的角色，連接上游的卡商和下游黑色產業。接碼平台不持有任何手機卡，但是會提供一個「卡商端」程式給上游卡商。上游卡商自行管理所有手機卡，而這個程式會把所有手機卡接收到的簡訊上傳到接碼平台。該接碼平台只負責簡訊內容的比對、取出、分發和結帳。

接碼平台又進一步衍生出了很多其他利益鏈。舉例來說，有些公司專門開發了一套完整的接碼平台系統，包含卡商端、用戶端 APP 和 API 介面，該系統有完整的統計和監控功能。

在 2019 年的「淨網行動」中，大多數接碼平台在網路警察的打擊下轉入了地下狀態。

2.1.4 空號註冊

空號註冊在網際網路黑色產業的發展歷程中算是曇花一現。

2018 年 4 月，廣西、湖南網路警察聯合出動查處了長沙某科技公司，抓獲多名犯罪嫌犯。該公司在長達兩年的時間裡，一直扮演著接碼平台的角色，給黑色產業提供了 300 多萬個手機號碼。上文介紹的虛假號碼都是有實體卡的，可以認為是電信業者已經投放到市場的號碼資源，被黑色產業非法利用。而該公司提供給黑色產業使用的手機號碼，還沒有被電信業者投放到市場使用，但是已經被用於大量接收簡訊驗證碼。事後查明，這家公司與電信業者的內部人員進行了合作，透過非法通路使用空號來接收簡訊驗證碼，以單筆簡訊 0.6 元的價格在黑色產業鏈中提供服務。這一種的虛假號碼在企業中一般稱為空號，目前已經比較少見。

2.1.5 流量卡和物聯網卡

過去幾年電信業者推出的各種套餐中，如「流量卡」受到不少人的青睞。在正常情況下，流量卡也需要進行實名制登記，一般的流量卡都可以收發簡訊，所以也就可以用於註冊帳號。很多流量卡是有使用期限的，並不能像手機號碼一樣長期使用，普通使用者不會用於註冊帳號和驗證身份。但是對黑色產業來說，流量卡的時間週期已經足夠使用了。

物聯網逐漸興起之後，市面上出現了一類比較便宜的流量卡，即物聯網卡。這一種卡是電信業者給物聯網領域的企業使用的，用於物聯網裝置的通訊。舉例來說，共享單車，每一輛共享單車的電子鎖內部都有一張物聯網卡在工作。這些物聯網卡使得每一輛單車都能夠連接網際網路上報車輛的位置、車鎖狀態等資訊，同時能夠接收雲端的一些操作指令。

這種物聯網裝置對流量的需求量是很小的，平均每個月的流量控制為 2M～20M。如果不使用簡訊來發送指令的話，那麼連簡訊功能都不需要。電信業者在提供移動物聯網能力的同時，會把大部分許可權開放給物聯網企業。其中包含分配每張卡的套餐、設定每張卡的功能和許可權。某些企業在申請到物聯網能力之後，會調整流量資源，把無法消耗的流量資源設定到一批物聯網卡上，然後以較低價格轉賣。這些物聯網卡由於其價格優勢，同時部分物聯網卡不需要實名登記，所以一度也成為黑色產業的「香餑餑」。

隨著電信業者對物聯網卡管理的加強，一度在黑色產業領域比較氾濫的物聯網卡也越來越少見了。

2.1.6 手機 rom 後門

在虛假號碼產業鏈中，有一些高技術的集團在用一種特殊的方式提供手機接碼的能力，業內稱為「老人機集團」。當我們釐清他們的運作系統時，也對這些集團的創造力和執行力感到驚歎，只是遺憾他們沒有用到正途上。

「老人機集團」擁有自己開發的手機 rom 系統，這些系統以早期為基礎的 MTK 平台。他們在 rom 中預植入了後門邏輯，然後透過與很多公司合作生產出各種品牌的「老人機」。這些手機只提供了電話和簡訊功能，他們會以較低的價格投放市場售賣，並透過一些通路銷售到很多貧困地區。

當一些老人以較低的價格買到這些手機插入手機卡後，rom 中的後門就會透過簡訊的方式上報對應的手機號碼到黑色產業預埋的手機號碼中。黑色產業集團使用這些手機號碼註冊各種網路平台帳號，當驗證碼發到老人手機上時會被後門再次轉發到黑色產業手中。由於 rom 的後門有對應的隱藏簡訊規則，使用者自己根本看不到這些簡訊，所以也無法覺察自己的手機號碼被黑色產業使用了，只能從電信業者的簡訊詳單裡發現端倪。

這種規模的黑色產業手機號碼，一度有超過 1000 萬的量級。網際網路廠商也無法驗證這些手機號碼為黑號。因為即使打電話過去，對面也是有人能夠接聽的。

2.2 代理 IP

代理是一種很常見的網路技術，各種形式的代理在今天的網際網路中有著非常重要的作用，可以說每一個網民都離不開它。黑色產業為了突破業務平台使用的 IP 黑名單、操作頻率限制等風控策略，也常常使用代理 IP 來進行相關的攻擊活動。

根據代理在存取鏈路中的方向和意圖，可以分為正向代理和反向代理。

- 正向代理：可以隱藏存取者的 IP，對服務端來說，所有透過正向代理存取的使用者，其 IP 都是同一個。

- 反向代理：在企業中會大量使用反向代理。我們造訪了一個網站，該網站可能有上百個功能，上百萬個頁面，這些資源分散在數量許多的應用伺服器中。使用者可以存取所有的資源，但是對於使用者而言，所有資源都集中在一個域名下面。

根據代理協定的不同，代理的應用場景也會有很大區別，如表 2.1 所示，某些代理只能在特定的一些場景下使用。

表 2.1 代理技術分類

代 理 類 型	代 理 協 議	用　　途
HTTP（S）	HTTP/HTTPS	轉發 HTTP 請求，一般是 Web 存取
Socks	Socks4/5	可以轉發任意類型的請求
VPN	PPTP/L2TP/OpenVPN/SSL VPN/ IPSec VPN	可以轉發任意類型的請求
Tor	Tor	可以轉發任意類型的請求
RTSP	Real 串流媒體	一般用於視訊快取
POP3/SMTP	POP3/SMTP	一般用於郵件轉發和快取
FTP	FTP	FTP 轉發、跳板、快取
TURN/STUN	TRUN/STUN	一般在電話會議系統中使用

其中，HTTP（S）、Socks、VPN 與各種網際網路詐騙具有非常緊密的關係。如果本書沒有特殊說明，那麼代理都指這三種類型。

早期，黑色產業主要透過掃描網路上的開放代理伺服器，進行相關攻擊活動。隨著風控技術的發展和網路上可用的開放代理越來越少，黑色產業也開始透過各種技術建置可控的代理叢集。舉例來說，黑色產業集團透過購買電信業者的資源架設「秒撥」平台，規模大的甚至有十幾萬個 IP 池供黑色產業工具隨機使用。

我們曾經監控到一個非常強大的黑色產業組織，他們透過技術方法讓網民取得違規的網際網路資訊，誘導網民安裝對應的用戶端軟體。使用者的電腦因此被這個工具做成網路代理節點。經過一定時間的累積，該黑色產業組織將數十萬個家庭 IP 變成他們的代理節點，透過 API、Chrome 外掛程式甚至 SDK 的形式提供服務進行盈利。

2.3 裝置偽造工具

業務風控方除透過手機號碼、IP 資源部署風控策略外，還會結合裝置維度訂製更加強有效的防控策略，因此黑色產業會透過各種方式和工具偽造行動裝置資訊。改機工具、模擬器和各種 hook 架構都是黑色產業常用的作案工具。

2.3.1 改機工具

裝置（手機、電腦等）是網際網路風控系統中的重要環節。IP 和手機號碼都是電信業者的資源，很多關鍵的風險屬性和資料只有電信業者才能掌握。而裝置掌握在使用者自己手中，網際網路平台可以取得裝置上的各種資訊用來做風控。裝置資料的維度是相當豐富的，裝置類別策略規則運用得當能夠造成非常好的防護作用。為了對抗裝置端的風控技術，黑色產業也在不斷地創新各種技術，改機工具就是其中值得注意的一種。

網際網路業務平台的行銷活動，一般都有以下類似的客戶條款。

- 每個註冊帳號僅限參與一次。
- 每個手機號碼僅限參與一次。
- 每台裝置僅限參與一次。

當然這些條款不能靠客戶自覺來遵守，需要做到後台限制策略裡。前文提到，黑色產業可以透過接碼平台來取得大量的虛假手機號碼，進而註冊大量的垃圾帳號。那麼如何使用少量真實裝置產生大量的虛假裝置呢？

網際網路業務平台透過裝置上的一些資訊來判斷，這就是裝置指紋。只要透過技術方法修改裝置資訊，理論上就可以繞過裝置的限制，於是改機工具應運而生。

如圖 2.6 所示為 008 神器改機工具的介紹，如果在風控系統中使用諸如手機號碼、MAC 位址資訊來進行簡單防控策略，基本上都會被這款改機工具繞過。如果應用程式沒有足夠的終端對抗能力，黑色產業就輕而易舉地偽造出各種虛假的裝置資訊，用一台手機產生無限多個裝置指紋。當然改機工具也不是萬能的，裝置指紋還是能夠透過技術方法識別出來的，這是攻防對抗的博弈。根據對改機工具的反向分析研究，一些進階的改機工具已經有了針對裝置指紋的對抗。

圖 2.6 改機工具

2.3.2 多開工具

如果你希望在不 root 的情況下同時開啟多個相同的應用程式，就可以使用多開工具。多開的工具在 Android 應用市場上架非常多，如 LBE 平行空間、360 分身大師、多開分身等（見圖 2.7）。多開工具一般附帶修改系統參數功能，甚至有個別多開工具還針對裝置指紋廠商進行了特殊處理。

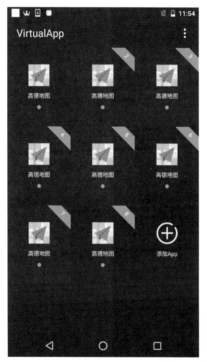 

圖 2.7 多開工具

多開工具按照技術原理，大致可以分為三大類：基於 virtualAPP 開放原始碼架構、基於 DroidPlugin 開放原始碼架構和重包裝。也有開發者將 virtualAPP 和 Xposed 結合，開發出一套 virtualXposed 架構，能夠在多開環境下靈活使用 Xposed 外掛程式。多開工具因為不需要 root 就能改機，倍受「小白」黑色產業歡迎。

2.3.3 Root/ 越獄工具

Android root 和 iOS 越獄（jailbreak）指的是作業系統管理員的許可權狀態，即普通應用擁有系統管理員許可權。大部分的手機作業系統，出於安全的考慮，是不允許應用程式提升許可權的。當然也有些 Android 作業系統（如 MIUI 開發版）本身允許應用程式申請 root 許可權。Android root 和 iOS 越獄一般利用的是作業系統提權漏洞。舉例來說，CVE-2017-8890 是一個影響 Linux Kernel 4.10.15 之前的所有核心版本的 double free 漏洞，可以利用該漏洞取得 Android 7 手機的 root 許可權。Android 作業系統常用的 root 工具有 kingroot、360root、root 精靈等，這些工具實際上就是嘗試利用各種提權漏洞，最後取得 root 許可權並安裝許可權管理工具。因此低版本 root 和越獄的成功率較高。iOS 作業系統上的越獄工具種類繁多，Hexxa plus 支援 iOS 13.1，Chimera 和 Unc0ver 支援 iOS 12.4。前不久爆出的 iOS bootrom 硬體越獄漏洞，更是影響了 iPhone XR 之前版本的 iPhone 手機，況且蘋果公司無法透過更新系統版本的方式修復。root 和越獄操作是有一定的風險的，很有可能造成手機系統癱瘓。需要說明的是，root 和越獄並不表示裝置一定是黑裝置，只是可能性較高。

2.3.4 Xposed

Xposed 是一款 Android 作業系統常見的 hook 架構，可以直接從網際網路免費下載，安裝前需要先 root 手機。基於 Xposed 架構，開發者可以非常方便地修改 Android 作業系統的任意 Java 程式，如自動搶紅包、修改步數、訊息防撤回、一鍵新機等。絕大部分改機工具都使用了 Xposed 架構，如微 X 模組、QX 模組、幸運破解器、fakegps 等。

2.3.5 Cydia Substrate

CydiaSubstrate（原名為 MobileSubstrate）是一款 iOS 作業系統常見的 hook 架構，越獄時會同時安裝該軟體。以 CydiaSubstrate 架構為基礎的 MobileHooker，開發者可以非常方便地取代 iOS 作業系統的 Objective-C/C/C++

函數。幾乎全部的改機工具都是透過 CydiaSubstrate 實現的，使用量較多的有
NZT、AWZ、iGrimace 等，iOS 作業系統的改機工具大部分都是要付費的。

2.3.6 Frida

Frida 是一款功能強大的輕量級 hook 架構，支援 Android 作業系統和 iOS 作
業系統。它主要提供了功能簡單的 Python 介面和功能豐富的 JS 介面，使得
hook() 函數和修改 ELF 等操作可以透過簡單程式設計實現。Frida API 介面
包含了主控端與目標處理程序的互動介面，可以用於動態偵錯，即時取得資
訊並進行修改。使用 Frida 可以取得處理程序的資訊（模組清單、執行緒清
單、函數庫匯出函數），可以攔截指定函數和呼叫指定函數，可以植入程式，
圖 2.8 展示了使用 Frida 植入 twitter 並使用所有 recv 或 read 開頭的函數，操
作方便。如果你沒有 root 手機或不想寫 hook 程式，你也可以選擇 objection。
objection 是一個以 Frida 開發為基礎的命令列工具，它可以很方便地 hook Java
函數和類別，並輸出參數，呼叫堆疊，傳回值。

```
~ $ pip install frida-tools
~ $ frida-trace -i "recv*" -i "read*" *twitter*
recv: Auto-generated handler: .../recv.js
# (snip)
recvfrom: Auto-generated handler: .../recvfrom.js
Started tracing 21 functions. Press Ctrl+C to stop.
    39 ms         recv()
   112 ms         recvfrom()
   128 ms         recvfrom()
   129 ms         recvfrom()
```

圖 2.8 Frida 植入 twitter 並使用所有 recv 或 read 開頭的函數

2.3.7 硬改工具

Android 是開放原始碼作業系統，開發者可以自己訂製 rom。一些不良動機的
開發者，開發出可以隨意修改手機作業系統參數的 rom 稱為「硬改」。這種改
機方式對於開發者難度較高，但在作業系統 framework 層面做了改動，APP
是完全無法檢測的。從目前收集到的情報和資料分析來分析，確實有一部分

群控和雲實機在使用訂製 rom 的方式，手機附帶作業系統包裝出售。那麼這些硬改的裝置參數是如何產生的呢？硬改的裝置可以在本機隨機產生裝置參數，也可以從雲端裝置庫動態下發其他裝置的真實參數。

2.3.8 離線掛

離線掛是指把原有用戶端程式邏輯使用程式模擬執行。離線掛開發者需要先對用戶端程式邏輯進行反向和破解，然後使用自己撰寫的程式實現對應邏輯。離線掛能夠實現短時間的大量請求，但製作離線掛的門檻也是所有作弊方法中最高的。說起離線掛，就不得不提易語言和精易討論區。易語言是一種以中文作為程式碼的程式語言，其易上手、門檻低的特點，使之成為大多數外掛的程式語言。最近還推出了 e4a 架構，可以使用易語言開發 Android 應用。如圖 2.9 所示，某討論區是軟體破解者和黑色產業工具的集中營，它具有各種封裝好的破解函數庫和現成工具線上擔保交易。

获取并下载TX爱奇yi视频，有会员	￥100	需要	半小时前
分发平台有资源来联系了	￥200	需要	半小时前
求仿站高手，仿个站，全部功能	￥9999	需要	1 小时前
K手刷D	￥5000	需要	1 小时前
百度地图信息搜集	￥200	不需要	1 小时前
Pj去一款软件验证加免改时间运行详情内附	￥200	需要	1 小时前
QQzc	￥1500	不需要	1 小时前
引流软件	￥8888	需要	1 小时前
无源码软件加个API代理 急急急	￥500	需要	1 小时前
网站定制，高手进	￥100	需要	1 小时前
微商城小bug修复	￥200	不需要	1 小时前
快手私信协yi	￥10000	不需要	1 小时前
拼多多搜索出现验证码	￥200	不需要	1 小时前
VX62取网页code	￥2500	需要	1 小时前
有好心人推荐个接码平台吗？	￥500	不需要	1 小时前
时间多有耐心的来，搬砖领钱	￥2000	不需要	1 小时前
大量收ks直登老号 有的联系价格美丽	￥8888	不需要	2 小时前
苹果手游 抓包 协yi 辅Zhu 修改	￥10000	不需要	2 小时前

圖 2.9 黑色產業社區的發文

2.3.9 備份恢復 / 抹機恢復

由於改機工具對抗激烈，2019 年黑色產業將作案方法升級為了 iOS 裝置備份恢復和抹機恢復。

備份恢復是對 iOS 裝置某一特定時期的資料進行備份，以備在需要時將裝置恢復到某一時期的操作。舉例來說，在安裝某一應用程式之前先進行備份，然後使用完應用程式後進行備份還原，就會將裝置還原到備份時的狀態，而且一些系統的屬性如 idfa、idfv 等資訊會發生變化。如圖 2.10 所示，經過測試使用某幫手進行備份還原的時間成本僅 1 分鐘，並且可以批次操作。

圖 2.10 備份／恢復工具

抹機恢復就是將裝置完全重置，恢復成出廠設定，如圖 2.11 所示。在這個過程中，使用者的所有資料資訊都會被清理，即抹機後就是一個理論上的新裝置，經過測試使用某幫手抹機的時間成本在 3 ～ 5 分鐘，並且可以批次操作。

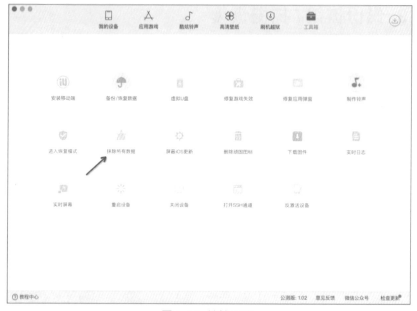

圖 2.11 抹機工具

2.3.10 模擬器

近兩年，手機模擬器的新技術層出不窮。一是各種 Android 模擬器獲得了 Windows、Linux、Mac 平台的支援，二是 Android 雲端模擬器的興起，三是 iOS 模擬器的出現，四是在 Android 手機上執行模擬器。

説起雲端模擬器（見圖 2.12），就不得不提紅手指和河馬雲手機。在 ARM 主機板上同時執行多個 Android 作業系統，然後透過遠端控制工具實現近似於本機的使用者操作，還可以即分時享給其他人觀看。這種 SaaS 模式可以實現成本最小化。在平台租用一台模擬器，每天的平均成本不到 1 元。實際測試發現，模擬器上預先安裝好了各種遊戲外掛、改機工具，操作非常流暢，玩遊戲沒有任何卡頓。

2019 年，市場上新出現了 iOS 模擬器，可謂是新奇產品，如圖 2.13 所示。iOS 模擬器目前已知的有黑雷和果仁。iOS 模擬器其實是在 Windows 環境中下載一個 vmdk 格式的 MacOS 虛擬映像檔，然後在 MacOS 中使用 Xcode 裡的

iOS 模擬器。iOS 模擬器不能直接執行 ipa 檔案，需要經過專用工具轉換。

圖 2.12 雲端模擬器

虛擬大師（基於 Anbox）可以在 Android 裝置上執行一個獨立的 Android 模擬器，模擬器可以獨立地執行各種 Android APP。這個模擬器並非系統本身的映像檔，由於 apk 包裝了一個 ROM（包含 system.img 和 data.img），所以模擬器有自己獨立的版本和各項屬性。在 Android 手機上流暢執行模擬器，對作弊者來說非常方便。值得一提的是，模擬器已經預先安裝好了各種作弊工具和軟體，如圖 2.14 所示為虛擬大師的介面。有意思的是，紅手指和虛擬大師的開發是姐妹公司。

圖 2.13 iOS 模擬器　　　　　　圖 2.14 虛擬大師的介面

2.3.11 訂製瀏覽器

國外還有很多專業的公司售賣付費瀏覽器軟體，如圖 2.15 和圖 2.16 所示，Antidetect 和 Multilogin 等工具透過修改 Chrome 和 Firefox 核心，自訂瀏覽器物件參數，達到偽造新瀏覽器的目的，此外還提供自動代理、群控、cookie 機器人、裝置標準函數庫等功能，視覺化介面方便使用者操作，功能十分強大。

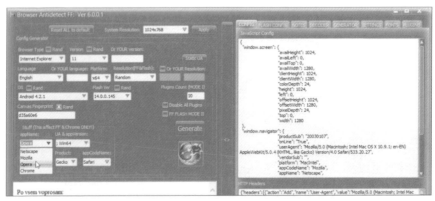

圖 2.15 Antidetect 工具

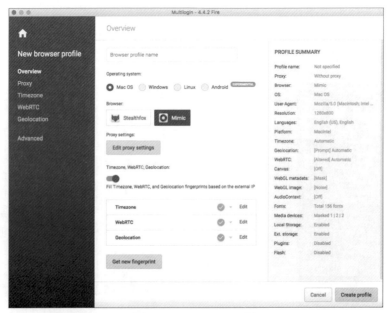

圖 2.16 Multilogin 工具

2.3.12　自動化指令稿

selenium、plantomJS、nightmareJS、puppeteer 都是 Web 應用程式的自動化架構，它們利用瀏覽器驅動實現自動化操作網頁，支援無介面模式（headless）。如圖 2.17 所示，使用者透過撰寫簡單的指令稿即可操作瀏覽器，任意更改瀏覽器屬性。這種作弊方式不同於協定破解和 JS 引擎模擬執行，因為它是在真實瀏覽器環境下的操作，原有的 JS 程式會被完整執行，因此更難檢測。並且 headless 模式在記憶體消耗、執行時間、CPU 佔用上都有一定的優勢。

在行動端也有很多自動化指令稿工具，如按鍵精靈、觸動精靈等。其原理分為兩種：一種是透過 Android 作業系統的協助工具服務，不需要 root；另一種是透過 root 許可權直接植入事件。在一般情況下，自動化指令稿工具會配合群控和改機工具搭配使用。

```
1   var Nightmare = require('nightmare');
2   var nightmare = Nightmare({ show: true });
3
4   nightmare
5     .goto('https://duckduckgo.com')
6     .type('#search_form_input_homepage', 'github nightmare')
7     .click('#search_button_homepage')
8     .wait('#zero_click_wrapper .c-info__title a')
9     .evaluate(function () {
10      return document.querySelector('#zero_click_wrapper .c-info__title a').href;
11    })
12    .end()
13    .then(function (result) {
14      console.log(result);
15    })
16    .catch(function (error) {
17      console.error('Search failed:', error);
18    });
```

圖 2.17　nightmareJS 程式範例

2.4 其他工具

上面介紹的虛假手機號碼、代理 IP 和虛假裝置都是黑色產業武器倉庫中比較常見的工具，還有一些其他類型的工具也常在黑色產業攻擊事件中獲得使用，下面選擇幾種工具介紹。

2.4.1 位置偽造工具

想要修改手機 GPS 定位，可以使用改機工具修改 GPS Location，也可以使用業餘無線電裝置發送虛假的 GPS 訊號。相對於 Android 而言，iOS 多了一些特殊的方法，可以在不越獄的手機上修改位置資訊。如圖 2.18 所示，iOS 7-10 的系統可以利用備份還原開啟系統地圖附帶的 Simulate Location 功能，方便地修改自己的 GPS 位置。較新的 iOS 版本也可以透過 Xcode 的 Simulate Location 功能，自訂 GPX 檔案實現實機的位置修改。黑色產業常用的某幫手、location-cleaned 等工具都是利用類似原理。

圖 2.18 Simulate Location

如圖 2.19 所示的 plantomGPS，被稱為全球最強大的 iOS 免越獄地球位置修改專家，支援 iOS 10-13。它最方便之處在於和隨身碟一樣便攜，無須連接電腦。配合搭配軟體，可以設定起始點、規劃路徑、模擬步行或駕車，功能強大。

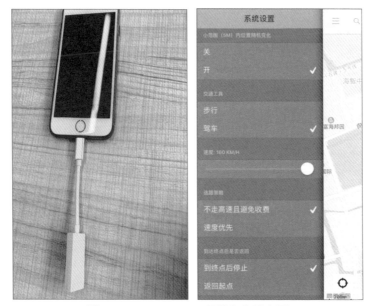

圖 2.19　plantomGPS 硬體和軟體介面

2.4.2　群控

「裝置農場」也被稱為「群控系統」，是指透過技術方法遠端控制大量行動裝置的系統。這項技術在很多領域都有成熟的應用，如雲測平台、自動化測試。黑色產業在自動化測試架構基礎上增加了改機功能，用於批次操作實機註冊、養號、機器人等。

2015 年，Github 上出現了一個名為 OpenSTF（Open Smartphone Test Farm）的開放原始碼專案，其執行介面如圖 2.20 所示，它提供了一種 Android 智慧型手機的視覺化遠端控制系統。設計之初是為了解決行動端 APP 自動化測試的問題。

圖 2.20 OpenSTF 執行介面

APP 每次發佈新版本之前需要經過大規模的實機相容性測試。行動網際網路公司會購買一些特定機型的裝置用於穩定性和相容性測試。小型的公司負擔不起購買裝置的費用，會使用雲測平台，借助 OpenSTF，透過 ADB 連接到行動裝置上，在提供的圖形化網頁對行動裝置操作，大幅縮減了 APP 在各種機型上人工測試的時間和成本。

2016 年也是中國大陸微商崛起的一年，群控技術在微商領域獲得了很好的發展空間。一批專門開發和銷售群控系統的廠商就是在這個時候出現的。一套 30 部 Android 手機的群控系統和搭配軟體，市場價在 2 萬元左右。

早期的群控系統功能圍繞微信行銷展開，主要為微商服務。如圖 2.21 所示，通路雲群控系統提供了模擬定位、站街、搖一搖、批次匯入通訊錄等功能，來大量增加微信好友，再透過朋友圈發佈、訊息群發等功能進行定向的訊息發送。某些群控中還加入了圖靈機器人，可以和使用者聊天，模擬產生真實的聊天記錄。此前媒體報導過的微信紅包詐騙機器人也是群控系統的產物。

圖 2.21　通路雲群控系統執行介面

早期的群控系統功能相對簡單，雖然都是透過指令稿來控制裝置的各種動作，但是對裝置有一定的要求。舉例來說，只能使用某些平台的裝置，並且對型號有要求（只轉換 Android 系統的某些機型），支援系統功能受限，不允許開發自訂指令稿，如果需要訂製化功能，必須找廠商來完成。

最早期做群控系統的一些公司，今天已經不存在了。其中通路雲群控是群控系統中比較完整的公司，該公司已於 2019 年 7 月被網路警察查處。

此後，大批的網際網路公司使用微信帳號系統來綁定行銷、投票活動，詐騙分子開始利用微信群控參加行銷活動賺取毛利，群控技術也被進一步升級。

2017 年，群控技術開始應用到了微信之外的領域，如娛樂類別的 APP，尤其是直播企業，深受群控系統的影響。在其他企業中，隨著廠商對作弊工具、模擬器檢測的加強，也陸續出現了使用真機群控來薅羊毛、刷單、刷點擊、刷關注的作弊行為。

2018 年，群控技術進入成熟期。如圖 2.22 所示的群控系統穩定、功能增強，相容大部分品牌、型號手機，允許開發自訂指令稿，並且提供完整的 API 文件。此外，群控還衍生出了一些附帶的產業鏈，如專門針對群控裝置的代理、群控裝置專用的改機工具等。

圖 2.22　群控系統

因為 iPhone 手機的價格比較貴，各家廠商及群控的使用者都更偏向於 Android 群控，下面也以 Android 群控為例進行詳細分析。

ADB（Android Debug Bridge）是 Android 群控技術的核心，了解 Android 的讀者對此並不陌生。ADB 是 Android 系統附帶的用於遠端偵錯命令列的工具，它具有安裝應用、傳輸檔案、動態偵錯、模擬操作等功能，早期的 Android 系統都會預設開啟這些功能，在新版本的 Android 系統中，需要開啟開發者模式，才能使用對應的功能。只要開啟 ADB 偵錯並且授權，就可以在電腦上完全控制一台 Android 裝置。2017 年 3 月 15 日曝光的「公共充電樁」，會在 Android 使用者連接 USB 充電時請求 ADB 偵錯許可權，一旦使用者授權，就會向使用者的手機植入廣告 APP 或其他惡意 APP。因此，有的系統出於安全考慮，會在使用 ADB 安裝應用時向使用者二次彈框確認。

UIAutomator 也是 Android 群控技術的核心，它是 Android sdk 附帶的介面檢視工具。透過 ADB 將目前介面資訊傳回控制端，幫助指令稿判斷下一步應該做什麼操作。

為了集中控制，群控系統需要部署在一台伺服器上，所有的受控裝置均透過 USB 或網路連接到伺服器。操作員使用專用的用戶端程式連接到伺服器上對裝置進行控制，如圖 2.23 所示。

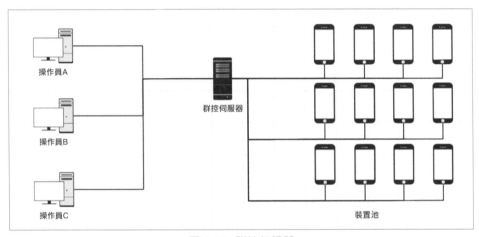

圖 2.23 群控伺服器

實現控制的邏輯也非常簡單，伺服器只不過是把操作員的操作，轉化成對應的 ADB 指令，然後把 ADB 指令下發到所受控的裝置上去執行。因為操作員在一個頁面上操作，所以裝置都執行相同的動作。

透過 ADB 控制 Android 裝置，屬於 Android 系統附帶的功能，並不要求手機 root。這也給群控檢測帶來了一定的挑戰。較為複雜的一些功能，如執行指令稿、偽造裝置資訊等，常常需要 root 許可權，也就需要對裝置進行 root 或越獄。

隨著群控技術的發展，群控指令稿的撰寫也越來越簡單。某些群控軟體甚至提供了指令稿市場，可以讓開發者出售自己撰寫的指令稿，或讓使用者提出自己的需求。

群控實現了透過對行動裝置的批次控制，可以透過指令稿來操控裝置。如果再結合前文提到的各種改機工具，那麼對裝置維度的風控來說，就成了極大的挑戰。市面上有些群控系統整合了各種作弊工具，可以完成深度更新韌體、修改裝置資訊、一鍵設定代理等。

如圖 2.24 所示，一千台裝置的群控系統可以同時註冊一千個帳號。配合改機工具，每台裝置執行完一次指令稿之後，一個新機又成為一個新的裝置，繼續註冊新的帳號。假設每個指令稿的執行時間是 5 分鐘，一天可以產生 20 多萬個帳號。假設每個帳號拉新活動可以取得 1 元獎勵，一天的收益可以超過20 萬元。

圖 2.24 群控牆

群控系統可以透過操作大量真實裝置完成詐騙。裝置越多，詐騙的規模也就越大，黑色產業的利潤就越高。但是由於裝置的成本問題，大部分黑色產業使用的群控，裝置數量控制在 200 台以內。我們也看到過一個總投資 3 億元、有兩萬多台裝置的群控中心。

大部分黑色產業在選擇群控裝置時，偏向於價格低廉、效能穩定的機型。

隨著群控裝置供應商的技術升級，黑色產業進一步壓縮群控系統的架設成本，出現了「箱式群控」（以下簡稱「箱控」），其造型如圖 2.25 所示。

圖 2.25　箱式群控

箱控將手機主機板透過電路整合的方式整合到一個主機板內進行統一供電，以實現一台箱控操作幾百台手機的最後目的。畢竟一台裝置的大部分組件（如外殼、螢幕、電池等）對於群控是可有可無的，只要能夠執行系統群控就可以工作。

箱控的出現節省了硬體成本，不需要給手機充電，也不需要佔用過多的手機架置放空間，單一模組只剩下主機板，價格遠低於一台完整的手機。

2017 年，一批持有大量裝置的群控中心推出了「雲手機」服務。使用者可以透過網頁對裝置進行控制，也可以撰寫指令稿上傳執行，按照裝置的數量和使用時間付費。至此，群控進入 SaaS 時代，黑色產業不需要自建群控系統，就可以租到大量的真實裝置。

2.4.3　工具集

前文已經介紹了大部分網際網路黑色產業使用的各種技術和工具，在實際使用時黑色產業工具常常整合了這些工具的工具整合品。黑色產業開發出來的目的大多是為了簡化操作，把原本相對複雜的人工作業變成傻瓜化的過程，使利益最大化。

黑色產業廣泛使用易語言來開發工具，這種程式語言簡單易學、容易上手、開發便捷，基本上可以滿足各種訂製化的需求。如圖 2.26 所示為一個訂製的自動化作弊工具，這是一個非常標準的成品化內建軟體，每個模組對接了不同的平台（如接碼平台、打碼平台、代理 IP 等），點擊不同的按鍵即可完成操作。這種軟體可以使用在甲方的各種行銷拉新活動中，繞過甲方風控取得獎勵（紅包、積分、話費、實物商品等）。

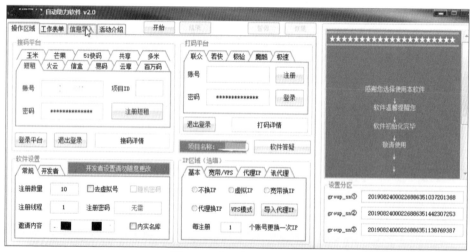

圖 2.26 自動化作弊工具

自動化作弊工具具有很強的針對性，針對特定平台、特定活動，同時效性也很短。一旦被發現作弊，平台就會針對性地修改協定和防控策略，導致作弊工具故障。這種自動化工具都有專門的開發者維護，開發者會長期關注一個或多個平台的活動，對於平台所使用的風控技術、風控策略有深入的了解。

2.5 本章小結

在業務安全領域中和黑色產業的對抗，很大程度上是技術和資源的對抗。新的詐騙方法層出不窮，驅使網際網路平台和風控廠商不斷建置更先進的防控系統來保障業務安全。而黑色產業集團在金錢的驅動下也不斷將新的技術用於詐騙攻擊，突破現有的防禦系統。對風控從業者來說，必須對黑色產業的技術方法和攻擊模式有深入了解，才可以在對抗的過程中遊刃有餘，遇到突發事件時「處變不驚」。本章的內容覆蓋了黑色產業攻擊常用的各種技術方法和作案想法，希望能夠給讀者在對抗黑色產業攻擊的過程中有所幫助。

第二部分

體系構建

反詐騙系統建設想法

網際網路黑色產業攻擊行為通常具有以下 4 個典型特點：

- 集團化：黑色產業已經從單打獨鬥發展成了有組織的集團，透過合理分工協作工作。
- 專業化：黑色產業上下游之間分工明確，相互協作，擁有大量的作案資源（身份證、銀行卡、手機號碼、手機裝置 IP 資源等），並且部分從業者具有非常高的技術水準，精通各種自動化指令稿撰寫、反向破解等，甚至涉及和使用機器學習技術。
- 強對抗性：黑色產業熟悉主流的風控技術方法，會根據業務實際情況不斷試探、挑戰和繞過現有的防護系統。
- 跨企業：黑色產業會在電子商務、廣告、支付、航旅等多個平台流竄作案。

為了對抗網際網路黑色產業猖獗的攻擊、保障業務的健康發展，我們需要建立覆蓋業務全流程的防控系統，形成「終端風險識別 + 雲端風險決策 +AI」的一體化反詐騙解決方案。

本章將從甲方和乙方的角度，探討如何建立覆蓋全場景、全業務流程的反詐騙系統。在實際的實作過程中，讀者可以根據自己的業務情況進行靈活取捨。

3.1 動態防控理念

在和黑色產業的對抗過程中，我們歸納了很多經驗和教訓，形成了覆蓋全業務流程的防控能力，建立了貫穿事前、事中、事後的動態反詐騙系統，如圖3.1 所示。

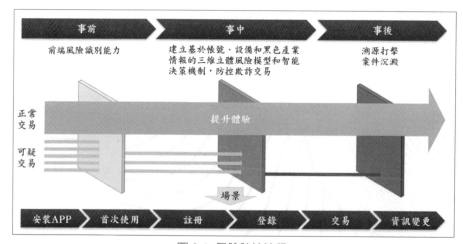

圖 3.1 風險防控流程

在終端裝置上，透過裝置指紋系統進行裝置資訊擷取、終端智慧計算和雲端的風險分析，為每一個使用者的裝置產生豐富的風險標籤供業務決策使用。

在使用者操作業務過程中，透過決策引擎為每一筆交易計算風險等級。為了確保決策引擎策略的豐富度和高效率，可以透過即時計算系統做指標計算，決策引擎可以透過各種指標快速完成全域策略的計算。

當詐騙案件發生時，我們會形成完整的分析結論並整理到案件資料庫，同時對相關證據做溯源和存證，用於後續可能的司法流程。

整個防控系統建立後，還需要有對應的營運流程驅動它正常地運轉和不斷地進化。在系統運轉的過程中，我們會透過局勢感知系統為整體防控效果做監控，當業務指標發生非預期的波動時立即預警。對於防控的效果，策略營運人員會透過機器學習演算法離線評估其準確性和風險覆蓋率，同時結合詐騙情報從攻擊者角度檢查整個系統的防控能力和未能覆蓋的風險點。我們期望能夠透過營運驅動和紅藍對抗，形成一個動態閉環的、不斷進化的系統。

3.2 防控系統建置

透過對反詐騙理念的不斷實作，我們逐漸建置了一個三層的反詐騙防控系統，包含終端風控層、分析決策層和資料畫像層，同時，威脅情報系統會貫穿這三層，其結構如圖 3.2 所示。

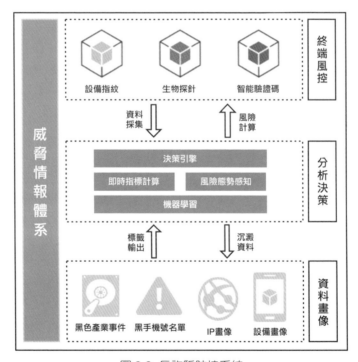

圖 3.2 反詐騙防控系統

終端風控層主要由裝置指紋、生物探針和智慧驗證碼組成，其中最重要的一環是裝置指紋。

裝置指紋核心能力有以下兩點：

- 擷取裝置硬體資訊，使每一台行動裝置成為唯一 ID，這個 ID 產生後不會因為使用者對裝置的日常使用而改變。
- 為每一台行動裝置產生風險標籤，標記這個裝置潛在的業務風險，供分析決策使用。

生物探針透過擷取終端的操作行為、感測器資訊等資料綜合建模，透過機器學習區分出操作業務的是真人還是自動化工具。智慧驗證碼則是一種常見的風控工具，本質上也是區分操作業務的是否為真人。生物探針和智慧驗證碼雖然功能大致一致，但是使用場景有所區別，前者適用於全業務場景檢測是否是機器，後者適用於特定場景對抗機器批次行為，需要使用者進行滑動、點擊等互動操作。生物探針能夠在應用後台自動識別人機，不影響使用者互動，而智慧驗證碼是一款有悖於使用者互動體驗的產品。利用生物探針的識別結果，對正常使用者不會彈驗證碼，而對可疑使用者才會發起挑戰，兩者結合使用能夠在滿足使用者體驗的前提下達到較好的風控效果。

分析決策層是各種資料、規則和模型整理計算的中心。當一次業務請求被發送到決策引擎時，系統將業務資料、終端層擷取的資料及產生的裝置風險標籤、系統風險資料標籤等進行規則判斷和模型運算，在極短的時間內判斷是否阻斷該次業務請求。對一些可以事後判斷的業務風險場景來說，後續由離線的風險決策系統進行事後判斷。

分析決策層的即時指標計算系統為決策引擎的決策速度提供了重要的支撐。即時指標計算系統會根據決策引擎的策略設定情況，提前做好大量複雜的運算。舉例來說，系統組態的某條策略可能需要計算某 IP 在一個較長時間內出現的次數，並且分析出該 IP 在此時間視窗內連結的使用者帳號的個數和風險分佈情況。這種需要回溯過去一段時間的資料情況進行綜合計算的策略，如果不提前計算好相關指標，那麼決策引擎在判斷風險時就會有非常大的時間負擔，以至難以達到即時風控的效果。

風險局勢感知系統偏重於巨觀的統計分析，利用業務核心資料、裝置資訊及風險決策結果等各種資料，透過預置的分析演算法模型進行即時、H+1、T+1多種週期組合的分析計算。其核心功能是感知、展示和預測整個業務系統的風險事件變化趨勢。當風險決策結果發生非預期的波動時，營運人員就必須人工分析策略漏殺、誤殺的情況。營運人員結合資料分析和底層的機器學習的離線計算結果更新風控模型，即時調整決策引擎的風險策略。在推動最佳化風險策略的同時，風險局勢感知系統還可以對黑色產業攻擊事件做預警。

資料畫像層包含黑色產業攻擊事件、黑手機號碼名單、IP 畫像、裝置畫像。黑色產業使用的手機號碼、IP、手機裝置等資源是相對有限的，會重複用於針對各個不同網際網路平台的攻擊活動。在為多個客戶提供 SaaS 防控的過程中，沉澱黑色產業風險資料形成畫像系統是一個非常有效的「聯防聯控」技術方法。

詐騙情報系統作為貫徹整個流程的重要子系統，為整體的防控效果提供了「攻擊者角度」的能力補充和評估。透過對黑色產業社區的監控、黑色產業動態的追蹤和自動化分析研判，詐騙情報系統能夠快速感知到防護系統中的弱點，驅動風控營運人員進行針對性的最佳化。黑色產業的攻擊方式是不斷變化的，防控策略也需要不斷升級。

3.3 本章小結

本章簡介了透過實戰歸納提煉而成的動態防控理念。依據此風控理念，我們建置了貫穿「事前、事中、事後」的業務全生命週期風控系統，透過終端風險識別能力、雲端智慧決策和黑色產業資料畫像實現多層次、全場景的業務風控。

由於網際網路企業的業務模式不同，其風控理念和營運想法也會有所不同。企業可以根據業務風控目標、組織架構和資源投入來建置比對本身的風控系統。

風控核心元件裝置指紋

人類的指紋具有唯一性，兩個人的指紋必然不同；同時指紋具備很強的穩定性，在手指不受到物理損傷的情況下不會隨著人的年齡增長而變化。隨著科技的發展和生物識別技術的普及，指紋已經成為人類的第二張身份證。在日常生活中，手機指紋解鎖、指紋支付和上班指紋打卡等已經非常普及。

和人類的指紋一樣，我們也可以為每一台裝置產生一個唯一且穩定的標識，稱為裝置 ID。風控企業對裝置的定義是指使用者和業務系統互動的載體，可以是一個瀏覽器、一部手機，也可以是一個微信小程式。產生裝置 ID 的產品和技術，企業內稱為裝置指紋（Device Fingerprint）。在大部分的情況下，裝置指紋產生的裝置 ID 不會因為使用者對裝置的使用而發生變化，兩台不同的裝置擁有的裝置 ID 也完全不同。

裝置 ID 可以用於統計業務營運資料（如 DAU、MAU、廣告啟動），也可以用於人物誌、廣告精準行銷、Bug 上報等。在網際網路反詐騙對抗中，裝置 ID 類別規則是防刷單、防薅羊毛、虛假裝置識別、反爬蟲、帳號安全等場景的核心規則。然而在各種改機工具面前，過度依賴裝置 ID 會使風控策略變得容易突破。因此，裝置指紋還需要擁有足夠強大的異常環境檢測能力及自我保護防破解能力。

4.1 裝置指紋的原理

裝置指紋透過收集用戶端裝置的特徵屬性資訊並將其加密上傳到雲端，然後透過後台的演算法分析為每台裝置產生唯一裝置 ID 來標識這台裝置。手機作業系統和瀏覽器廠商為了方便使用者與開發者取得使用者的裝置資訊，預留了一些 API 供應用程式使用。使用者和開發者可以透過這些 API 取得客戶端相關的軟硬體資訊，這些資訊因裝置而異，裝置指紋透過部分的差異資訊來產生完全獨立的裝置 ID。

除透過各種 API 取得一些相關的軟硬體資訊外，不同的終端裝置在資料處理、圖形繪製，以及與伺服器通訊等過程中也會存在一定的差異，這些差異屬於裝置的隱性特徵。在一般情況下，單一維度的差異並不能形成標識裝置的穩定特徵。但是可以大量收集這些隱性特徵，透過資料分析建模等方式組合使用，也可以成為建立裝置 ID 的重要因數。我們在日常生活中都見過雙胞胎，他們外觀相同、聲音神似，但是他們處理某些事情的習慣還是有一定差別的。透過這些隱性資訊組成的特徵因數，可以有效降低同類機型的裝置指紋撞機機率。

根據國家法律要求，裝置指紋在產生裝置 ID 的過程中，不能使用使用者的個人隱私資訊，如通訊錄、簡訊、手機號碼和通話記錄都是不可觸碰的資料。儘管這些資料具有非常強的唯一性，可以有效地加強裝置指紋的準確性。

就裝置指紋技術本身而言其門檻不算高，無非就是擷取一些欄位產生一個裝置 ID，在網際網路上也有一些開放原始碼可以檢索到。但是建立一個巨量網際網路使用者場景下可以穩定使用的裝置指紋系統，並不是想像中的那麼容易。在建置裝置指紋系統的過程中，不同瀏覽器型號和版本相容、Android 碎片化機型轉換、黑色產業偽造虛假裝置方法識別及使用者資料符合規範擷取等方面均踩過坑，也收穫了很多寶貴的經驗，累積了很多技術方案。移動生態和黑色產業技術都在不斷革新，很多方案在新系統上會故障裝置指紋系統還需要不斷克服諸多挑戰。

4.2 裝置指紋的技術實現

下面我們來詳細介紹裝置指紋的實現原理。

4.2.1 Android 裝置指紋

裝置 ID 需要兼具穩定性和唯一性，Android 系統的開放原始碼和碎片化導致 API 函數實現各不相同，所以相容性是 Android 系統中裝置指紋面臨的最大挑戰。表 4.1 列舉了 Android 系統中比較穩定的裝置參數。

表 4.1 Android 系統中比較穩定的裝置參數

採 集 項	中 文 釋 義	特 性
Android ID	裝置第一次啟動時系統自動產生的隨機數	不需要許可權，相同型號手機有小機率撞機
		恢復出廠設定會重置
IMEI/MEID	裝置碼，移動和聯通取得 IMEI，電信取得 MEID	唯一性好，存在少量撞機
		需要 READ_PHONE_STATE 許可權
		不帶卡槽的平板無法取得參數
IMSI	手機 SIM 卡識別碼	需要 READ_PHONE_STATE 許可權
		更換手機卡會變化
Wi-Fi MAC	網路卡 MAC 位址	當手機沒有連接 Wi-Fi 時有一定機率取得失敗
		個別 ROM 恢復出廠設定會重置
Bluetooth MAC	藍牙 MAC 位址	新版本 Android 系統無法取得參數
Serial	裝置序號	同一型號手機撞機機率很高
Fingerprint	裝置的多個硬體資訊連接合成	同一型號手機撞機機率很高
Storage	記憶體空間，磁碟空間	同一型號手機撞機機率很高
Advertising ID	Google Play 廣告 ID	僅限 Google 服務使用者使用

從統計的系統版本分佈圖 4.1 來看，目前中國大陸 Android 6 以上的手機百分比已經超過了 85%。由於考慮到使用者的隱私，新版本 Android 系統增加了裝置資訊擷取的限制。

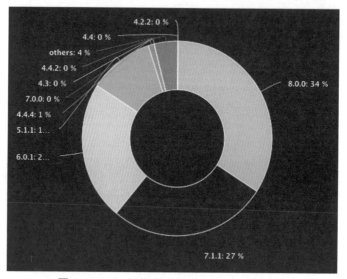

圖 4.1 Android 版本分佈（2019 年 12 月）

Android Q 於 2019 年 9 月份發佈，出於對使用者隱私的考慮，Android Q 限制了擷取裝置識別符號，為 Android 裝置指紋帶來了前所未有的挑戰。Android Q 禁止非系統應用存取使用者不可更改的 ID，包含 IMEI 號、Serial、USB 序號等。系統 Wi-Fi MAC 位址預設是隨機產生的，不是固定的 MAC 位址，以防止使用者隱私被追蹤。我們實際測試發現，IMEI、IMSI、Serial、Bluetooth MAC 都已無法取得參數，Wi-Fi MAC 取得不到真實值，但與 BSSID 綁定。因此，Android Q 裝置指紋的轉換，不僅是擷取函數的相容，更重要的是裝置 ID 恢復邏輯（當使用者修改手機某些資訊時保持裝置 ID 不變的計算邏輯）的相容。

從理論上來說，所有的擷取項都是 Android 系統公開的 API，不可能在擷取項被大面積篡改的情況下保持裝置 ID 不變。因此，裝置指紋還需要對 APP 執行環境進行監測，以識別異常環境。針對 Android 作弊環境的檢測方法可以歸納為以下 5 個方面：

- 透過安裝套件檢測安裝的作弊工具。
- 透過特定特徵識別 root 環境。
- 使用多種方案擷取同一欄位資訊。
- 透過通用性的作弊原理識別執行的作弊架構 hook（Java/native）。
- 透過特定特徵識別執行的作弊工具和模擬器。Android 黑色產業工具更新速度很快，樣式層出不窮，需要透過黑色產業情報不斷搜集最新的作弊方法。

4.2.2 iOS 裝置指紋

iOS 相對於開放原始碼的 Android 而言，許可權限制更加嚴格，手機型號和系統版本相對單一。iOS 能夠取得的裝置參數比較少，如 IDFA、IDFV、DeviceName、MAC。表 4.2 列舉了 iOS 系統中比較穩定的裝置參數。

表 4.2 iOS 系統中比較穩定的裝置參數

採集項	中文釋義	特性
IDFA	廣告識別符號	需要應用申請廣告許可權
		使用者可以手動設定限制廣告追蹤
IDFV	廠商識別符號	不能跨合作方
		刪除本合作方 APP 後重新安裝會發生變化
DeviceName	手機名稱	使用者可以自行修改，預設值存在很大撞機
		自訂值有比較強的特徵
Wi-Fi MAC	網路卡 MAC 位址	唯一性好，新版本不能穩定擷取
Boottime	系統開機時間（μs）	存在極少量撞機，重新啟動會發生變化，擷取多次也有可能會發生變化
Storage	記憶體空間，磁碟空間	同一型號手機撞機機率很高

從統計的版本分佈圖 4.2 可以看出，iOS 13 正式版已經於 2019 年 9 月推出，因為 iOS 系統更新提示頻繁，經過三個多月時間，iOS 13 百分比已經達到 49%，超過 iOS 12 的 34%。

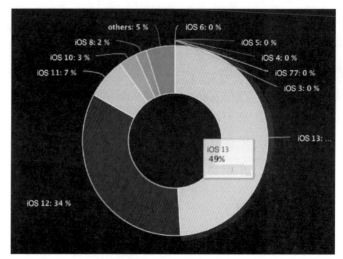

圖 4.2　iOS 版本分佈（2019 年 12 月）

大多數 iOS 作弊工具都是以 hook 進行改機為基礎的，進階的改機工具甚至能夠對抗 hook 檢測。除用於真實裝置改機的作弊工具外，市面上還有 iOS 模擬器。iOS 模擬器實質上是在 x86_64 架構上執行 iPhone 附帶的 iOS 模擬器，APP 需要特殊轉換才能被安裝。

iOS 裝置指紋風險識別技術可以歸納為以下 6 種：

- 透過通用 hook 原理識別技術檢測執行的作弊工具。
- 透過特定作弊工具特徵識別執行的作弊工具。
- 透過特定特徵識別越獄環境。
- 尋找特定的空間存放裝置標識。
- 對抗 hook 改機。
- 對抗備份和抹機。

4.2.3　Web 裝置指紋

Web 裝置指紋（又被稱為瀏覽器指紋）是由使用者裝置硬體資訊和瀏覽器設定資訊綜合計算產生的，它透過 JavaScript 指令稿擷取資訊產生對應的裝置 ID。與傳統的 cookie 技術相比，Web 裝置指紋更加穩定且對抗性強。Web

裝置指紋起源較早，學術界相關的研究論文也有很多，但是工業界能夠有效運用在生產上的成熟實現方案較少。2019 年，學術界透明的 Sensor ID 漏洞曾引起業內的廣泛關注。製造商嵌入智慧型手機韌體中的感測器都有系統誤差，工廠需要在出廠前校準來補償系統誤差。這一校準資料具備了很強的唯一性，而且無法被修改，可用於唯一標識裝置。但是在實際測試時發現，同一部手機兩次取得的偏差值也會有一定機率是不同的。蘋果公司已經在 iOS 12.2 以後的版本中修復了該漏洞，因此該方案也並不具有通用性。表 4.3 列舉了瀏覽器比較穩定的裝置參數。

表 4.3　瀏覽器比較穩定的裝置參數

採集項	中文釋義	特性
UserAgent	瀏覽器用戶端標識	可以任意修改
Gpu	裝置 GPU 特性	撞機機率高，可以跨瀏覽器
Canvas	2D 指紋	唯一性好，不同瀏覽器的指紋不相同
Webgl	3D 指紋	撞機機率高，可以跨瀏覽器
PluginList	瀏覽器附帶外掛程式列表	除非安裝特殊外掛程式，相同瀏覽器很容易撞機
FontList	字型列表	除非安裝特殊字型，否則很容易撞機
IP	內網 IP/ 外網 IP	切換網路環境會改變字型列表，內網 IP 擷取有限制
TCP	不同作業系統協定差異	不容易被修改，使用者無感知，極易撞機

微信小程式、支付寶小程式裝置指紋是某種特殊環境的 Web 裝置指紋，其執行環境和 API 及標準瀏覽器不同，需要單獨訂製 SDK。小程式裝置指紋擷取到的欄位也會有所增加，在使用者授權的情況下可以擷取藍牙資訊、Wi-Fi 資訊、螢幕亮度、微信 / 支付寶使用者標識等。

由於瀏覽器能夠擷取的唯一標識裝置的資訊非常少，因此 Web 裝置指紋穩定性比行動端差很多，也比較容易被黑色產業繞過。常見的黑色產業作弊方式有普通瀏覽器隱身模式、無介面瀏覽器、JS 模擬執行等。此外，相容性也是 Web 裝置指紋比較大的挑戰，尤其是對較低版本瀏覽器的相容問題。目前，很多銀行還在使用 IE8 瀏覽器。新版本瀏覽器出於使用者隱私的考慮，也會增加很多限制，如最新版本的 Chrome 瀏覽器已經預設禁用了內網 IP 的擷取方法。

Web 裝置指紋可以歸納為以下 4 個方面：

- 識別瀏覽器端異常環境。
- 透過特定特徵識別 hook。
- 透過特定特徵識別 JS 是否被篡改或正在被偵錯。
- 透過瀏覽器特殊方式存放裝置標識，防止儲存的標識被刪除。

Web 裝置指紋的實現過程主要分為兩部分：其一為裝置指紋的穩定性，即需要收集較為穩定的裝置資訊；其二是作弊環境檢測，即保障目前 Web 裝置指紋擷取到的資訊都是真實的。下面實際說明 Web 裝置指紋中的一些異常檢測原理。

1. 無介面瀏覽器的識別

- useragent 檢測：/HeadlessChrome/.test(navigator.userAgent)。
- Webdriver 檢測：'Webdriver' in navigator。
- Selenium 檢測：window._selenium。
- 無介面瀏覽器，如 phantomJS、nightmareJS 等不在這裡逐一說明。

2. 隱身模式檢測

- safari 在隱身模式下：localStorage 物件存在，但執行 setItem 方法會報異常。
- firefox 在隱身模式下：indexedDB 執行 open 方法會報異常。
- chrome 在隱身模式下：FileSystem API 禁止，使用會報異常。

3. 主控台開啟檢測

- console.log 隱式呼叫元素 id：(var element = new Image(); element._defineGetter_('id',function(){console.log(' 主控台已開啟 ')}); console.log(element))。
- console.log 隱式呼叫 RegExp 的 toString 方法：(var regexp = /./; regexg.toString = function(){console.log(' 主控台已開啟 ')})。

4. hook 檢測

- 自訂函數 hook 檢測：在定義函數時將函數整體作為參數產生一個 hash 值，在執行函數時進行 hash 值的驗證。
- 瀏覽器函數檢測：擷取呼叫 toString 方法，取得內容進行驗證。
- 物件屬性檢測：對「透過 Object.defineProperty 方法更改的屬性，是不可更改的」這一特性進行檢測。前後兩次呼叫 Object.defineProperty 方法，第一次正常，第二次會顯示出錯。如果不符合預期，則說明被 hook。

4.2.4 裝置 ID 產生與恢復邏輯

裝置指紋 SDK 擷取終端裝置資訊完成後，會計算產生一個唯一 ID 來標識裝置，如圖 4.3 所示為裝置 ID 產生邏輯示意圖，需要注意的是，裝置 ID 是在後端產生的。從前端的角度考慮，無論採用多強的強化和混淆，都能夠反向還原程式。如果由前端產生裝置 ID，那麼只要反向出相關邏輯就能批次產生合法的裝置 ID。同理，如果將裝置 ID 直接傳回前端，在前端做風控策略，就很容易被繞過。此外，特徵與裝置 ID 的關係是多對一的對映，特徵會撞機但裝置 ID 必須滿足唯一。

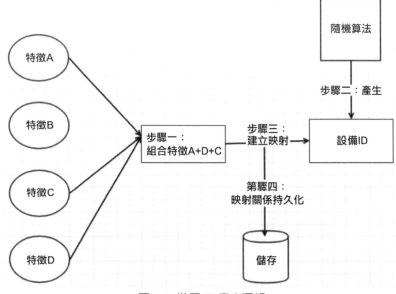

圖 4.3 裝置 ID 產生邏輯

裝置 ID 恢復邏輯，就是從擷取到的裝置資訊中篩選特徵組合。如果新擷取的裝置特徵與資料庫中已有的裝置特徵相同或相似，就認為新擷取的裝置是同一台裝置，指定相同的裝置 ID。如果沒有尋找到相似的裝置，就認為是一台新裝置，產生新的裝置 ID。恢復邏輯需要權衡穩定性和唯一性。唯一性和穩定性是一個權衡的過程，一個高另外一個就低。穩定性表示裝置經過改機或恢復出廠設定以後還能保障裝置 ID 不變。唯一性表示不同裝置，尤其是同一型號的裝置 ID 不一致。如圖 4.4 所示為裝置 ID 恢復邏輯示意圖。

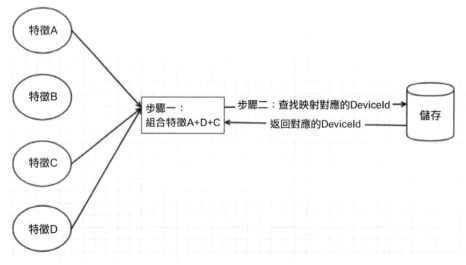

圖 4.4 裝置 ID 恢復邏輯

目前，SaaS 服務已有數十億台裝置，裝置 ID 恢復邏輯會優先保障唯一性，即在保障唯一性的前提下保障穩定性。從恢復邏輯的定義可以看出，即使同樣的演算法邏輯，SaaS 裝置指紋和企業級私有化部署的裝置指紋產生的裝置 ID 也是不一致，原因是儲存不互通。SaaS 是指資料直接傳到雲端伺服器，由雲端裝置指紋後台服務產生裝置 ID；企業級是指資料傳到客戶伺服器，由部署在客戶伺服器上的裝置指紋後台服務產生裝置 ID。

如何設計一套好的裝置恢復邏輯呢？這個問題沒有最好的答案。如果希望穩定性高，那麼可以採用單一裝置參數進行恢復，大部分廠商都是採用的這種方案；如果希望唯一性強，那麼可以採用多個裝置參數進行恢復。恢復邏輯是否合理，需要依賴巨量資料的累積和驗證。舉例來說，華為的某款手機，Wi-Fi MAC 和 Serial 都一樣，採用單一裝置參數做恢復就會導致裝置 ID 大量撞機。在大多數情況下，廠商招標時的 POC 測試只關注穩定性而忽略了唯一性。如果想要測試裝置 ID 唯一性，那麼必須依賴上線以後的大規模測試。一個裝置指紋廠商只有企業級私有化部署形態的產品，沒有 SaaS 形態的產品和服務，這就難以把裝置 ID 做好。更進階一點的裝置 ID 恢復，可以使用裝置特徵相似演算法產生裝置 ID。這種技術方案主要面臨以下幾種挑戰：

- 巨量資料的高性能檢索。
- 相似度權重如何選取。
- 每個參數根據特點挑選不同的相似演算法。
- 兩個裝置判斷是否相似的設定值如何設定，同一型號裝置相似度很高容易撞機。

實際測試的效果，相似演算法比傳統演算法更加靈活，而且在保障唯一性的前提下穩定性更好。

無論何種恢復邏輯，都無法對抗修改大部分裝置資訊的情況。再強大的裝置 ID 在進階的改機工具面前，也是無法做到穩定恢復的。關於裝置 ID 跨瀏覽器及 APP 跨瀏覽器，從業務角度分析該需求具有一定合理，從技術角度上判斷是一個偽命題。受到瀏覽器的限制，JS 本身能擷取到的資訊非常有限。想要做到跨瀏覽器（穩定性好），就可能會導致裝置 ID 的大量撞機（唯一性差）。在大規模使用的情況下，跨瀏覽器 ID 無法直接用於策略。

4.2.5 被動式識別技術

在裝置指紋中會應用一些被動式識別技術，企業稱為被動式裝置指紋。這種裝置指紋是指在終端裝置與後台伺服器建立連接的過程中，從網路封包中分析多個維度的特徵集，在後台使用機器學習演算法識別終端裝置。這種被動式的裝置指紋，在沒有完全流量的情況下，僅利用建立連接的過程資料是很難產生一個唯一裝置 ID 的，但是可以用於裝置驗真（驗證裝置參數是否真實，未被篡改）。

在實戰中，透過 IP 及 TCP 標頭中的一些欄位可以做到作業系統類型檢測、特定類型模擬器識別及網路狀態的探測等；在應用層使用 SSL/TLS 協定指紋，可以做到虛假瀏覽器識別、用戶端裝置類型和惡意工具識別等。圖 4.5 列出了不同類型作業系統的協定特徵差別，供讀者參考。

OS	TTL	SYN packet length	IP Identification	MSS	Window scale	SYN window size	TSopt	Options order
Mac OS X 10_13	51(64)	64	0	1460	5	65535	yes	020103010108040000
Mac OS X 10_10	50(64)	64	RANDOM	1460	5	65535	yes	020103010108040000
Windows 7	51(64)	52	MONOTONIC	1460	2	8192	no	020103010104
Windows 10	114(128)	52	MONOTONIC	1460	8	64240	no	020103010104
CentOS 7.4	52(64)	60	MONOTONIC	1460	7	29200	yes	0204080103
Ubuntu 14.04	47(64)	60	MONOTONIC	1424	7	29200	yes	0204080103
Android 8.0	51(64)	60	MONOTONIC	1460	8	65535	yes	0204080103
夜神 on Windows 10	115(128)	52	MONOTONIC	1460	5	65535	no	020103010104
Mumu on Mac OS X	51(64)	64	RANDOM	1460	5	65535	yes	020103010108040000

圖 4.5 不同類型作業系統的協定特徵差別

被動式裝置指紋能夠取得的特徵比較少，雖然攻擊者不易偽造特徵，但是唯一性較差。因此，主被動式結合是裝置指紋的一種可嘗試的想法。

4.3 程式保護

網際網路平台安全和風控是業務防禦方和黑色產業進攻方在黑盒狀態下的動態對抗博弈。終端風控使用的 SDK 受限於其工作原理，必須嵌入業務的 APP 應用或 H5 頁面中，直接曝露在黑色產業眼前。黑色產業集團中的技術人員透過反向分析和修改 SDK 擷取的裝置資訊欄位試探雲端的防控策略，也可以製作工具針對性地偽造大量的虛假裝置用於後續攻擊活動。因此，風控技術人員需要對 SDK 進行安全強化保護，保護其核心程式邏輯，提升黑色產業反向分析的技術難度和消耗的時間成本。

從 SDK 程式保護的防護效果來看，Android 相對防護效果較好，iOS 次之，而 JS 的防護效果較差。

Android 的 SDK 分為 Java 程式實現和 C 程式實現。Java 程式實現部分反向難度較低，透過 Dex 反編譯工具直接獲得可讀性極高的原始程式。而 C 程式實現的部分，反向難度則相對較高。

iOS 的 SDK 分為 Object-C 程式實現和 C 程式實現，由於蘋果公司對 APP Store 上架 APP 的限制不支援程式動態載入和高強度的混淆，因此，其強化強度相對 Android SDK 而言要低一個等級。

JavaScript（以下簡稱 JS）是一種直譯型語言，曝露在 H5 頁面的 SDK 程式本身就是原始程式碼狀態。從理論上講很多程式混淆保護技術（包含程式虛擬化保護技術）都適用於 JS 語言。Google 的 BotGuard 是業內公認在安全性、相容性和效能方面綜合表現優秀的方案。該方案運用了程式虛擬化保護技術，在瀏覽器中使用 JS 建置了一個虛擬機器執行核心程式。在細節上，它充分使用了位元組碼動態加密、反偵錯等各種傳統二進位碼保護領域的技術方法。雖然如此，BotGuard 依然可以被破解。

在 JS 程式保護領域中，asm.js 和 WebAssembly 也是常被提及的方案，但是對於風控 JS SDK 而言，瀏覽器生態環境的相容性要求極高，適應性就不是很好。整體而言，在瀏覽器環境下需要考慮更多的相容性進一步強化保護強度，因此，現有的 JS 程式保護強度相對 APP 原生 SDK 要低很多。

下面從 JS 程式混淆技術開始，依次介紹 JS SDK 和 APP SDK 的程式保護技術方案。

4.3.1 JS 程式混淆技術

程式混淆（obfuscation）是增加黑色產業靜態分析難度而犧牲執行效率的一種技術方案。JS 程式混淆是指透過邏輯轉換演算法等技術方法將受保護的程式轉化為難以分析的相等程式的一種技術方案。「難以分析」是混淆的目的，

「相等程式」則是要確保混淆後的程式與原始程式碼功能表現保持一致。通俗來說，混淆程式 P 就是把 P 轉為 P'，使 P' 的行為與 P 的行為一致，但是攻擊者卻很難從 P' 中分析取得資訊。

對於混淆的分類，普遍以 Collberg 的理論為基礎，分為佈局混淆（layout obfuscation）、資料混淆（data obfuscation）、控制混淆（control obfuscation）和預防混淆（preventive obfuscation）4 種類型。本節將按照以上分類依次介紹 JS 的混淆方法。

4.3.1.1 佈局混淆

佈局混淆原是指刪除或混淆與執行無關的輔助文字資訊，增加攻擊者閱讀和了解程式的難度，實際到 JS 就是指原始程式碼中的註釋文字、偵錯資訊等。佈局混淆也包含採用技術方法處理程式中的常數名、變數名稱、函數名稱等識別符號，增加攻擊者對程式了解的難度，實際的方式包含以下幾個方面。

1. 刪除無效程式

這裡所説的無效程式包含以下內容：

- 註釋文字：詳細的註釋文字對使用者促進程式了解意義重大，生產環境需要刪除。
- 偵錯資訊：偵錯程式在開發環境中對開發者偵錯 Bug 有相當大幫助，但是生產環境就沒存在的必要了，實際的有 console 物件呼叫，如 console.log（'test'）、debugger、alert（偵錯用）。
- 無用函數和資料：在開發過程中，由於需求更改或重構無意遺留下來的內容，雖然未呼叫或使用，但是對攻擊者來說可以猜測開發者的意圖和想法。
- 縮排和分行符號：由於 JS 可以透過分號進行分句，所以刪除所有的程式縮排和分行符號增加了程式的閱讀難度，這也能大幅減少程式的體積。需要注意的是，與以上的刪除項相比，該項是可逆的，即攻擊者可以透過格式化工具恢復。

2. 識別符號重新命名

識別符號一般指常數名、變數名稱、函數名稱，識別符號的字面意義有利於攻擊者對程式的了解，所以需要將識別符號變為無意義、難以閱讀的名字，範例程式：

```
1.  // 原始程式碼
2.  var name = 'bob';
3.  // 重新命名
4.  var a = 'bob';
```

我們發現原本的變數名稱 "name" 變成了無意義的 "a"，對解譯器來說，該變數名稱不影響程式執行，而且更改命名也不會增加記憶體消耗。識別符號重新命名是少數幾種無明顯副作用的混淆方法之一，下面介紹幾種業內常見的變形方式：

- 單字母：如上述範例程式，變數名稱由單一英文字母組成，這種方法最為常見，因為這種形式在某種程度上可以縮減程式的體積。要特別注意這種命名方式最多只包含 52 個大小寫字母，所以容易碰到在一個作用域鏈內識別符號名不夠用導致識別符號重複的情況發生，這時需要擴充這種形式，如增加數字與字母組合 "a1"，或雙字母組合 "aa" 等。

- 十六進位字元：以 "_0x" 開頭隨機十六進位數字結尾的形式，如 "_0x465ab1"。這種形式的命名優點明顯：形式相似，攻擊者難以辨認。缺點是識別符號太長容易造成程式的膨脹。

- 蛋形結構：將以上兩種形式的優缺點進行中和，創造以大小寫字母 "O"、數字 "0"、字母 "Q" 為基礎、隨機非零首位的組合，如 "QO0O"，這種形式不好辨認、樣本數量適中。

根據上面介紹的 3 種變形結構，我們再強調以下兩點內容：

- 作用域鏈內識別符號名不夠用導致識別符號重複的情況，並不是單字母特有的，即使像十六進位字元這種大樣本的形式也有一定的重複機率，所以在實際的實現混淆識別符號過程中都伴隨著作用域鏈內的變數重複檢查。

■ 為了增加攻擊者的分析難度,我們更希望以最少的名字重新命名所有的識別符號。換句話說,在同一個作用域鏈內要避免命名重複;在不同作用域鏈中識別符號命名盡可能重複。如果能夠分析出某識別符號只在本作用域使用,那麼同作用域鏈上都應該盡可能重複。

我們可以發現佈局混淆相關的方法並不會影響來源程式的執行過程、記憶體負擔,甚至程式體積沒有膨脹反而縮小了,最重要的是這種改變很容易保障混淆後的程式相等輸出。

4.3.1.2 資料混淆

JavaScript 有 7 種資料類型:數字(number)、字串(string)、布林值(boolean)、undefined、null、物件(object)和 ECMAScript 第 6 版新定義的符號(symbols),其中物件類型包含陣列(Array)、函數(Function)、正規(RegExp)和日期(Date)。這些資料類型是組成 JavaScript 程式的基本元素,也是語義分析的重要根據,所以對資料進行混淆能夠提升程式攻擊者的分析難度。下面我們將針對不同的資料類型介紹一些正常的混淆方法,並且分析這些混淆方法的效果和引用的代價。

❑ 數字混淆

數字混淆主要是使用進位轉換、數字拆解等方法對程式進行混淆保護。

1. 進位轉換

JavaScript 除常用的十進位表示形式外,還有二進位、八進位、十六進位表示形式,分別以 "0b"、"0" 和 "0x" 開頭。雖然它們在程式中無論如何轉換對於機器都是相等的,但是對於人類而言,除十進位外,其他進位都不易識別其實際數值,對於攻擊者而言就難以根據不同進位的數值靜態分析出程式的邏輯和執行流程。下面以十進位的數字 233 展示不同進位的表示形式,範例如下:

```
1.  // 二進位
2.  var number = 0b11101001;
3.  // 八進位
4.  var number = 0351;
```

```
5.  // 十進位
6.  var number = 233;
7.  // 十六進位
8.  var number = 0xe9;
```

細心的讀者可能已經聯想到一個問題：浮點數是否也能用類似的進位方法進行混淆呢？答案是否定的，因為作業系統底層的儲存其實並不存在小數，而十進位的小數形式只是迎合數學上的表達，大部分語言都不支援除十進位外的其他進位形式的小數運算式，該類別方法只適合整數類型的數字，所以在進行程式轉換前需要對資料類型進行驗證。雖然浮點數不能用進位轉換方法進行混淆，但是 JavaScript 本身支援科學計數法 "e" 或 "E" 來表示浮點數，範例如下：

```
1.  // 浮點數
2.  var ft = 2.33;
3.  // 科學計數法e
4.  var ft = 233e-2;
5.  // 科學計數法E
6.  var ft = 233E-2;
```

透過科學計數法我們同樣能對浮點數進行某種程度的混淆，進一步達到隱蔽的目的，該方法對部分整數（如 10 的倍數）同樣有效，但是隱蔽效果不明顯。

2. 數學技巧

有時數字型的字面常數在其程式環境中具有一定的規律或作用範圍，而我們可以透過某些數學技巧將它的表現形式轉為一種更難分析攻擊的新形式，程式中所有對該字面常數的操作也都必須是對新的表現形式操作。這樣描述似乎太過抽象，下面我們透過一段程式示範這個過程，範例如下：

```
1.  var i = 1;
2.  var A = [];
3.  while (i < 1000) {
4.    A[i] = i * 16;
5.    i++;
6.  }
```

透過觀察可以發現 i 作為一個數字型的變數，與其相關的程式並不複雜，單看這段程式還是很容易明白程式邏輯，那麼可以設定一個新的變數 i'，其公式滿足 i'=a×i + b，a 和 b 都為常數，下面的程式即為當 "a=8" 及 "b=3" 時轉換出的結果：

```
1.  var i = 11;
2.  while (i < 8003) {
3.    A[(i-3)/8] = 2*i - 6;
4.    i+=8;
5.  }
```

比較轉換前後的程式，它們的語義相等，但是了解難度大不相同，這便是我們透過數學技巧獲得的結果。在實作中，對許多透過數學技巧混淆數字的演算法來説，轉換後的資料類型所能表示的值的範圍常常會與原來的資料類型所能表示的值的範圍不同。舉例來説，當使用 $v=v×2^{10}$ 來替代整數 v 時，v 原本的範圍為 $[0,2^{53}-1]$，但是混淆後 v' 可表示的範圍變為 0、1024、2048……，所以在分析、建置對應的數學公式時需要仔細分析相關程式環境，儘量避免引起因表示範圍改變而導致的 Bug。

3. 數字拆解

對於數字而言，大多時候可以透過將字面常數的數字以某種相等的公式拆分為運算式來提升程式的分析難度，例如：

```
1.  // 轉換前程式，計算100天總共有多少秒
2.  var time = 0;
3.  for (var i = 0;i < 100;i++) {
4.    time += 24 * 60 * 60; // 小時 × 分鐘 × 秒數
5.  }
6.
7.  // 轉換後的程式
8.  var time = 25 - 16 - 9;
9.  var p = Math.PI / 2 * Math.random()
10. for (var i = 169-144- 24;i < 5*5*4;i += Math.pow(Math.cos(p), 2)+Math.pow
11. (Math.sin(p), 2))
12. {
13.   time += (30-6) * 6 * 10 * 5 * 12;
14. }
```

我們透過畢氏定理建置 0 值的運算式，如 "25-16-9 =0"，更容易了解的形式為 "3×3 + 4×4 = 5×5"，這種的數字拆解主要是為了隱藏原有值，而將 "24 × 60 × 60" 轉為 "（30-6）× 6 × 10 × 5 × 12" 則主要是為了破壞其代表的實際語義，即「小時 × 分鐘 × 秒數」。

數字拆解為運算式的方式會引發另外一個問題：執行拆分程式是否會降低執行效率？舉例來說，在 for 循環中 "i < 100" 變為 "i<5×5×4" 是否會計算 100 次 "5×5×4"？答案是否定的，在瀏覽器引擎編譯過程中都會對程式進行最佳化，以 V8 引擎為例，遇到以上程式時會觸發一條「常數折疊」的最佳化策略，即在編譯器裡進行語法分析時，將常數運算式進行計算求值，並用求得的值來取代運算式，放入常數表。換句話說，在編譯過程中 "i < 5×5×4" 會轉為 "i < 100" 以達到最佳效能。我們列舉這樣的最佳化策略並不表示鼓勵大家使用數字拆解這種混淆方式，畢竟也有最佳化策略無法涉及的情況，在實作過程中還需要讀者自行測試。

❑ 布林混淆

布林類型的設定值範圍比較固定且範圍非常小，JavaScript 隱式類型強轉機制也使得布林值相對較為容易，混淆方法也有很多種，我們挑選幾種比較典型的類型介紹。

1. 類型轉換

「類型轉換」是指將一個值從一個類型隱式地轉換到另一個類型的操作，如 var a = 1 + " 執行後，a 變數會被設定值為字串類型的 "1"，可以利用這個特性將我們的布林值隱藏起來。在實際的實現過程中，需要了解 JavaScript 在強制轉換 boolean 值時遵循以下規則：

- 如果被強制轉為 boolean，那麼將成為 false 的值。
- 其他的一切值將變為 true。

JavaScript 語言標準給那些在強制轉為 boolean 值時將變為 false 的值定義了一個明確的、小範圍的列表，這個清單在 ES5 語言標準中定義的 boolean 抽象操作中可以找到。

- undefined
- null
- false
- +0、-0 and NaN
- " "

這些值會被轉為 false，其他的值都會轉為 true。接下來的問題就是如何觸發強轉。觸發強轉有很多條件，為了避免程式膨脹，我們採用最簡單的邏輯運算式 "!" 來觸發，這樣就能獲得相等的布林值。

- !undefined
- !null
- !0
- !NaN
- !""
- !{}
- ![]
- !void(0)

上面的範例在執行後都能獲得相等的 true 或 false 的布林值，用它們取代布林值可以在某種程度上加強靜態分析的難度。

2. 建置隨機數

因為布林類型設定值範圍極小，所以我們可以利用乘法操作建置特定的隨機數混淆布林值。舉例來說，可以設定能被 3 整除的整數表示 true，能被 5 整除的整數表示 false，那麼就可以產生以下的建構函數：

```
1.  // 隨機產生整數
2.  function random() {
3.    return parseInt(Math.random() * 100000, 10)
4.  }
5.  // 產生符合條件的隨機數
6.  function generateNumber(bl) {
7.    return bl ? 3*(5*(random()%10000) + random()%4 + 1)
```

```
8.              : 5*(3*(random()%10000) + random()%2 + 1)
9.  }
```

當呼叫 generateNumber(true) 時就會產生一個含有因數 3 且不含有因數 5 的整數，而當呼叫 generateNumber(false) 時就會產生一個含有因數 5 且不含有因數 3 的整數。產生這樣的特定隨機數後，只需要將布林值取代為一個條件運算式，就可以隱藏原有值。

我們在上面範例的基礎上示範混淆後的實際程式：

```
1.  // 原始程式碼
2.  vart vTrue = true;
3.  var vFalse = false;
4.
5.  // 混淆後程式
6.  //增加一個輔助解密的函數
7.  function dc(num) {
8.    return num%3===0 ? true : false
9.  }
10. var vTrue  = dc(26904);
11. var vFalse = dc(62740);
```

觀察上面的範例程式可以發現，如果要進行靜態分析，那麼攻擊者不得不進行計算才能追蹤變數的真實值，而布林值大多數程式應用場景在程式控制流中，這變相地將程式的控制流走在變得模糊，無疑增加了程式分析的難度。

❑ 字串混淆

字串是最常見的常數資料，它常常包含一些重要的語義資訊，如頁面密碼輸入錯誤系統會提示使用者「帳戶與密碼不一致」，那麼破解者只需要尋找程式中「帳戶與密碼不一致」的字串，就能找出整個登入模組的驗證、加密邏輯。有許多隱藏這種資料的技巧，可以把關鍵字串（如加密金鑰）分解成許多片段，並把它們分散在程式的各個角落；用一個常數對字串進行互斥操作；或對字串進行正常的加解密操作等。下面我們介紹幾種較為複雜的字串混淆方法。

1. Mealy 機

Mealy 機屬於有限狀態機的一種，它是基於目前狀態和輸入產生輸出的有限狀態自動機，這表示它的狀態圖每條傳輸邊都有輸入和輸出。與輸出只依賴於機器目前狀態的莫爾有限狀態機不同，它的輸出與目前狀態和輸入都有關，即次態 = f（現狀，輸入），輸出 = f（現狀，輸入）。根據 Mealy 機的特性，可以將字串的每一個 bit 位元和目前狀態輸入，輸出實際的字串。下面透過 Mealy 機對字串 "mimi" 和 "mila" 進行混淆處理來舉例如何使用：呼叫 Mealy（'01002'）將產生字串 "mimi"，呼叫 Mealy（'01102'）將產生字串 "mila"。

如圖 4.6 所示為有限狀態機的狀態轉換圖及對應的 next 表和 out 表。

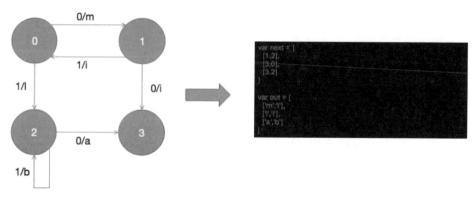

圖 4.6 有限狀態機的狀態轉換圖及對應的 next 表和 out 表

實現 Mealy 機的方法有多種，其中最簡單的就是直接查詢 next 表和 out 表。

```
1.   var next = [
2.     [1,2],
3.     [3,0],
4.     [3,2]
5.   ];
6.
7.   var out = [
8.     ['m','l'],
9.     ['i','i'],
10.    ['a','b']
11.  ];
```

```
12.
13. function mealy(bit) {
14.   var str = [];
15.   var state = 0;
16.   var newBit = bit.split('');
17.   var num = 0;
18.   while (num < newBit.length) {
19.     var input = newBit[num];
20.     str.push(out[state][input]);
21.     state = next[state][input];
22.     num++;
23.   }
24.   return str.join('')
25. }
26.   mealy('0100');  //輸出'mimi'
27.   mealy('0110');  //輸出'mila'
```

2. 字元編碼

JavaScript 允許直接使用碼點表示 Unicode 字元，寫法是「反斜線 +u+ 碼點」，如字母 a 可以表示為 "\u0061"，這對機器來說沒有區別，但是對於人類而言就無法直接閱讀了，進一步達到了需要的混淆效果。

我們可以將程式中的所有字串轉為 Unicode，這樣做只需要消耗少量的空間代價，對執行效率影響非常小。這種方法對於防禦者而言也有一個致命的弱點——可以輕易地運用編譯方法逆混淆，為了增加此種方法逆混淆的難度，可以在字串編碼時增加一些隨機性來增大難度，如對字串 "abc" 進行混淆時，我們隨機選擇其中一個或幾個不編碼字元，"abc" 混淆獲得的結果可以為 "a\u0062\u0063"、"\u0061b\u0063" 和 "\u0061\u0062c" 等，因為樣本的多樣化導致反向混淆時判斷難度的提升。

3. 其他

由於字串這一資料類型的靈活多變，其混淆方法種類繁多，如字串拆分、字串加密等，而且還可以衍生出多種混淆方法的重複使用，在這裡就不逐一列舉。

❑ undefined 和 null 混淆

對 undefined 和 null 來說，在大多數情況下，可以利用 JavaScript 語言的特性進行混淆，如 undefined 可以轉為 void 0 或一個宣告卻未設定值的變數，這個比較簡單，在此不再贅述。

4.3.1.3 控制混淆

控制混淆是對程式的控制流進行轉換，更改程式中原有的控制流達到讓程式非常難以閱讀和了解的目的。控制混淆是混淆方法中效果相對較好的程式防護方法，它不同於資料混淆只是在形式上有對原始程式碼有所更改，還會對原始程式碼的結構產生一定影響，所以其混淆的風險也較高。

❑ 不透明述詞

不透明述詞的概念源於數理邏輯，透過嚴格的邏輯推理證明某些複雜的運算式成立，而這些成立的運算式稱為不透明述詞運算式，運算式成立的結果是已知的，而運算式結果表面上是不明顯的，稱為不透明。常見的經典運算式如下：

$$\forall x \in \mathbb{Z} : 2 \,|\, (x^2 + x)$$

$$\forall x, y, z \in \mathbb{Z}, D > 0, D = z^2 : x^2 - Dy^2 \neq 2$$

不透明述詞的模糊性和不透明性為程式保護提供了強有力的工具，其在程式混淆中有廣泛且成熟的研究和實際用途，在這裡只需要了解不透明述詞在嵌入程式前，述詞運算式的值已經確定。在一般情況下，我們會在分支敘述和循環敘述中使用布林類型的不透明述詞運算式作為判斷條件，進一步改變程式的控制流向。我們用記號 P^{T} 表示結果實際上總是為真的不透明述詞，用 P^{F} 表示結果實際上總是為假的不透明述詞，用 $P^?$ 表示結果真假不定的不透明述詞。如圖 4.7 所示，假設目前有一段程式，由 A 和 B 兩個程式區塊組成，圖中展示了 3 種不透明述詞的使用方式。

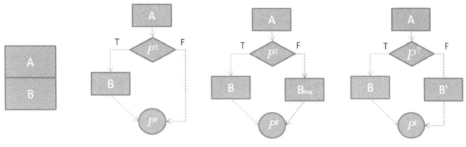

圖 4.7 不透明述詞結構圖

- 建置一個恒為真的不透明運算式 P^T 作為判斷運算式插入 A、B 之間，因為 P^T 恒為真，所以分支敘述一定會在 A 程式區塊執行完之後執行 B 程式區塊，並且改變了原有的程式結構。

- 建置一個恒為真的不透明運算式 P^T 插入 A、B 之間，與上面一種不同的是，在另一個值為假的分支上增加一個存在 Bug 的程式區塊。因為 P^T 恒為真，所以存在 Bug 的分支永遠不會執行，但是從攻擊者的角度分析，他們並不清楚實際的程式邏輯，所以這會令程式難以了解。

- 建置一個真假不確定的不透明述詞運算式 $P^?$，再建置一段與 B 程式區塊效果等同但形式不同的 B' 程式區塊，因為 $P^?$ 真假不定，所以程式的執行流可能執行 B 程式區塊也可能執行 B' 程式區塊，但對攻擊者來說，卻增加了 1 倍的閱讀時間。

不透明述詞作為有效的程式保護策略，在理論上可以在程式的任何需要判斷的位置插入，也可作為單獨敘述存在於程式的任何位置。雖然上述內容是以邏輯公式為例建置不透明述詞運算式的，但是在混淆 JavaScript 程式的過程中也可以取代為具有 JavaScript 語言特色的運算式，如利用 "Math.random() > 0.5" 運算式等。然而，對於複雜化的不透明述詞也會給程式的效能帶來額外的負擔，降低程式執行的效能。因此儘量選擇在程式的核心演算法或容易受到攻擊的位置植入不透明述詞以加強程式的安全性和閱讀的可了解性，平衡由於不透明述詞帶來的效能負擔。

❑ 插入冗餘碼

所謂的冗餘碼是指與程式中的其他程式沒有任何呼叫關係的程式，死程式是指在程式中永遠不會被執行到的程式。將其插入程式中並不會對其造成任何影響，同時還可以增加破解者的閱讀難度。插入程式的方法可以借助上文的不透明述詞。

❑ 控制流平坦化

控制流平坦化是指將程式的條件分支和循環敘述組成的控制分支結構轉化為單一的分發器結構，可以使用這種方法對程式中原有的控制流進行混淆，增加控制流的複雜度。在正常程式中，程式的條件分支和循環敘述區塊可能透過串聯、分層巢狀結構等形式形成複雜的控制結構，控制流圖的分支或循環條件陳述式也隨之形成複雜的關係。控制流平坦化正是將這些複雜的控制結構取代為單一的分發器結構的程式混淆方法。一個簡單的分發器大多是由 switch 敘述組成的，圖 4.8 就是一個簡單地將一段程式流程取代為控制流平坦化後的結構。

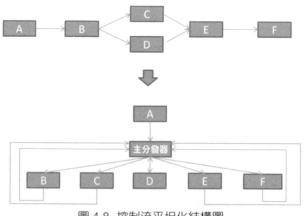

圖 4.8 控制流平坦化結構圖

根據圖 4.8 可以發現，除起始程式 A 外，所有的程式區塊執行順序都由主分發器控制，其餘所有程式區塊都在同級。換句話說，攻擊者在閱讀程式時無法線性地閱讀整個程式的執行邏輯和流程，必須按照主分發器的邏輯模擬程式執行的軌跡，進一步在程式結構上提升了閱讀程式的能力。

下面參照一個範例介紹控制流平坦化的實作方式過程，先展示一段程式混淆前後比較：

```
1.  // 混淆前
2.  var i = 1;
3.  var s = 0;
4.  while (i <= 100) {
5.    s += i;
6.    i++;
7.  }
8.
9.  // 混淆後
10. var swVar = 1;
11. while (swVar != 0) {
12.   switch(swVar) {
13.     case 1: {
14.       var i = 1;
15.       var s = 0;
16.       swVar = 2;
17.       break
18.     }
19.     case 2: {
20.       if (i <= 100)
21.         swVar = 3;
22.       else
23.         swVar = 0;
24.         break
25.     }
26.     case 3: {
27.       s += i;
28.       i++
29.       swVar = 2;
30.       break
31.     }
32.   }
33. }
```

觀察混淆前後的程式，可以發現這兩段程式執行效果是相等的，但是它們的程式結構和複雜度已經完全不一樣。透過控制流平坦化將程式的整個執行流程交由 switch 敘述來控制，程式的執行流程已經無法線性閱讀，因為程式區塊之間的關係完全隱藏在分發器上下文的控制操作中。為了更加直觀地比較兩者的區別，可以透過觀察兩者的流程圖進行比較，如圖 4.9 所示。

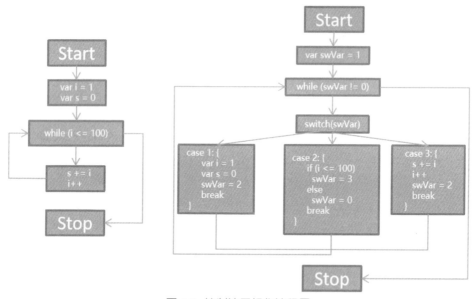

圖 4.9 控制流平坦化流程圖

透過比較控制流平坦化流程圖可以清晰地觀察到，程式由簡單的由上至下的線性流程變為由以 switch 組成的分發器為流程控制其餘平行程式區塊的結構。而且在控制平坦化後的流程圖中，我們還可以加入上文所述的死程式、廢程式等其他程式區塊來增加對原始程式碼的保護。

4.3.1.4 預防混淆

預防混淆與佈局混淆、資料混淆及控制混淆等方法有相當大的區別，它的目的不是透過混淆程式增加人們閱讀程式的複雜度，而是加強現有的反混淆技術破解程式的難度或檢測現有的反混淆器中存在的問題，並針對現有的反混淆器中的漏洞設計混淆演算法，增加其破解程式的難度。

4.3.2 Android/iOS SDK 強化保護

4.3.2.1 變數名稱與函數名稱混淆

Proguard 是一款 Java 語言的壓縮器、最佳化器、混淆器，它能夠檢測並刪除未使用的類別、變數、方法和屬性；分析並最佳化方法的位元組碼；將實際使用的類別、變數、方法重新命名為無意義的短名稱，使位元組碼更小、更高效，並且更難進行反向分析。混淆不會改變原始程式碼邏輯，只會使反編譯出來的程式不易閱讀。Android 支援在編譯過程中 Proguard，通常為了安全考慮，release 版本的 apk 都會開啟 Proguard 功能。在設定 Proguard 規則時，需要保障最小 keep 原則（盡可能多地混淆）。在預設情況下，會使用英文字母 a、b、c 進行混淆。也可以透過 -obfuscationdictionary/-classobfuscationdictionary/-packageobfuscationdictionary 設定字典，使用指定的字元集。如圖 4.10 所示為 Proguard 混淆前後程式可讀性的差異。

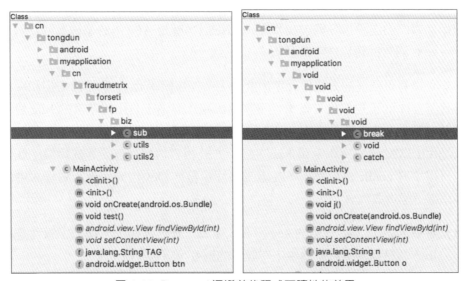

圖 4.10 Proguard 混淆前後程式可讀性的差異

C 語言沒有現成的工具，需要自行撰寫取代指令稿。比較簡單的方法是對原始程式碼進行正規比對，還有一種方法——解析語法樹。如圖 4.11 所示為 C 語言函數名稱的混淆，變數名稱本身在編譯時就已經最佳化了。

```
ℱ MQLXMI_zGAmRegvNtsZhpAEWUxSwwSjggAJ...
ℱ MVkULGDNHluPHCkXGUTgGR_bEtlYjbwOPje
ℱ MqvblsDxDfqBCxWjjUkfxkxtFEDjGaecbuCAYm...
ℱ MznXLXVaFsJCFzDlcWZaBAxbUhNEualDGUw...
ℱ NZrAoyTwJeMgdBhvyKNgvqHFHAtulrkAliZrwd...
ℱ NgCS_FAuLgaLVMskqqRkrZyGlKulZfdNKDsvis...
ℱ NmpNMKyGCPpqQhVfkRPxMOYsRuvkecGXw...
ℱ OForZcSQzaZcewrGgWEdhrUFJzzbgUwhbjgU...
ℱ OlziglummgpKOdZSilcWmXHFPgmpLyDisyPc...
```

圖 4.11 C 語言函數名稱與變數名稱取代

4.3.2.2 字串混淆

在進行 APP 反向靜態分析時，研究人員常常會透過特定字串定位程式執行的位置。如分析網路請求，先透過封包截取找到 URL，然後全域搜尋域名快速找出網路請求相關的程式；當 C 語言呼叫 Java 的函數時，類別名稱和方法名稱都需要使用字串傳入，透過字串可以很快找到呼叫的函數；當進行 AES 加密處理時，傳入 key、iv、分組方式都是字串。因此為了加強 APP 安全，可以撰寫專門的混淆指令稿，在發佈 release 版本時對 APP 內的字串進行混淆。Java 和 C 語言都可以做字串混淆。

那麼有沒有更便捷的方式進行字串混淆呢？答案是「有」。利用語法樹和編譯器代替原先的正規取代，省事且不容易出錯。混淆工具出錯帶來的 Bug 對於開發者而言是非常難排除的，因為原始程式碼本身沒有 Bug。一種比較好的想法是用 LLVM 自訂字串混淆 Pass，這種方式相容性好且無須程式轉換。此外也可以撰寫 gradle 外掛程式，在編譯過程中操作 Dex 位元組碼，對程式中的字串進行混淆取代。

想要隱藏 AES 加密過程中的 key 和 iv，還有一種方案叫白盒加密，原理是將 key、iv、輪轉換隱藏在矩陣中，有興趣的讀者可以自行研究。

4.3.2.3 Dex 強化與取出

Dex 強化即將需要保護的程式單獨產生 Dex，加密後儲存在 assets 目錄下，在 so 載入時解密 jar 並透過 DexClassLoader 載入到記憶體裡。該方案的主要問題在於解密後的 Dex 會以檔案形式儲存在手機記憶體中,而且透過記憶體 dump 的方式能夠取得解密後的 jar 套件,而沒有產生檔案載入的方式存在很多相容性的問題。

❑ **Dex 取出**

Dex 取出指的是將 Dex 位元組碼中的函數程式片段分析出來,產生一個方法結構為空的 Dex,並將程式片段儲存在 so 中。然後在函數執行時期即時補全函數的程式。Dex 取出有兩種等級粒度的還原,即類別級還原和函數級還原。類別級還原是指在類別載入時補全該類別的全部函數;函數級還原是指在執行函數時才補全函數。目前,市面上主流的強化工具均能實現 Dex 取出的效果。這種強化方案能夠防止透過記憶體 dump 方式取得原始 Dex,但是透過訂製 rom 與 hook 特定函數的技術方法還是能夠還原出原始 Dex 的。

❑ **Dex-Java2C**

在實際對抗環境下,Dex 無論如何保護,都有方法還原原始的 Dex,進而反編譯獲得 Java 程式。而 C 程式相對而言較難反向。Java2c 是指將原有的 Java 程式取出出來,透過 jni 在 native 層反射實現。

流程如下:Dex → smali →取出 + native 化→產生 so

取出後的原始 Java 函數,反編譯出來是 native 函數,在執行過程中也不會還原。Java2c 配合 C 語言的程式混淆技術和字串混淆技術,可以對 Android 的 Java 程式造成很好的保護效果。同時也不需要對原始 Java 程式進行重新定義。如圖 4.12 所示為強化處理前後反編譯出的程式可讀性差異。

圖 4.12 Java2c 強化前後對照

4.3.2.4 LLVM

LLVM 是 Low Level Virtual Machine 的縮寫,其定位是一個比較底層的虛擬機器。然而 LLVM 本身並不是一個完整的編譯器,LLVM 是一個編譯器基礎架構,把很多編譯器需要的功能以可呼叫的模組形式實現出來並包裝成函數庫,其他編譯器實現者可以根據自己的需要使用或擴充,主要聚焦於編譯器後端功能,如程式產生、程式最佳化、JIT 等。

編譯器前端和後端就是編譯器經典的三段式設計中的組成,如圖 4.13 所示。

圖 4.13 Java2c 強化前後對照編譯器前端和後端三段式設計

LLVM 採用經典的三段式設計,如圖 4.14 所示。前端可以使用不同的編譯工具對程式檔案做詞法分析以形成抽象語法樹 AST,然後將分析好的程式轉換成 LLVM 的中間語言 IR(Intermediate Representation);中間部分的最佳化器只對中間進行 IR 操作,透過一系列的 Pass 對 IR 做最佳化;後端負責將最佳化好的 IR 解釋成對應平台的機器碼。LLVM 的優點在於,中間語言 IR 相容性設計優良,不同的前端語言(C/C++ 或 ObjC 等)最後都轉換成同一種的IR;然後經過不同的後端編譯器,編譯成不同平台架構(x86/x64/arm/arm64等)的機器碼。

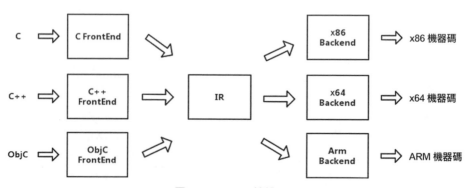

圖 4.14 LLVM 轉換 IR

❑ Clang 與 LLVM 的關係

LLVM 與 Clang 是 C/C++ 編譯器套件，整個 LLVM 的架構包含了 Clang，其關係如圖 4.15 所示。因為 Clang 是 LLVM 的架構的一部分，是 LLVM 的 C/C++ 的前端。Clang 使用了 LLVM 中的一些功能，目前，已知的主要是對中間格式程式的最佳化，或許還有一部分產生程式的功能。從原始程式碼角度來講，透過 Clang 和 LLVM 的原始程式位置可以看出，Clang 是以 LLVM 為基礎的工具。從功能的角度來講，LLVM 可以認為是一個編譯器的後端，而 Clang 是一個編譯器的前端，它們的關係就更加明瞭，一個編譯器前端想要程式最後變成可執行檔，是缺少不了對編譯器後端的支援的。

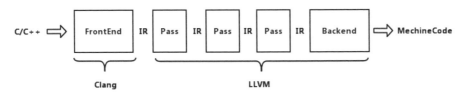

圖 4.15 Clang 和 LLVM 的關係

與 GCC 相比，Clang 具有以下優點：

- 編譯速度快：在某些平台上，Clang 的編譯速度要比 GCC 的編譯速度快（在 Debug 模式下編譯 OC 的速度比 GCC 快 3 倍）。
- 佔用記憶體小：Clang 產生的 AST 所佔用的記憶體是 GCC 的 1/5 左右。
- 模組化設計：Clang 採用以函數庫為基礎的模組化設計，易於 IDE 整合及其他用途的重用。
- 診斷資訊可讀性強：在編譯過程中，Clang 建立並保留了大量詳細的中繼資料（metadata），有利於偵錯和錯誤報告。
- 設計清晰簡單：容易了解，易於擴充增強。

❑ LLVM IR

IR 可以視為一種通用的中間語言，C 語言和 C++ 語言可以對應成 IR，對應關係可以是一對多，也可以是多對一。LLVM IR 有以下 3 種表示形式，其本質是相等的。

- text：便於閱讀的文字格式，類似組合語言，擴充名為 ".ll"。指令為 "clang -S -emit-llvm main.m"。
- memory：記憶體編譯器格式。
- bitcode：即時編譯器格式，擴充名為 ".bc"，指令為 "clang -c -emit-llvm main.m"。

如圖 4.16 所示為 text 格式 IR 的範例。

```
; Function Attrs: nounwind uwtable
define void @MD5Decode(i32* nocapture, i8* nocapture readonly, i32) local_unnamed_addr #0 !dbg !133 {
  call void @llvm.dbg.value(metadata i32* %0, metadata !132, metadata !DIExpression()),
    !dbg !482
  call void @llvm.dbg.value(metadata i8* %1, metadata !137, metadata !DIExpression()),
    !dbg !483
  call void @llvm.dbg.value(metadata i32 %2, metadata !138, metadata !DIExpression()),
    !dbg !484
  call void @llvm.dbg.value(metadata i32 0, metadata !139, metadata !DIExpression()),
    !dbg !485
  call void @llvm.dbg.value(metadata i32 0, metadata !140, metadata !DIExpression()),
    !dbg !486
  %4 = icmp eq i32 %2, 0, !dbg !487
  br i1 %4, label %40, label %5, !dbg !488

; <label>:5:                                     ; preds = %3
  br label %6, !dbg !489

; <label>:6:                                     ; preds = %5, %6
  %7 = phi i32 [ %37, %6 ], [ 0, %5 ]
  %8 = phi i32 [ %36, %6 ], [ 0, %5 ]
  %9 = zext i32 %7 to i64, !dbg !489
  %10 = getelementptr inbounds i8, i8* %1, i64 %9, !dbg !489
  %11 = load i8, i8* %10, align 1, !dbg !489, !tbaa !150
  %12 = zext i8 %11 to i32, !dbg !490
  %13 = or i32 %7, 1, !dbg !491
  %14 = zext i32 %13 to i64, !dbg !492
  %15 = getelementptr inbounds i8, i8* %1, i64 %14, !dbg !492
  %16 = load i8, i8* %15, align 1, !dbg !492, !tbaa !150
  %17 = zext i8 %16 to i32, !dbg !492
  %18 = shl nuw nsw i32 %17, 8, !dbg !493
  %19 = or i32 %18, %12, !dbg !494
  %20 = or i32 %7, 2, !dbg !495
  %21 = zext i32 %20 to i64, !dbg !496
  %22 = getelementptr inbounds i8, i8* %1, i64 %21, !dbg !496
```

圖 4.16 text 格式 IR 範例

IR 基本語法的注意事項如下：

- 註釋以分號 ";" 開頭。
- 全域識別符號（函數和全域變數）以 "@" 開頭，局部識別符號（暫存器和結構）以 "%" 開頭。

- alloca 表示在目前函數堆疊幀中分配記憶體。
- 32bit 表示 4 個位元組。
- align 表示記憶體對齊。
- store 表示寫入資料。
- load 表示讀取資料。
- call 表示呼叫函數。
- ! 表示 metadata，儲存原始程式偵錯資訊。
- 其他 IR 語法的注意事項參考 LLVM 官網。

❑ LLVM 原始程式編譯

首先需要透過 git 下載 LLVM 和 Clang，使用的指令如下：

```
$ git clone https://git.llvm.org/git/llvm.git/
$ cd llvm/tools
$ git clone https://git.llvm.org/git/clang.git/
```

雖然 Clang 是 LLVM 的子專案，但是它們的原始程式是分開的，因此我們需要將 Clang 儲存在 llvm/tools 目錄下。下載完成後編譯即可，使用的指令如下：

```
$ mkdir build
$ cd build
$ cmake ../../../llvm
```

❑ OLLVM

Obfuscator-LLVM 是由瑞士西北應用科技大學安全實驗室於 2010 年 6 月發起的開放原始碼專案，該專案在 LLVM 開放原始分碼支的基礎上改造，能夠透過程式混淆和防篡改，增加對反向工程的難度，提供更強的安全性。OLLVM 的混淆操作就是在中間表示 IR 層，透過撰寫 Pass 來混淆 IR，然後後端依據 IR 產生的目標程式也就被混淆了。得益於 LLVM 的設計，OLLVM 適用 LLVM 支援的所有語言（C、C++、Objective-C、Ada 和 Fortran）和目標平台（x86、x86-64、PowerPC、PowerPC-64、ARM、Thumb、SPARC、Alpha、CellSPU、MIPS、MSP430、SystemZ 和 XCore）。

整個專案包含了 3 個相對獨立的 LLVM Pass，每個 Pass 實現了一種混淆方式，透過這些混淆方法，可以隱藏原始程式碼或某一部分程式。

- Instructions Substitution（整數二進位操作，如加、減、邏輯運算的相等取代）。
- Bogus Control Flow（流程偽造）。
- Control Flow Flattening（流程平坦化）。

在實際使用中，需要針對本身實際情況設定 OLLVM 三種混淆方式的混淆強度。一段比較簡單的程式，高強度混淆可能需要數十分鐘甚至幾小時，產生的可執行檔體積也會膨脹數百倍。此外，對於某些不重要的函數，可以透過設定 attribute 註釋不進行混淆。在實際使用中，應用程式開發廠商非常在意 APP 的體積，因此，需要折中混淆強度和安全性。

4.3.2.5 程式虛擬化

程式虛擬化保護技術是一種比 Dex 檔案保護、Java2c 技術更強的安全防護技術，可以更有效地對抗黑色產業反向工程或破解，避免造成核心技術和風控邏輯被洩密的問題。我們的終端風控 SDK 使用了自主研發的 TDVM 虛擬機器實現自我保護。

❑ 原始程式虛擬化

TDVM 是以 Clang 編譯器擴充實現為基礎的 VM 虛擬機器編譯器，在 C、C++、Object-C 專案編譯時對指定函數進行程式保護。依賴自訂的 CPU，在編譯過程中將程式翻譯成自訂的 CPU 指令。如 "ADD X1 X2 #1" 可以翻譯成 "XE #1 R1 R2"。該指令無法直接在 CPU 上執行，必須利用對應的解譯器執行指令。程式被虛擬化後，如果想要還原原始程式碼，就需要透過反覆偵錯了解自訂指令集的實際功能。因此，程式虛擬化相當大地加強了安全性，增加了破解難度。如圖 4.17 所示為虛擬機器程式編譯過程示意圖。

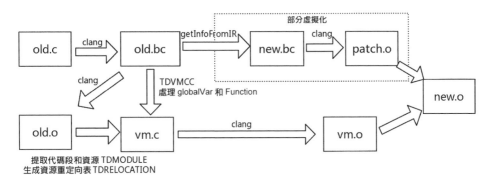

圖 4.17 虛擬機器程式編譯過程示意圖

TDVM 的邏輯流程如下：

- 使用原始檔案 old.c 透過 clang 編譯產生 old.bc 的 IR 檔案。
- IR 檔案透過 clang 編譯產生 old.o。
- old.bc 透過 TDVMCC 分析全域變數和虛擬化的函數，產生 vm.c 架構。
- 分析 old.o 中的程式碼片段和資料段，產生 TDMODULE，並產生資源重新導向表 TDRELOCATION，填充進 vm.c。
- 將 vm.c 透過 clang 編譯產生 vm.o。
- 如果是部分程式虛擬化，就需要將未虛擬化的函數從 IR 檔案中分析出來，產生 new.bc。
- new.bc 透過 clang 編譯產生 patch.o。
- vm.o 和 patch.o 連結產生 new.o，即虛擬化後的可執行檔。

❑ 指令集設計

TDVM 指令集完全參照 arm 官方文件標準，定義了大部分常用指令，根據指令的類型可以分為以下幾種：

- 資料處理指令（立即數）：對資料進行加、減、乘、除等運算。
- 跳躍和執行指令：根據條件判斷後的結果跳躍或執行函數呼叫指令。
- 載入和儲存指令：載入資料或儲存資料指令。
- 資料處理指令（暫存器）：暫存器中的資料處理。

- 資料處理指令（向量暫存器和浮點數處理）：主要進行向量暫存器或浮點數的處理。

- 其他指令：自訂 CPU 指令包含以下元素。

  - 堆疊空間：建立虛擬機器分時配的堆疊，用來儲存函數的參數或區域變數等。

  - 暫存器資訊：第一，通用暫存器；第二，浮點數暫存器，用來儲存浮點數（目前不支援浮點數暫存器）；第三，向量暫存器，用來儲存由向量處理器執行 SIMD（Single Instruction Multiple Data）指令所得到的資料；第四，pc 暫存器，目前程式執行的 pc 值；第五，標示暫存器。

相關定義的程式如下：

```
1.  typedef struct reg_info{    //自訂暫存器
2.      int64_t        ARM64_REG_X0;
3.      int64_t        ARM64_REG_X1;
4.      int64_t        ARM64_REG_X2;
5.      int64_t        ARM64_REG_X3;
6.      int64_t        ARM64_REG_X4;
7.      int64_t        ARM64_REG_X5;
8.      int64_t        ARM64_REG_X6;
9.      int64_t        ARM64_REG_X7;
10.     int64_t        ARM64_REG_X8;
11.     int64_t        ARM64_REG_X9;
12.     int64_t        ARM64_REG_X10;
13.     int64_t        ARM64_REG_X11;
14.     int64_t        ARM64_REG_X12;
15.     int64_t        ARM64_REG_X13;
16.     int64_t        ARM64_REG_X14;
17.     int64_t        ARM64_REG_X15;
18.     int64_t        ARM64_REG_X16;//ARM64_REG_IP0
19.     int64_t        ARM64_REG_X17;//ARM64_REG_IP1
20.     int64_t        ARM64_REG_X18;
21.     int64_t        ARM64_REG_X19;
22.     int64_t        ARM64_REG_X20;
23.     int64_t        ARM64_REG_X21;
24.     int64_t        ARM64_REG_X22;
```

```
25.      int64_t      ARM64_REG_X23;
26.      int64_t      ARM64_REG_X24;
27.      int64_t      ARM64_REG_X25;
28.      int64_t      ARM64_REG_X26;
29.      int64_t      ARM64_REG_X27;
30.      int64_t      ARM64_REG_X28;
31.      int64_t      ARM64_REG_INVALID;
32.      int64_t      ARM64_REG_X29;  //FP
33.      int64_t      ARM64_REG_X30;  //LR
34.      int64_t      ARM64_REG_NZCV; //標示暫存器
35.      int64_t      ARM64_REG_SP;
36.      int64_t      ARM64_REG_WSP;
37.      int64_t      ARM64_REG_WZR;
38.      int64_t      ARM64_REG_XZR;
39.      int64_t      ARM64_REG_PC;
40.      arm64_float_reg  float_reginfo;
41.      arm64_dword_reg_info dword_reginfo;
42. #if defined(__aarch64__)
43.      arm64_dq_reg_info  dQ_reginfo;
44. #endif
45.      arm64_Dx_reg_info  dD_reginfo;
46. }reg_info_arm64;
```

❏ 翻譯模組

翻譯模組是指將原始程式碼用 Clang 編譯成 IR 檔案（中間語言），然後對 IR 中的函數進行指令處理，將指令翻譯成自訂 CPU 的指令，再用新產生的指令取代原先的指令。在翻譯過程中，要對原有指令中的運算元和資源等進行特殊處理。

在虛擬機器中執行指令時，需要載入的字串、常數陣列或外部函數等統稱為資源。舉例來説，在執行 bl strlen 時，需要根據目前 pc 值找到對應的 bl strlen 再呼叫函數值。同樣，在 arm64 中需要載入某個字串 "ABCDEFGHIJKLMNO PQRSTUVWXYZabcdefghijklmn opqrstuvwxyz0123456789+/" 時，我們需要在自訂的資源重定位表中定位到字串的位置，然後載入到自訂的虛擬機器中，這個過程稱為資源重定位。

以 base64 中的 base64_encode() 函數為例進行虛擬化操作，原始程式碼如圖 4.18 所示。

```
16   unsigned char *base64_encode(unsigned char *str)
17  {   long len;
18      long str_len;
19      unsigned char *res;
20      int i,j;
21      unsigned char *base64_table="ABCDEFGHIJKLMNOPQRSTUVWXYZabcdefghijklmnopqrstuvwxyz0
22      str_len=strlen(str);
23      if(str_len % 3 == 0)
24          len=str_len/3*4;
25      else
26          len=(str_len/3+1)*4;
27      res=malloc(sizeof(unsigned char)*len+1);
28      res[len]='\0';
29      //以3个8位字符为一组进行编码
30      for(i=0,j=0;i<len-2;j+=3,i+=4)
31      {   res[i]=base64_table[str[j]>>2]; //取出第一个字符的前6位并找出对应的结果字符
32          res[i+1]=base64_table[(str[j]&0x3)<<4 | (str[j+1]>>4)]; //将第一个字符的后位与第二
33          res[i+2]=base64_table[(str[j+1]&0xf)<<2 | (str[j+2]>>6)]; //将第二个字符的后4位与
34          res[i+3]=base64_table[str[j+2]&0x3f]; //取出第三个字符的后6位并找出结果字符
35      }
36      switch(str_len % 3)
37      {   case 1:
38              res[i-2]='=';
39              res[i-1]='=';
40              break;
41          case 2:
42              res[i-1]='=';
43              break;
44      }
45      return res;
46  }
```

圖 4.18 base64_encode() 函數原始程式碼

如圖 4.19 所示為原始函數在 IDA 中的反編譯效果，整個邏輯清晰明瞭。程式 經過編譯器最佳化和 IDA 反編譯，實現方式有所變化，但是執行效果是完全 一致的。

我們將 base64_encode() 函數進行虛擬化後使用 IDA 反編譯，效果如圖 4.20 和 圖 4.21 所示，整個 base64_encode() 函數的源指令全部被隱藏了。

```
unsigned __int8 *__fastcall base64_encode(unsigned __int8 *str)
{
  unsigned __int8 *v1; // x19
  __int64 v2; // x0
  __int64 v3; // x8
  bool v4; // zf
  signed __int64 v5; // x20
  signed __int64 v6; // x8
  signed __int64 v7; // x21
  unsigned __int8 *result; // x0
  int v9; // w8
  signed __int64 v10; // x8
  unsigned __int8 *v11; // x10
  unsigned __int64 v12; // x13
  unsigned __int8 *v13; // x15
  unsigned int v14; // w14
  unsigned int v15; // t1

  v1 = str;
  v2 = strlen();
  v3 = ((unsigned __int128)(v2 * (signed __int128)6148914691236517206LL) >> 64)
     + ((unsigned __int64)((unsigned __int128)(v2 * (signed __int128)6148914691236517206LL) >> 64) >> 63);
  v5 = v2 - 3 * v3;
  v4 = v2 == 3 * v3;
  v6 = 4 * v3;
  if ( v4 )
    v7 = v6;
  else
    v7 = v6 + 4;
  result = (unsigned __int8 *)malloc(v7 | 1);
  v9 = 0;
  result[v7] = 0;
  if ( v7 >= 3 )
  {
    v10 = 0LL;
    v11 = v1 + 2;
    do
    {
      v12 = *(v11 - 2);
      v13 = &result[v10 + 3];
      *(v13 - 3) = aAbcdefghijklmn[v12 >> 2];
      v14 = *(v11 - 1);
      *(v13 - 2) = aAbcdefghijklmn[(v14 >> 4) & 0xFFFFFFCF | 16 * (v12 & 3)];
      v15 = *v11;
      v11 += 3;
      *(v13 - 1) = aAbcdefghijklmn[(v15 >> 6) & 0xFFFFFFC3 | 4 * (v14 & 0xF)];
      *v13 = aAbcdefghijklmn[v15 & 0x3F];
      v10 += 4LL;
    }
    while ( v10 < v7 - 2 );
    v9 = v7;
  }
  if ( v5 != 2 )
  {
    if ( v5 != 1 )
      return result;
    result[v9 - 2] = 61;
  }
  result[v9 - 1] = 61;
  return result;
}
```

圖 4.19 base64_encode() 函數反編譯後的程式

```
1  __int64 __fastcall base64_encode(__int64 a1)
2  {
3    __int64 v2; // [xsp+58h] [xbp-18h]
4    __int64 s; // [xsp+60h] [xbp-10h]
5    __int64 v4; // [xsp+68h] [xbp-8h]
6
7    v4 = a1;
8    s = a1;
9    v2 = 0LL;
10   vm_do_arm64(&v2, 0LL, 252LL, &TDCODE, 1328LL, &TDXX, 22LL);
11   return v2;
12 }
```

圖 4.20 base64_encode() 虛擬化函數反編譯後的程式

```
                    EXPORT base64_encode
base64_encode                                    ; DATA XREF: .data.rel.ro:0000000000000780↓

var_70            = -0x70
var_5C            = -0x5C
var_58            = -0x58
var_50            = -0x50
var_48            = -0x48
var_40            = -0x40
var_38            = -0x38
var_34            = -0x34
var_30            = -0x30
var_28            = -0x28
var_1C            = -0x1C
var_18            = -0x18
s                 = -0x10
var_8             = -8
var_s0            = 0

                  SUB       SP, SP, #0x80
                  STP       X29, X30, [SP,#0x70+var_s0]
                  ADD       X29, SP, #0x70
                  SUB       X8, X29, #-var_18
                  MOV       W9, WZR
                  MOV       W2, #0xFC
                  ADRP      X10, #TDCODE@PAGE
                  ADD       X3, X10, #TDCODE@PAGEOFF
                  MOV       X4, #0x530
                  ADRP      X10, #TDXX@PAGE

loc_F4
                  ADD       X5, X10, #TDXX@PAGEOFF
                  MOV       X6, #0x16
                  MOV       W7, #1
                  SUB       X10, X29, #-s
                  MOV       W11, WZR
                  MOV       X12, #8
                  STUR      X0, [X29,#var_8]
                  MOV       X0, X10 ; s
                  UXTB      W1, W11
                  STUR      W2, [X29,#var_1C]
                  MOV       X2, X12 ; n
                  STUR      X10, [X29,#var_28]
                  STUR      X8, [X29,#var_30]
                  STUR      W9, [X29,#var_34]
                  STR       W7, [SP,#0x70+var_38]
                  STR       X3, [SP,#0x70+var_40]
                  STR       X4, [SP,#0x70+var_48]
                  STR       X5, [SP,#0x70+var_50]
                  STR       X6, [SP,#0x70+var_58]
                  BL        memset
                  LDUR      X8, [X29,#var_8]
                  STUR      X8, [X29,#s]
                  STUR      XZR, [X29,#var_18]
                  LDUR      X0, [X29,#var_30]
                  LDUR      W1, [X29,#var_34]
                  LDUR      W2, [X29,#var_1C]
                  LDR       X3, [SP,#0x70+var_40]
                  LDR       X4, [SP,#0x70+var_48]
                  LDR       X5, [SP,#0x70+var_50]
                  LDR       X6, [SP,#0x70+var_58]
                  LDR       W7, [SP,#0x70+var_38]
                  LDUR      X8, [X29,#var_28]
                  STR       X8, [SP,#0x70+var_70]
                  BL        vm_do_arm64
                  LDUR      X8, [X29,#var_18]
                  STR       W0, [SP,#0x70+var_5C]
                  MOV       X0, X8
                  LDP       X29, X30, [SP,#0x70+var_s0]
                  ADD       SP, SP, #0x80
                  RET
; End of function base64_encode
```

圖 4.21 base64_encode() 虛擬化函數的組合語言程式碼

我們將翻譯後的自訂指令、常數、資源寫到 .data 段。vm_do_arm64 對應的是虛擬機器的解譯器函數，用於解釋執行自訂指令，如圖 4.22 所示。

```
                ; ORG 0x1FC
TDCODE          DCB 0xF5, 0xF, 0x1D, 0xF8, 0xF4, 0x4F, 1, 0xA9, 0xFD, 0x7B
                                ; DATA XREF: base64_decode+18↑o
                                ; base64_decode+1C↑o ...
                DCB 2, 0xA9, 0xFD, 0x83, 0, 0x91, 0xF3, 3, 0, 0xAA, 0
                DCB 0, 0, 0x94, 0xE8, 0xF3, 0, 0xB2, 0xC8, 0xAA, 0x8A
                DCB 0xF2, 8, 0x7C, 0x48, 0x9B, 8, 0xFD, 0x48, 0x8B, 9
                DCB 5, 8, 0x8B, 0x14, 0, 9, 0xEB, 8, 0xF5, 0x7E, 0xD3
                DCB 9, 0x11, 0, 0x91, 0x15, 1, 0x89, 0x9A, 0xA0, 2, 0x40
                DCB 0xB2, 0, 0, 0, 0x94, 8, 0, 0x80, 0x52, 0x1F, 0x68
                DCB 0x35, 0x38, 0xBF, 0xE, 0, 0xF1, 0xAB, 3, 0, 0x54, 8
                DCB 0, 0x80, 0xD2, 0xA9, 0xA, 0, 0xD1, 0x6A, 0xA, 0, 0x91
                DCB 0xB, 0xC, 0, 0x91, 0xC, 0, 0x90, 0x8C, 1, 0, 0x91
                DCB 0x4D, 0xE1, 0x5F, 0x38, 0xAE, 0xFD, 0x42, 0xD3, 0x8E
                DCB 0x69, 0x6E, 0x38, 0x6F, 1, 8, 0x8B, 0xEE, 0xD1, 0x1F
                DCB 0x38, 0x4E, 0xF1, 0x5F, 0x38, 0xD0, 0x7D, 4, 0x53
                DCB 0xB0, 5, 0x1C, 0x33, 0x8D, 0x49, 0x70, 0x38, 0xED
                DCB 0xE1, 0x1F, 0x38, 0x4D, 0x35, 0x40, 0x38, 0xB0, 0x7D
                DCB 0x46, 0xD3, 0xD0, 0xD, 0x1E, 0x33, 0x8E, 0x49, 0x70
                DCB 0x38, 0xEE, 0xF1, 0x1F, 0x38, 0xAD, 0x15, 0x40, 0x92
                DCB 0x8D, 0x69, 0x6D, 0x38, 0xED, 1, 0, 0x39, 8, 0x11
                DCB 0, 0x91, 0x1F, 1, 9, 0xEB, 0xFD, 0xFF, 0xFF, 0x54
                DCB 0xE8, 3, 0x15, 0xAA, 0x9F, 0xA, 0, 0xF1, 0xC0, 0, 0
                DCB 0x54, 0x9F, 6, 0, 0xF1, 0xE1, 0, 0, 0x54, 9, 0xC0
                DCB 0x28, 0x8B, 0xAA, 7, 0x80, 0x52, 0x2A, 0xE1, 0x1F
                DCB 0x38, 8, 0xC0, 0x28, 0x8B, 0xA9, 7, 0x80, 0x52, 9
                DCB 0xF1, 0x1F, 0x38, 0xFD, 0x7B, 0x42, 0xA9, 0xF4, 0x4F
                DCB 0x41, 0xA9, 0xF5, 7, 0x43, 0xF8, 0xC0, 3, 0x5F, 0xD6
                DCB 0xF5, 0xF, 0x1D, 0xF8, 0xF4, 0x4F, 1, 0xA9, 0xFD, 0x7B
                DCB 2, 0xA9, 0xFD, 0x83, 0, 0x91, 0xF3, 3, 0, 0xAA, 0
                DCB 0, 0, 0x94, 0xF4, 3, 0, 0xAA, 1, 0, 0, 0x90, 0x21
                DCB 0, 0, 0x91, 0xE0, 3, 0x13, 0xAA, 0, 0, 0x94, 0
                DCB 1, 0, 0xB4, 0x88, 0xE, 0, 0x91, 0x9F, 2, 0, 0xF1, 8
                DCB 0xB1, 0x94, 0x9A, 8, 0xFD, 0x42, 0x93, 8, 5, 8, 0x8B
                DCB 0x15, 9, 0, 0xD1, 0xC, 0, 0x14, 0xA1, 7, 0x80, 0x52
                DCB 0xE0, 3, 0x13, 0xAA, 0, 0, 0, 0x94, 0x88, 0xE, 0, 0x91
                DCB 0x9F, 2, 0, 0xF1, 8, 0xB1, 0x94, 0x9A, 8, 0xFD, 0x42
                DCB 0x93, 9, 5, 8, 0x8B, 0x29, 5, 0, 0xD1, 0x1F, 0, 0
                DCB 0xF1, 0x15, 1, 0x89, 0x9A, 0xA0, 6, 0, 0x91, 0, 0
                DCB 0, 0x94, 0x1F, 0x68, 0x35, 0x38, 0x9F, 0xE, 0, 0xF1
                DCB 0x6B, 3, 0, 0x54, 8, 0, 0x80, 0xD2, 0x89, 0xA, 0, 0xD1
                DCB 0xA, 8, 0, 0x91, 0x6B, 0xE, 0, 0x91, 0xC, 0, 0, 0x90
                DCB 0x8C, 1, 0, 0x91, 0x6D, 1, 8, 0x8B, 0xAE, 0xD1, 0x5F
                DCB 0x38, 0x8E, 0x79, 0x6E, 0xB8, 0xAF, 0xE1, 0x5F, 0x38
                DCB 0x8F, 0x79, 0x6F, 0xB8, 0xF0, 0xD1, 0x1D, 4, 0x53, 0xE, 0xA
                DCB 0xE, 0x2A, 0x4E, 0xE1, 0x1F, 0x38, 0xAE, 0xF1, 0x5F
                DCB 0x38, 0x8E, 0x79, 0x6E, 0xB8, 0xD0, 0x1D, 2, 0x53
                DCB 0xF, 0x12, 0xF, 0x2A, 0x4F, 0xF1, 0x1F, 0x38, 0xAD
                DCB 1, 0x40, 0x39, 0x8D, 0x79, 0x6D, 0xB8, 0xAD, 0x19
                DCB 0xE, 0x2A, 0x4D, 0x35, 0, 0x38, 8, 0x11, 0, 0x91, 0x1F
                DCB 1, 9, 0xEB, 0xAB, 0xFD, 0xFF, 0xFF, 0x54, 0xFD, 0x7B, 0x42
                DCB 0xA9, 0xF4, 0x4F, 0x41, 0xA9, 0xF5, 7, 0x43, 0xF8
                DCB 0xC0, 3, 0x5F, 0xD6, 0xF3, 0xF, 0x1E, 0xF8, 0xFD, 0x7B
                DCB 1, 0xA9, 0xFD, 0x43, 0, 0x91, 0, 0, 0, 0x90, 0, 0
                DCB 0, 0x91, 0x7B, 0xFF, 0xFF, 0x97, 0xF3, 3, 0, 0xAA
                DCB 0, 0, 0, 0x90, 0, 0, 0x91, 0xE1, 3, 0x13, 0xAA
                DCB 0, 0, 0, 0x94, 0xE0, 3, 0x13, 0xAA, 0xB3, 0xFF, 0xFF
                DCB 0x97, 0xE1, 3, 0, 0xAA, 0, 0, 0x90, 0, 0, 0x91
                DCB 0, 0, 0x94, 0, 0, 0x80, 0x52, 0xFD, 0x7B, 0x41
                DCB 0xA9, 0xF3, 7, 0x42, 0xF8, 0xC0, 3, 0x5F, 0xD6, 0
                DCB 0, 0, 0, 0, 0, 0, 0, 0, 0, 0
```

圖 4.22　自訂指令

❑ 解釋模組

解釋模組的功能是根據虛擬化後的程式，在執行函數時解釋自訂的指令，然後將指令執行的結果儲存到自訂的 CPU 暫存器、自訂的堆疊或記憶體中。整個過程不需要還原程式指令，相當大地提升了程式保護的強度。

由於每個架構組合語言指令都不一樣，每個架構都要實現一套解譯器，iOS 的 runtime、bitcode 和 Android 的 jni 也需要單獨處理，因此，解譯器的實現工作量較大。目前，TDVM 實現了 Android 的 x86、armv7、arm64 三套解譯器和 iOS 的 armv7、arm64 兩套解譯器。

舉例來說，指令 ADD X9, X8, #4 表示的組合語言指令含義是 X9=X8+4（取出暫存器 X8 的值，再加上操作數 4，然後將結果儲存到 X9 暫存器）。

在對應的解釋模組中，首先解譯器要取出自訂 CPU 的暫存器 X8 的值，其次再加上操作數 4，最後將結果儲存到自訂 CPU 的 X9 暫存器中。

以 MUL 指令為例，其實現程式如下：

```
1.  void arm64_MUL(vm_context_arm64 *vm_context,void * output_h,
2.  void * output_l,void * value_1,void * value_2,int64_t size_)
3.  {
4.      if(size_  <= sizeof(int64_t))
5.      {
6.          uint64_t v1 = 0;
7.          uint64_t v2 = 0;
8.          memcpy(&v1, value_1, size_);
9.          memcpy(&v2, value_2, size_);
10.         uint64_t test = 1;
11.         test = (test<<(size_*4));
12.         uint64_t v1_h = v1/(test);
13.         uint64_t v1_l = v1%(test);
14.         uint64_t v2_h = v2/(test);
15.         uint64_t v2_l = v2%(test);
16.         uint64_t result_h = (v1_h * v2_h)+(v1_h* v2_l)/(test)+ v2_h*v1_l/
                (test);
17.         uint64_t result_l = v1*v2;
```

```
18.        if (output_h)memcpy(output_h, &result_h, size_);
19.        if (output_l)memcpy(output_l, &result_l, size_);
20.
21.    }else
22.    {
23.        LOGERRO;
24.    }
25. }
```

透過閱讀本節內容，讀者可以發現，JS SDK 和 APP SDK 的程式保護原理有很多相似之處，各種技術方案本質上都是圍繞編譯原理展開的。如果讀者對程式保護有興趣，則可以深入地學習編譯原理相關知識。

4.4 本章小結

本章詳細介紹了風控系統中為行動終端產生唯一標識的裝置指紋系統，也介紹了 SDK 程式強化保護的相關技術細節，希望對讀者有所幫助。裝置 ID 的穩定性和唯一性是對立的，在設計裝置 ID 恢復邏輯時需要權衡考慮。裝置指紋除產生裝置 ID 外，還需要具備裝置環境風險識別能力，單純依賴裝置 ID 恢復邏輯是無法保障裝置 ID 穩定性的。裝置指紋是終端風控系統的核心組成部分，其工作流程包含擷取終端裝置的真實資料、將資料加密後上報到雲端、雲端系統產生裝置 ID 和裝置風險標籤。裝置指紋系統的效果非常依賴終端 SDK 的資料獲取和加密邏輯的安全強度，被黑色產業破解後就會產生資料污染，所以安全強化保護非常重要。

裝置指紋的應用場景非常廣泛，常見的如網銀 APP 的裝置識別、APP 推廣安裝啟動費率、APP 註冊行銷活動及業務介面反爬蟲拉取資料等。在這些業務場景下，裝置指紋如何結合後台系統和策略發揮防控作用是我們要考慮的問題。

以使用者行為為基礎的生物探針

透過歷史事件統計，我們發現在網際網路場景下，黑色產業的網路詐騙攻擊大多發生在使用者登入認證之後。因此，如何安全、有效且無傷使用者體驗進行使用者身份驗證就顯得尤為關鍵和重要。如圖 5.1 所示為身份認證的層次。

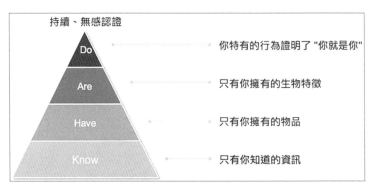

圖 5.1 身份認證的層次

身份認證是網路安全和風控領域的核心技術，其主要經歷了以下 4 個階段：

- 第一階段 Something you know（只有你知道的資訊）：包含但不限於帳戶、密碼、手機號碼、身份證資訊。
- 第二階段 Something you have（只有你擁有的物品）：包含但不限於動態密碼卡、IC 卡、磁卡。
- 第三階段 Something you are（只有你擁有的生物特徵）：包含但不限於指紋、聲紋、虹膜、人臉。

■ 第四階段 Something you do（你特有的行為證明瞭「你就是你」）：包含但不限於使用者的點擊、按壓、滑動、捲動、擊鍵操作。

在第一階段、第二階段，典型的認證方式包含單因素認證（帳戶 + 密碼）、雙因素認證（帳戶 + 密碼 +U 盾）等。使用者需要記憶複雜的密碼、攜帶驗證裝置，非常不方便，使用者體驗較差。並且隨著黑色產業攻擊能力的加強，這些認證方式已經不足以保護使用者的帳號安全。

第三階段發展到生物識別，其認證的唯一性、豐富性、穩定性獲得了提升，典型的認證方式包含指紋識別、聲紋識別、虹膜識別、人臉識別等，雖然相較於前兩個階段各方面都獲得了相當大提升和長足進步，但是其安全性、準確性、方便性仍然存在一些欠缺，不能進行持續、無感的身份驗證。

第四階段為生物行為模式識別，也屬於生物識別的範圍，但它不依賴單一維度的生物特徵，而是透過機器學習對使用者的點擊、按壓、滑動、捲動、步態、姿態等行為進行智慧計算和驗證。黑色產業幾乎不可能大量複製或模仿正常使用者的操作行為習慣，每個人的操作習慣和身體語言特徵都是由社會和心理因素所塑造的，具有獨特性。

5.1 生物探針

生物探針透過擷取使用者使用智慧終端機裝置（如手機、電腦等）時的感測器資料和螢幕軌跡資料，然後透過特徵工程、機器學習，為每一位使用者建立多維度的生物行為特徵模型，產生使用者專屬畫像進行人機識別、本人識別。行動裝置可擷取的感測器如圖 5.2 所示，產生人物誌使用的是非敏感生物學特徵（不擷取使用者人臉、聲紋等敏感資訊和隱私資料），透過演算法模型確保唯一性，並且能夠對抗偽造和複製。

因為每個使用者使用手機的習慣都有很大差異性，智慧型手機可以記錄這些使用者的使用習慣資料。對這些資料進行分析建模，就可以獲得使用者的身份認證演算法，透過這個演算法可以有效地進行使用者身份驗證，保障使用者的帳戶安全。智慧型手機有很多感測器,包含加速度計、陀螺儀、重力加速度計、磁場感測器計等。這些感測器能夠記錄使用者使用手機時的狀態資料,如加速度感測器能夠記錄手機的線性加速度大小,重力加速度記錄手機的重力加速度,陀螺儀記錄手機的角加速度。每個使用者使用手機的習慣是完全不同的,所以使用者在操作手機時,這些感測器的狀態及滑動螢幕時的軌跡都是不一樣的,可以透過機器學習的方法對這些資料進行綜合建模,用於輔助識別使用者身份。

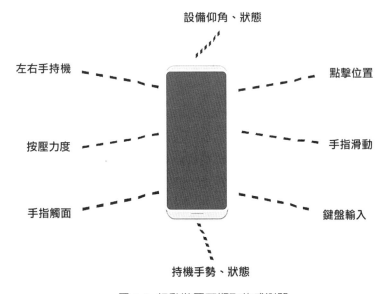

圖 5.2 行動裝置可擷取的感測器

5.2 無感認證

無感認證可以在使用者登入場景提供輕量級的風控能力,如圖 5.3 所示,應用場景包含詐騙作弊檢測、身份認證(涵蓋真人與機器、本人與非本人)等。該技術可與傳統風控方法和認證方式共同使用,在大幅提升使用者體驗的同時,有效保障使用者的帳號、資金和隱私安全。

圖 5.3 無感認證的應用場景

生物探針相較其他使用者認證方式，其主要優勢如下：

- 無須其他硬體支援。
- 在風險檢測、使用者認證過程中使用者無感知。
- 無須使用者被動參與互動，提升使用者體驗。
- 可進行持續線上驗證。
- 使用者行為習慣不易竊取和仿冒。
- 安全符合規範，滿足企業、政策要求。

5.2.1 無感認證的基礎

使用者在使用手機操作時大致可分為 3 大類：點擊螢幕、滑動螢幕、輸入文字。可以看到當使用者進行不同操作時，感測器會有對應的變化，產生不同的資料集。*You Are How You Touch*: *User Verification on Smartphones via TAPPing Behaviors* 這篇論文列出了演算法模型分析的結果。如圖 5.4 為真人和機器人操作的模型差別，不難發現，真人與機器人的操作區別性還是很大的。

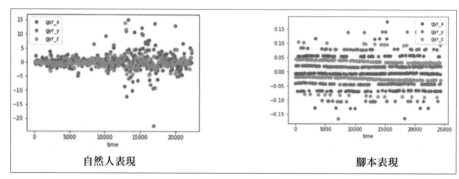

圖 5.4 真人和指令稿的感測器表現差異

如圖 5.5 所示為 3 個不同的使用者在同一場景下使用手機的習慣，不同使用者之間的差異也是比較明顯的。

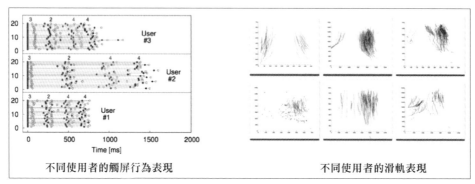

圖 5.5 不同使用者使用手機的習慣表現

最後歸納如下：

- 真人、機器人的操作行為存在差異。
- 每個人都有自己不可複製的行為習慣。
- 透過這些差異即可識別使用者的身份。

5.2.2 無感認證的建置

透過手機擷取使用者使用手機的資料，然後對資料做特徵工程，將取出的特徵輸入訓練好的演算法裡，演算法列出是使用者本人還是非本人的決策，特別是當新的操作資料與來源資料集差異較大時，也可認為存在較大的風險。目前，我們正在該領域進行積極的探索和研究，如圖 5.6 所示為已實現的無感認證驗證系統的建置想法。本節主要介紹一些演算法模型和工程實現，供讀者參考。

如圖 5.7 所示為識別真人和機器人的示範效果，第一組為在模擬器上的機器模仿正常使用者操作，可以發現模型不僅能夠識別出模擬器類別，同時可以列出目前操作的風險係數，另外，也可以發現當在模擬器環境下或機器操作時，使用者的相關行為生物特徵與正常手機環境和正常使用者操作時存在明顯差別。

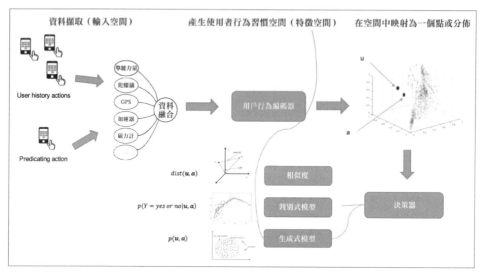

圖 5.6 無感認證的驗證系統的建置想法

名稱	類型	結果
設備識別碼	設備ID	c6ae97f6-6ef4-4a3f-8dd8-76168fe83bc1
手指觸面	面積範圍	0 ～ 0
	均值	0
	方差	0
	機率分佈佔比	資料量小於 3，無法計算機率分佈
按壓力度	按壓力度範圍	1 ～ 1
	均值	1
	方差	0
	機率分佈佔比	資料量小於 3，無法計算機率分佈
左右手	左手次數	0
	右手次數	0
	慣用手	未知
裝置仰角（度）	仰角範圍（度）	0 ～ 0
	均值	0
	方差	0
	機率分佈佔比	資料量小於 3，無法計算機率分佈
持機手勢	當前操作用手	未知（-1）
人機識別	模擬器	Mumu 模擬器
	機器（如：腳本）	是

圖 5.7 識別真人和機器人的示範效果

如圖 5.8 所示為識別不同真人的示範效果，在正常手機環境、相同場景下（某 APP 的登入頁面），兩個不同的使用者分別輸入相同的資訊，本人和非本人的識別也是比較明顯的，同時我們也可以透過其他使用者行為生物特徵（如裝置仰角、持機手勢、手指觸面、按壓力道、用手習慣等）觀察，驗證不同人的動作表現。

名稱	類型	結果
設備識別碼	設備ID	e347becf-7cf6-46b4-9c2d-18ac13fcc5bf
手指觸面	面積範圍	0.027450982481241226 ～ 0.09019608050584793
	均值	0.55424839506546655
	方差	0.0003196035831714729
	機率分佈佔比	0.03 ～ 0.05: 40.0% 0.05 ～ 0.07: 33.33% 0.07 ～ 0.09: 26.67%
按壓力度	按壓力度範圍	1 ～ 1
	均值	1
	方差	0
	機率分佈佔比	1.0：100%
左右手	左手次數	2（50%）
	右手次數	2（50%）
	慣用手	未知
裝置仰角（度）	仰角範圍（度）	24.74 ～ 37.23
	均值	29.528700000000004
	方差	9.550725309999999
	機率分佈佔比	24.74 - 28.9: 49.0% 28.9 - 33.07: 37.0% 33.07 - 37.23: 14.0%
持機手勢	當前操作用手	右手（0.8514904601934632）
人機識別	模擬器	否
	機器（如：腳本）	否（99.87%）
本人識別	用戶本人	否（144.69）

圖 5.8 識別不同真人的示範效果

5.3 生物探針的應用場景

以行為生物識別技術為基礎的生物探針產品在不同領域有很多應用場景，可以保護使用者的帳戶、資金、隱私安全，同時加強使用者體驗等。

生物探針的主要應用場景如下：

- 登入場景：擷取使用者在使用終端裝置（手機、電腦）的行為資料，如按壓力道、裝置仰角、手指觸面、螢幕滑動和滑鼠軌跡等使用習慣，為其建立專屬的行為模型。當模型訓練完成後，該帳號再次發生登入行為時，生物探針 SDK 就會擷取目前使用者的登入行為資料，傳輸到後端進行比對。後台演算法模型進行計算，列出目前登入行為是否為使用者本人操作的決策，決定是否允許使用者成功登入。

- 小額轉帳免簡訊場景：基於上述同樣的原理，透過比對使用者目前擷取的資料與使用者行為檔案資料庫進行比對，若行為匹配則免簡訊認證，否則要求使用者進行指紋識別、人臉識別等進行二次認證。

- 支付免密場景：與上述小額轉帳免簡訊原理一致。

- 信用卡、消費、借貸申請場景：這種申請場景一般是一次性行為，不存在重複性操作，主要的需求是有效區分機器操作和真人操作，以及是否是使用者本人操作，生物探針能夠在提升使用者體驗的同時有效避免惡意申請、盜卡盜刷等詐騙行為。

5.4 本章小結

本章主要介紹了生物探針的技術原理及在反詐騙領域的應用場景，目前企業內較多用於識別機器行為，在識別不同真人方面則因為 Android 作業系統和機型碎片化、訓練資料不足、演算法準確性等原因仍然有一定的限制。

生物探針與裝置指紋相比，其缺點是擷取上報的資料封包較大，容易受網路波動影響，未來可以透過終端智慧計算、5G 邊緣計算解決網路傳輸帶來的問題。生物探針的優點非常顯著，裝置指紋採用裝置參數大多是靜態資訊並且具有顯性的意義，容易被黑色產業集團精準定向偽造。而生物探針則是大量地採用感測器資訊進行機器學習建模，擷取的資料和後端模型結果並不具有很好的可解釋性，黑色產業偽造生物探針參數的技術難度和成本比較高，可成功偽造的使用者數量有限。當然這並不表示黑色產業集團不能偽造生物探針的相關參數，在一些案件中我們發現黑色產業集團依然可以透過破解、惡意整合生物探針 SDK 的方式定向收集目標使用者群眾的特徵參數，進而在攻擊中偽造使用者的模型繞過風控策略。

生物探針未來在風控領域必然具有廣闊的應用前景，它融合了移動安全、5G 和機器學習三大技術領域，能夠提供更強的風控效果和更優雅的客戶體驗。

智慧驗證碼的前世今生

在 1950 年，隨著艾倫‧圖靈在《電腦和智慧》文章中提出了一個著名的問題「機器能思考嗎？」。圍繞對這個問題的探索，人機識別領域的篇章被正式開啟。在這篇文章裡艾倫‧圖靈用了大量的篇幅反駁當時一些主流的觀點，來論證機器是可能有能力思考的。艾倫‧圖靈針對這個問題設計了一個思維實驗：人類詢問者需要透過一些問題區分回答者是機器還是人類。

這個測試就是著名的「圖靈測試」，如圖 6.1 所示。在後來的研究中，這個測試被當作檢驗某個機器是否真的具有人工智慧的評判標準。

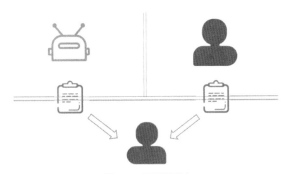

圖 6.1　圖靈測試

6.1 驗證碼的誕生

在 2000 年，雅虎公司正面臨著一些令工程師團隊非常頭疼的問題：一些惡意的電腦程式偽裝成青少年出現在各個線上聊天室中，收集聊天者的個人資訊並且散發其他公司產品的促銷廣告。還有一些惡意程式，不停地利用雅虎的郵件服務發送各種類型的垃圾郵件。

為了對抗這些惡意程式的攻擊，雅虎的工程師們依照「圖靈測試」的想法，設計了一種完全由電腦自動產生，並判斷回答者是否是一個真實人類的反向圖靈測試，如圖 6.2 所示。

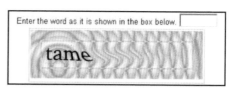

圖 6.2 反向圖靈測試 - 雅虎字元驗證碼

之所以被稱為「反向圖靈測試」，是因為在這個測試中，詢問者變成了機器，角色剛好與「圖靈測試」相反，這個技術為當時的雅虎抵擋了大量的惡意程式侵襲。

6.1.1 驗證碼的本質

在 2003 年，負責設計雅虎反向圖靈測試的 Louis Von Ahn 專門寫了一篇論文來給這項技術做了一個更加清晰的定義。這篇論文就是 *CAPTCHA：Using Hard AI Problems For Security*，Louis Von Ahn 把這個測試命名為 CAPTCHA（Completely Automated Public Turing Test to Tell Computers and Humans Apart，全自動區分電腦和人類的圖靈測試），也就是我們所熟知的驗證碼。這篇論文

也非常清晰地闡明瞭驗證碼的本質，它其實就是一系列絕大部分人類能夠解答，但機器無法解答的問題。

在這篇論文裡，Louis Von Ahn 認為驗證碼會是一個「雙贏」的產品。因為如果這種問題無法透過機器來自動化地解答，那麼它就能達到區分人機的效果，可以極佳地服務攔截網路攻擊的場景。反之，如果這個問題被 AI 攻破了，那麼在機器學習領域裡，將會是一個非常重大的進展。所以無論如何，其結果對人類都是有幫助的。

我們以之前雅虎的驗證碼為例，如果機器已經可以識別這種扭曲、黏連的字元，那麼 OCR 技術在手寫文件、證件、街景路牌等複雜場景下的文字識別都能獲得一個長足的進步。

驗證碼被發明後，網際網路上就充斥著各種各樣、不同類型的驗證碼。據統計，每天人們需要解答 6000 多萬張驗證碼圖片，對真實人類來說，假設識別一張圖片需要 10 秒鐘，那麼每天驗證碼將消耗超過 160000 小時（約 19 年）的人力成本。

第一次將「雙贏」理念在驗證碼上發揮到極致的是 Louis 等人於 2007 年在卡內基美隆大學推出的 reCaptcha 服務，如圖 6.3 所示。該驗證碼一經推出就迅速被多個網路平台採用。受「網際網路檔案館」非營利性組織的委派，科學家們開始考慮利用大量的眾包人力，在抵禦機器程式攻擊的同時，也能更進一步地利用這些資源。「網際網路檔案館」有超過 200000 本經典書籍和報紙的電子版，其中一些書籍製作精準，但是花俏的排版和樣式也讓當時的電腦無法準確地識別書中的文字。

圖 6.3 Google reCaptcha 第一代驗證碼

reCaptcha 服務將 OCR 程式識別出的非法單字展示在驗證碼元件上，讓人們來識別。同時還設計了以下機制盡可能地保障識別的準確率：

- 每次圖片中會出現兩個單字，如果回答者正確識別了一個單字，那麼另一個單字就有較大機率可以被正確識別。
- 一個單字會多次下發給不同的回答者，如果大部分回答者的答案都是同一個，那麼有較大機率就是這個單字的正確拼字。
- 透過下發已知答案的圖片，能夠計算出某一個回答者的答題準確率，對於高準確率的回答者，他的答案也更加可信。
- 一些低識別率的單字會被標記為難以閱讀。

正如他們的產品口號 "Stop spams, read books"。截止到 2011 年，reCaptcha 已經完成了紐約時報當時所有報紙的輸入。Google 在收購 reCaptcha 之後，街景圖片（門牌號、紅綠燈、小汽車等）也被使用，驗證素材也變得更豐富。

6.1.2 驗證碼的發展

在驗證碼誕生的 10 多年時間裡，機器學習領域也在蓬勃發展，文字識別也早已不再是電腦難以解決的問題。所以驗證碼產品設計者也在認真貫徹著 *CAPTCHA: Using Hard AI Problems For Security* 這篇論文的精神，把當時 AI 技術尚不能完成的課題變成了多種樣式的驗證形式。

圖片字元驗證碼帶來的問題是，在與攻擊者的強對抗下，字元、背景風格變得越來越扭曲和抽象，一些以色彩為基礎的安全強度增強機制也讓其對一些視力存在缺陷的人士（包含色盲、盲人等）非常不人性化，有的圖片字元驗證碼甚至連正常人也無法分辨。於是又出現了五花八門的新型驗證碼，如音訊、視訊、圖文了解、語義了解、空間（2D/3D）旋轉、邏輯推理、智慧無感驗證碼等。新型驗證碼解決了圖片字元驗證碼存在的一些問題，也暫時彌補了字元容易被 AI 識別的弱點。圖 6.4 ～圖 6.10 分別展示了音訊、視訊、圖文了解、空間旋轉、3D 空間旋轉、3D 空間邏輯推理、智慧無感驗證等新型驗證碼。

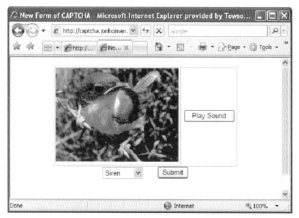

圖 6.4　音訊驗證碼

圖 6.5　視訊驗證碼

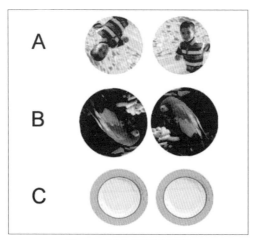

圖 6.6　圖文了解驗證碼

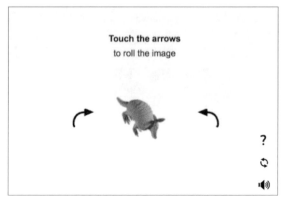

圖 6.7 Arkose Labs 公司的空間旋轉驗證碼

請轉動立方體點擊圖片 卡車

請轉動立方體點擊文字 关照

圖 6.8 3D 空間旋轉驗證碼

請點擊綠色的字母對應的小寫

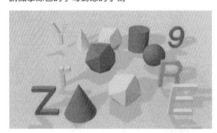

請點擊與紅色的字母形狀相同的物體

圖 6.9 3D 空間邏輯推理驗證碼

圖 6.10 智慧無感驗證碼

6.2 驗證碼的攻防

驗證碼在誕生之初，就是當作對抗網路攻擊的第一道防線。對攻擊者來説，在對業務系統進行批次的自動化攻擊之前，需要先解決這道防線。因此，針對驗證碼的攻防研究從未停止過。

在本節，我們將以攻擊者角度介紹幾種常用的自動化識別驗證碼方法，以幫助驗證碼設計者、使用者更進一步地了解和使用驗證碼。

6.2.1 字元驗證碼的識別

黑色產業對字元驗證碼的識別已經有了多個成熟的技術方法，下面從攻擊者角度分別介紹，讀者可以在設計驗證碼的過程中特別注意這些技術。

6.2.1.1 傳統識別方法

如圖 6.11 所示為傳統的字元驗證碼，這種驗證碼曾經是網際網路服務商的標準配備。識別這一種驗證碼，就是要識別圖片中的 4 個字元。

圖 6.11 字元驗證碼像素圖

我們先來分析這種字元驗證碼,這裡只用了一張圖片作為展示,真正在攻擊時,需要取得大量的圖片樣本來分析。

這個驗證碼包含的字元只可能是阿拉伯數字或小寫的英文字母。透過觀察大量樣本後發現,它的字元不會出現 9 或英文 o。因為數字 9 和字母 g,字母 o 和數字 0 形狀十分相似,不利於人們分辨。為了增加真人的識別率和提升使用者體驗,這套驗證碼系統剔除了一些容易造成誤解的字元。

這個驗證碼單一字元的可能性只有 34 種,即阿拉伯數字或小寫英文字母裡其中一個,而 4 個字元組合的可能性就上升了好幾個數量級。

所以,我們嘗試分割驗證碼的字元進行一個一個擊破,這樣識別率將獲得大幅提升。從原始圖片到單一字元的資料集,需要經過一些處理工作。

第一步,我們對圖片做二值化處理,如圖 6.12 所示。二值化的意思就是把原來彩色圖片變成一張黑白的圖片,它的像素值是 0 或 1,這樣能夠減少圖片包含的色彩容錯資訊,方便電腦識別。

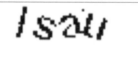

圖 6.12 二值化處理

第二步,透過腐蝕去除剩下的噪點,如 a 和 u 之間的噪點,如圖 6.13 所示。

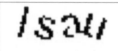

圖 6.13 噪點處理

第三步,利用一種垂直投影的方法,根據圖片繪製一條曲線,這個曲線波谷的位置基本上就是字元相連接的位置。我們在這個位置進行一次切割,就獲得了 4 張包含單一字元的圖片,如圖 6.14 所示。

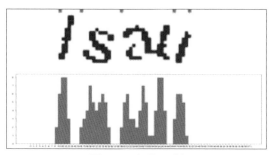

圖 6.14　投影分割

第四步,在建置資料集之前,會對所有的字元進行規範化。由於這種驗證碼字元旋轉的角度是隨機的,如有的 "A" 向逆時鐘轉了 30°,而有的 "A" 向順時鐘轉了 30°,所以我們需要把字元校正到一個標準角度。總而言之,就是把旋轉後的 "A" 轉正,如圖 6.15 所示。

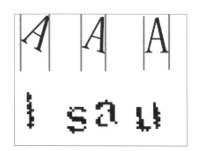

圖 6.15　旋轉校正

這裡我們用了一個非常有意思的方法,即「旋轉卡殼法」。把分割後的字元從逆時鐘轉 30°,再向順時鐘轉 30°,每轉一度都計算目前字元的寬度。當寬度最窄時,就是這個字元正確的角度。當然,前提是該驗證碼字元集旋轉的角度均不超過 30°。

綜上所述,使用二值化、腐蝕、投影分割、旋轉校正 4 個步驟,就能完成一整張驗證碼圖片到單一字元圖片的轉換。

6.2.1.2 AI 識別方法

在擁有了資料集之後，識別單一字元的演算法就有非常多的選擇了。從簡單的 K 最鄰近演算法（KNN）到卷積神經網路（CNN），對於這種類型的圖片驗證碼，都能達到一個極高的識別率。

在字元分割比較困難或字元數不確定的情況下，我們也可以直接使用 LSTM 演算法實現點對點的識別，如圖 6.16 所示。

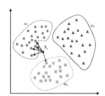 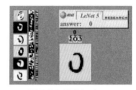 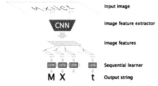

圖 6.16 AI 識別演算法（KNN、CNN、LSTM）

當然，我們其實也可以不去做上面這些煩瑣的前置處理的工作，而直接使用 CNN 等方法進行訓練。但是，這樣會需要大量的訓練資料集，研究表明，想要識別 Google reCaptcha 這種字元驗證碼，需要超過 200 萬張樣本圖片，才能達到一個比較高的準確率。

這也是為什麼字元驗證碼至今還會有的原因，黑色產業攻擊的成本要大於廠商去微調或直接更換一個驗證碼的成本。廠商的想法是就算目前驗證碼被破解了，換一個新的驗證類型，攻擊者仍需要收集大量的樣本來重新訓練模型。

近幾年，一種名為對抗生成網路（GAN）的技術，打破了字元驗證碼設計者、使用者的僥倖心理。對抗生成網路是一種無中生有的技術，它可以無限地產生你想要的資料。所以我們可以利用它的這個特性，來解決在字元驗證碼識別中需要的樣本問題。我們假設識別一種字元驗證碼需要 200 萬張圖片樣本，以現在市場上人力打碼成本一張驗證碼圖片 0.0005 元來計算，需要花費至少 1 萬元。而使用對抗生產網路產生樣本不花費錢，並且產生的樣本數是無限大的。

如圖 6.17 所示為 2018 年中國西北大學公佈的利用對抗生成網路識別驗證碼
的架構。他們提出的驗證碼識別工具主要包含 3 個模組：驗證碼生成網路、
前置處理模型和最後的求解器。這裡我們主要關注第一個模組，看看這個驗
證碼生成網路是如何運行的。一個對抗生成網路由一個產生器和一個判別器
組成，在這裡產生器的功能是按照真實驗證碼圖片的樣子產生近似的圖片，
而判別器的功能則是判斷輸入的圖片是否是產生器產生的。當產生器有超過
95% 的機率可以騙過判別器時，我們認為它產生的圖片已經基本可以替代真
實驗證碼圖片來用於訓練了。

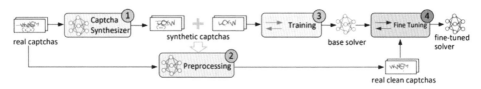

圖 6.17　對抗生成網路識別驗證碼的架構

這個方法僅使用了 500 張真實圖片，就能夠達到比使用 200 萬張圖片樣本訓
練更高的準確率。對抗生成網路方法的出現基本宣告了字元驗證碼退出歷史
舞台。

6.2.2　新型驗證碼的識別

近幾年，騰訊、網易、極驗等廠商都相繼推出了「滑桿拼圖」和「圖文點
選」兩種類型的驗證碼，「滑桿拼圖」要求使用者滑動滑桿，去完成這個拼
圖。「圖文點選」要求使用者按照指定的文字順序，依次點擊圖中的文字。這
些新出的形式，比字元驗證碼更加符合一般人的認知，對人類更加人性化，
同時也引用了一個新的機器學習的領域，將目標檢測加入人機對抗之中。由
於 AI 技術的快速發展，這種圖片驗證碼比字元驗證碼更容易被攻破。

6.2.2.1　滑桿拼圖驗證碼識別

如圖 6.18 所示為一個常見的滑桿拼圖驗證碼。

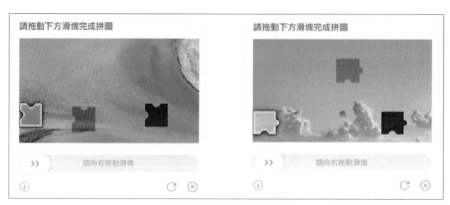

圖 6.18　滑桿拼圖驗證碼

對於滑桿拼圖驗證碼，我們需要檢測的特徵目標就是滑桿的缺口。想要識別缺口，一個簡單的方法是檢查尋找色差最大的矩形。如果希望達到非常高的準確率，那麼可以利用機器學習模型。按照最正常的目標檢測工作的步驟進行樣本標記、模型訓練，最後就可以透過該模型非常簡單地獲得滑桿需要滑到的位置。當然，還有更便捷的方法，OpenCV 提供了強大的 API 函數庫，如圖 6.19 所示，只需要提供帶有缺口的驗證碼圖片，不需要訓練樣本就可以比對出缺口的位置，識別準確率高達 95%。在識別滑桿位置以後，還需要模擬滑動軌跡，每家驗證碼廠商的軌跡識別演算法各不相同，但整體而言都有很大機率被繞過。因此，滑桿拼圖驗證碼在對抗 AI 方面的效果逐漸消失。

```
# 使用cv庫，在還原後的驗證碼圖片裡尋找缺口
result = cv2.matchTemplate(target, template, cv2.TM_CCOEFF_NORMED)
# 找到相關度最大的點的位置
x, y = np.unravel_index(result.argmax(), result.shape)
```

圖 6.19　滑桿拼圖驗證碼缺口識別

6.2.2.2　圖文點選驗證碼識別

圖文點選驗證碼如圖 6.20 所示，我們在定位到圖形或文字的位置後，會增加一步分類的工作。找到了圖形或文字所在位置，還需要知道它是第幾個點擊目標。從原理中可以看出，圖文點選並未大幅提升破解的難度和成本。還有

一種帶有語義了解的圖文點選驗證碼，問題中並未說明依次點擊什麼文字，而是需要使用者將圖片中的文字自行組合成詞語。因其需要依賴於使用者的語文基礎將文字組成一個順暢的詞語，再依次按順序點擊，大幅加強了破解的難度和成本。但是從真實使用者的角度分析，使用者體驗並不人性化，常常需要嘗試多次才能透過驗證。

圖 6.20　圖文點選驗證碼

6.2.2.3　打碼平台

以上提到的所有驗證類型，包含字元、滑桿和圖文點選都是以圖片識別為基礎的。本來它們的破解難度基於現有 AI 技術的發展程度，但是打碼平台的出現，打破了驗證碼的這個約定。打碼平台聚集了大量想在網路上賺錢的勞工。攻擊者在拿到驗證碼的圖片後，上傳給打碼平台，打碼平台會把圖片下發給這些勞工，由他們來解答，然後把正確答案傳回。

打碼平台把自己包裝成了一個網路兼職平台。現在大家可能依然會在 QQ 上收到各種應徵打碼員工的廣告，如「急招打字員，200 元一天」這種資訊。

如圖 6.21 所示為打碼軟體，只要註冊一個帳號，無須審核，就可以開始為打碼平台服務。

圖 6.21 打碼軟體介面

剛開始,它還會有一個新手教學,告訴你各種類型的驗證碼應該如何解答。
在完成這個教學之後,就可以開始接單了。他們的黑話把識別驗證碼稱為
「答題」,每一題會有對應的分數,在累積到一定的分數之後就可以去提現。
打碼平台制定了這一系列的規則保障打碼員工的產出品質。在打碼軟體介面
左邊一欄,打碼員工可以看到這一題的類型及對應的分數。晚上答題也會有
積分加倍的獎勵,保障平台可以全天候執行。每張驗證碼會設有逾時,以避
免客戶等待時間過長,這些打碼員工答題速度很快。

由於打碼平台的存在,驗證碼的圖片到底是什麼類型,已經變得不重要了。
因為我們對抗的不是機器,而是真實的人類。這樣的話,圖靈測試就完全失
去了它的意義。因為螢幕對面操作者都是真人,沒有機器。

當然,打碼平台也會有各種各樣的問題,如打碼員工數量不足、正確率低,
由於薪水較低,沒有那麼多人願意應聘該職業。

在現在的黑色、灰色產業鏈裡，打碼平台已經成為像手機號碼、代理 IP 一樣的基礎設施和作案工具。如圖 2.26 所示，某軟體開發者放在網路上公開售賣一個自動化批次註冊工具。當時這個被薅的平台在做一個新使用者註冊送禮的活動，可以看到自動化批次註冊工具內建了簡訊驗證碼接碼、打碼平台及代理 IP 的模組，使用者無須懂得任何技術，就可以開始大規模薅羊毛了。

6.2.3 對抗黑色產業的方案

我們來回顧驗證碼面臨的問題：字元與大部分的以圖片為基礎的驗證碼，已經可以用機器學習來識別，並且已經能達到較高的準確率。如果我們一味地用之前的想法強化驗證碼，只會導致它無法透過人類的驗證。而且打碼平台基本可以以非常低廉的成本通殺這些圖片驗證碼，對接打碼平台已經成為黑色產業一勞永逸的事情。

所以，人機識別隨著這種眾包平台的出現，也必將進入新的時代，我們不再單純地依賴 Hard AI Problems，驗證碼需要加入多維度的挑戰。

6.2.3.1 新的驗證類型

在驗證類型上我們嘗試加入 AI 技術。我們使用了 GAN（對抗生成網路技術）來無限地產生各種色彩斑斕的鳥。驗證的問題可以是「這個鳥的某個部位是什麼顏色？」，這種方式不僅省去了維護驗證碼題資料庫的成本，而且 AI 技術對動物的肢體部位也無法做到極佳地區分。

此外，我們引用了空間旋轉驗證的方式，為破解又增加了一道門檻，也帶來了一些類似遊戲闖關的趣味性。區別於傳統驗證碼，空間旋轉驗證由於設計了需要滑動才能出現正確答案的邏輯，黑色產業也就無法透過直接截圖的方式來取得所有的可選答案。

之前我們評價一個驗證碼更多的是它的安全性。但是作為一個產品，驗證碼的便利性、人性化程度也是在設計時應注重考慮的因素。

2014 年，Google 推出了 reCaptcha 第二代驗證碼，如圖 6.22 所示，使用者只要點擊一個框就可以完成驗證。

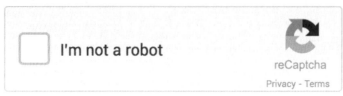

圖 6.22　Google reCaptcha 第二代驗證碼

這種無感驗證形式，在保障安全性的前提下，盡可能地確保了正常使用者的體驗。

reCaptcha 可以被認為是目前比較先進的驗證碼，它擁有強大的人機識別演算法。然而，reCaptcha 也存在一定的漏洞。2019 年，UnCaptcha 專案利用 Google 提供的語音辨識技術通過了 reCaptcha 的語音挑戰（為視覺障礙者提供了識別音訊中播放單字的驗證碼），識別準確率高達 90%。

6.2.3.2　軌跡模型

大部分驗證碼廠商均有使用以使用者行為軌跡為基礎的生物探針技術。使用者使用智慧終端機裝置在透過驗證碼的過程中，產生的生物行為資料（感測器、螢幕滑動軌跡或滑鼠行動資料、操作頻率間隔資料等）是難以偽造和模仿的，因此，可以透過機器學習建模的方式來區別真實使用者和機器。

透過資料分析可以看到人類的操作會有非常多的抖動，而且軌跡並不是直接走向下一個目標，而是會有思考時的猶豫間隔，整體操作相對無序、分散。

反觀機器模擬的軌跡，在出現驗證碼之後，會有一定時間的停頓，可能是在等待打碼平台或自動識別工具的處理，它的間隔也不像真實人類一樣流暢，同時整體操作更加有順序、有規律。儘管指令稿在模擬滑動點擊時，可能也會增加一些方向上的隨機抖動，但在大多數情況下，模型還是能夠成功地識別出這種機器行為。

6.2.3.3 多維度賦能

打碼平台唯一的功能就是識別圖片。如果圖片識別只是驗證碼其中的一道防線，那麼它在整個攻擊中的重要性就將被大幅削弱。所以，在驗證碼前端，我們需要做高強度的動態程式混淆，防止黑色產業輕易獲得驗證碼的互動邏輯。在攻擊者取得驗證圖片的這個步驟前，我們也增加了門檻。每張圖片從後端傳輸到前端的過程中都是經過切割打亂處理的，所以攻擊者無法透過封包截取的方式直接拿到最後展示給使用者的圖片。同時驗證碼也會檢測使用者的裝置環境是否存在異常，如是不是模擬器、有沒有安裝作弊工具、是否是真實瀏覽器環境等。

除此以外，我們也為驗證碼加入了各種防控維度，包含 IP 畫像、裝置畫像等。透過畫像資料補充，對來源的 IP 和裝置有清晰的了解，如它的 IP 網址類型（是普通寬頻還是 IDC 機房）、歸屬地、是否是代理、裝置是否有歷史風險行為等。

6.3 設計一款優秀的驗證碼

了解了黑色產業自動識別驗證碼採用的各種技術方法之後，我們一起設計、建置一款可以抵禦大部分自動識別方案的優秀驗證碼。

6.3.1 設計標準

在大多數已有的研究中，對於一種驗證碼優劣的評判標準更多的是基於它的安全性來考量的。在學術界有一個公認的評判標準是，如果機器對這個驗證碼識別率超過了 1%，則認為這個驗證碼是無效的。

但在實際的產品設計中，除安全性外，可用性或便利性也是極其重要的衡量標準。如果一個正常人需要花 10 秒以上才能完成一次驗證，那麼這就是一個不人性化的驗證碼。

驗證碼是一種為了限制請求頻率而迫不得已的產物，對於真實使用者實際上不需要每次都進行互動驗證。因此，一款優秀的驗證碼需要能夠智慧識別風險，知道何時應該一鍵透過，何時需要出現驗證碼。

6.3.2 設計實戰

以持續多年為基礎的黑色產業對抗經驗和累積，我們在設計新一代智慧驗證碼時，遵循 3 個基本原則，即對人容易、對機器難、有趣好玩（Easy for Human、Hard for Bot、A better Experience）。現在，我們已經有 8 種不同類型的智慧驗證碼投入使用，包含無感驗證、滑桿驗證、圖文點選、文字點選、語序點選、空間旋轉文字點選、空間旋轉圖文點選、空間推理，如圖 6.23 所示。

圖 6.23　驗證碼智慧處理邏輯

智慧驗證碼透過持續對使用者的終端裝置、網路環境和生物行為等非敏感特徵進行風險檢測、連結分析，並引用行為生物識別演算法，即時判斷目前使用者是否存在風險、對應的風險程度，根據使用者設定的策略進行風險決策。

為了避免對正常使用者造成干擾，智慧驗證碼提供了自動智慧預判處理機制，舉例來說，使用者無風險一鍵透過，使用者有風險則根據不同風險等級出現不同難度的驗證碼進行挑戰。同時，使用者可以根據實際情況需要選擇不同的驗證類型、驗證素材、驗證語言、驗證策略等。不同類型的驗證碼產品能力對例如表 6.1 所示。

表 6.1 不同類型的驗證碼產品能力比較

驗證類型	防禦能力	用戶體驗	綜合評價
滑桿拼圖驗證	★★	★★★★☆	低
圖文點選驗證	★★★	★★★★	中
文字點選驗證	★★★	★★★★	中
語序點選驗證	★★★★	★★★	中
空間旋轉驗證	★★★★	★★★★	高
空間推理驗證	★★★★★	★★★	高

另外，傳統驗證碼大部分基於二維空間，這使得一些工具（如 Puppeteer）類比線路性的路徑相對容易。從新穎性、趣味性和安全性 3 個方面出發，我們提出了空間旋轉驗證，在二維空間上模擬 3D 空間，實現答案的隱藏和解空間難度升級，大幅提升了驗證碼的趣味性和安全性。空間旋轉驗證和空間推理驗證各有優劣，下面簡單介紹空間旋轉驗證和空間推理驗證的技術實現。

6.3.2.1 空間旋轉驗證碼

空間旋轉驗證碼（見圖 6.24）具有以下特點：

圖 6.24 空間旋轉驗證碼

- 答案面由 1 面提升到 6 面。
- 支援文字、圖片等多種形式。
- 答案面預設不在目前使用者可見面。

- 驗證碼預設有一個旋轉速率，增加打碼和機器人截取的難度。
- 答案在面上隨機分佈。
- 當答案面轉動時，任意角度皆可以透過，只要答案正常。

空間旋轉驗證碼實現過程如圖 6.25 所示。

圖 6.25 空間旋轉驗證碼技術

- 後台服務隨機產生立方體所有面的影像編碼和初始角度，並傳遞到網頁端。
- 網頁端基於 CSS 3D 並根據後台傳遞的參數繪製立方體。
- 當使用者操作點擊時，前端 JS 取得空間的相對點位資訊用於答案的驗證，使用者面的轉動角度不影響答案的計算。

6.3.2.2 空間推理驗證碼

空間推理驗證碼（見圖 6.26）具有以下特點：

- Java 3D 提供問題和答案建模的資料模型。
- 基於 ThreeJS 完成問題和答案的產生，產生服務採用離線策略，確保產品的相容性和速度。
- 用戶端的驗證碼以 3D 平面為基礎的一張圖片，透過視覺視差實現立體效果。

- 建模資料中使用了一些方便人了解，但是機器難以了解的描述語言，增加解空間難度。問題可以是「綠色的字母對應的小寫字母」，也可以是「與圓柱體顏色相同的最下方的物體」。

- 在出題時需要保障有且僅有一個正確答案。

- 所有驗證演算法都在後端，前端只負責最基礎的展現，安全性有保障。

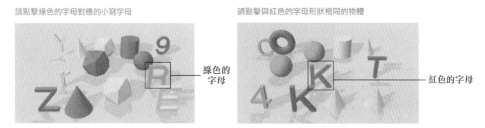

圖 6.26 空間推理驗證碼

空間推理驗證技術實現方式如圖 6.27 所示。

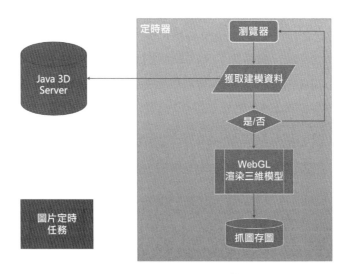

圖 6.27 空間推理驗證碼技術

- 後台動態產生 ThreeJS 3D 建模資料、驗證碼的問題和答案資料。

- 基於 ThreeJS 完成 3D 建模，透過燈光、相機、場景的組合獲得 3D 立體空間展示。

- 離線產生 3D 驗證碼的 3D 空間問題圖片展示在用戶端。
- 問題圖片結合了知識、常識、語序、語義、空間推理等多種維度演算法，解空間難度大幅提升，增加了 AI 破解的難度。

隨著網際網路技術的加強，黑色產業也逐漸呈現分工專業化、組織集團化、全網流竄化的特點，對企業造成的危害也越來越嚴重。智慧驗證碼已經由單點對抗演進到系統對抗，採用新型的驗證形式，能夠在提升使用者體驗的同時增強安全防禦能力。

6.4 本章小結

本章介紹了驗證碼的誕生和發展過程，從攻、防兩個角度深入探討了如何設計一個高對抗能力、使用者體驗相對優雅的新型智慧驗證碼。

驗證碼是歷史悠久的風控產品。從風控的角度分析，驗證碼是抵禦攻擊的最後一道防線；從使用者體驗的角度分析，驗證碼又是一個有可能影響使用者體驗感受的風控產品。驗證碼的最理想狀態是對正常使用者無感，對異常使用者彈框。自 2016 年起，風控方和黑色產業集團都在積極運用機器學習演算法進行對抗，驗證碼的高水準攻防博弈還將持續下去。

風控中樞決策引擎系統

決策引擎是整個風控系統的核心樞紐,它是針對風控營運人員設計的,以規則編輯和規則執行為主要工作的計算平台,通常還包含灰度測試、資料統計分析等功能。作為風控系統的中樞系統,決策引擎會對接終端風控系統、即時指標計算平台、風控資料畫像、機器學習和模型平台等各種風控子系統,集中進行風險計算和決策。

決策引擎系統具有以下特點:

- 靈活性:決策引擎針對泛業務場景設計,可以靈活支援註冊、登入、交易、發帖、彈幕等大量場景,只需要為不同場景編輯不同的規則即可。
- 便利性:決策引擎針對風控營運人員設計,使用者不需要任何程式設計基礎,只需要透過滑鼠按鈕點擊和拖曳,簡單鍵盤輸入,即可完成場景的規則設計和資料參考。
- 即時性:決策引擎的即時性包含兩個層面,第一個層面是規則生效的即時性,即任何的規則修改,線上決策叢集的多台機器可以秒級生效;第二個層面是規則執行的即時性,即在不包含資料取得的情況下,大量規則(幾百條或上千條以上)的執行時間可以控制在幾十毫秒以內。

7.1 規則引擎

規則引擎是決策引擎的核心，模組主要包含規則管理、規則發送、規則執行等。規則引擎是一種整合在應用程式中的元件，使用預先定義的語言進行撰寫，實現業務規則和程式碼的分離。

規則引擎的應用場景主要包含以下特點：

■ 流程分支非常複雜，條件判斷非常多，正常的（if…else）編碼難以實現，維護成本高。
■ 不確定性需求非常多，頻率非常高，隨時都可能發生業務變更。
■ 業務規則變更要求即時生效。
■ 業務變更不依賴開發人員，可以由相關業務人員直接進行業務變更。

網際網路反詐騙場景的業務需求，基本上和規則引擎的以上特點完全吻合。

規則引擎的開發，需要選擇核心的規則表達語言和規則執行引擎。網際網路風控團隊針對風控業務的規則引擎的開發，可以基於 Groovy 等指令稿引擎開發；也可以基於本身業務需求在開放原始碼或商務邏輯引擎上進行延伸開發，開放原始碼的代表是 Drools，商業的代表是 ILOG JRules 等。

7.1.1 指令稿引擎

Apache Groovy 是一種功能強大的動態語言，可以和 Java 平台深度融合並執行在 JVM 虛擬機器上，可以快速給應用程式提供包含指令稿、領域語言、執行時期和編譯時元程式設計及函數式程式設計的能力，它具有以下諸多優點：

■ 平滑的學習曲線。
■ 強大的功能特性。
■ 和 Java 程式無縫融合。
■ 針對領域的程式設計。
■ 豐富的週邊生態。

下面是一個 Apache Groovy 的範例，程式如下：

```
1.  def isLegal(Person person, Order order) {
2.      if (person.age > 10) {
3.          System.out.println("person is 10 bigger than age");
4.      }
5.
6.      if (order.price < 10) {
7.          System.out.println("price is smaller than 10");
8.      }
9.  }
```

除 Apache Groovy 外，常見的指令稿引擎實現方案還有 JRuby、阿里巴巴開放原始碼的 QLExpress 等，不過相對而言功能都不如 Apache Groovy 強大。

7.1.2 開放原始碼規則引擎

Drools 是一個廣泛使用的開放原始碼規則引擎解決方案，它提供了核心規則引擎、Web 編輯介面和規則管理程式，它支援決策模型，並具有 Eclipse IDE 外掛程式。

Drools 使用 DRL（Drools 規則語言）來定義規則，並可以儲存在副檔名為 ".drl" 定義的文字檔中。DRL 檔案可以被規則執行器載入並繪製，在即時執行，根據輸入參數和 DRL 檔案中的規則，進行決策。下面是一個 DRL 檔案的範例，程式如下：

```
1.  rule "is valid age"
2.  when
3.      $person : Person(age > 18)
4.  then
5.      System.our.println("person age is bigger than 18")
6.
7.  rule "is valid price"
8.  when
9.      $order : Order(price < 10)
10. then
11.     System.out.println("price is smaller than 10")
```

7.1.3　商務邏輯引擎

ILOG 是由 IBM 公司開發的大型商用規則引擎，具備成熟的系統結構及豐富的功能模組，包含 Rule Studio（供開發人員適用的 Eclipse 開發環境）、Rule Team Server（供業務專家使用的規則維護介面）、Rule Scenario（測試及模擬功能）、Rule Execution Server（業務執行伺服器）等。ILOG 使用 IRL（ILog Rule Language）語言撰寫規則，其範例程式如下：

```
1.  When
2.  {
3.      ?person:Person(age > 18)
4.  }
5.  Then
6.  {
7.      execute{?System.out.println("person age is bigger than 18")}
8.  }
```

使用 ILOG 可以實現對整個企業的業務規則進行管理，包含規則建模、規則撰寫、規則測試、規則部署、規則維護等。快速部署 ILOG 後，業務需要做的僅是針對業務進行訂製化規則開發，如針對電子商務業務開發電子商務類別規則，針對信貸業務開發信貸類別規則。

7.1.4　幾種規則引擎實現方案的比較

對上文介紹的幾種不同規則引擎實現方案的優缺點歸納如表 7.1 所示。

表 7.1　不同規則引擎實現方案的優缺點歸納

指令稿 / 規則引擎	優　點	缺　點
Groovy	輕量靈活，可以與 Java 程式無縫整合	實質上是一個指令稿引擎，功能有限，需要開發大量的週邊功能
	簡單、學習曲線平滑	
Drools	活躍的開放原始碼規則引擎	學習曲線陡峭
	內建 Rete 演算法，執行效率高	當週邊模組不是很適用時，延伸開發成本高
	週邊模組豐富	
	可以靈活選擇模組	

指令稿 / 規則引擎	優　點	缺　點
ILOG JRules	成熟穩定可靠	商業產品，費用較高
	功能模組豐富，具備完整決策引擎需要的諸多模組快速使用，業務僅需要做訂製類別規則開發，即可進入生產使用	訂製開發需要和廠商協商

7.2 規則管理

從決策引擎中選取了登入場景的異常檢測風控策略管理介面，如圖 7.1 所示。可以看到，所有的規則描述都是以自然語言為基礎的，易於風控營運人員了解和維護。

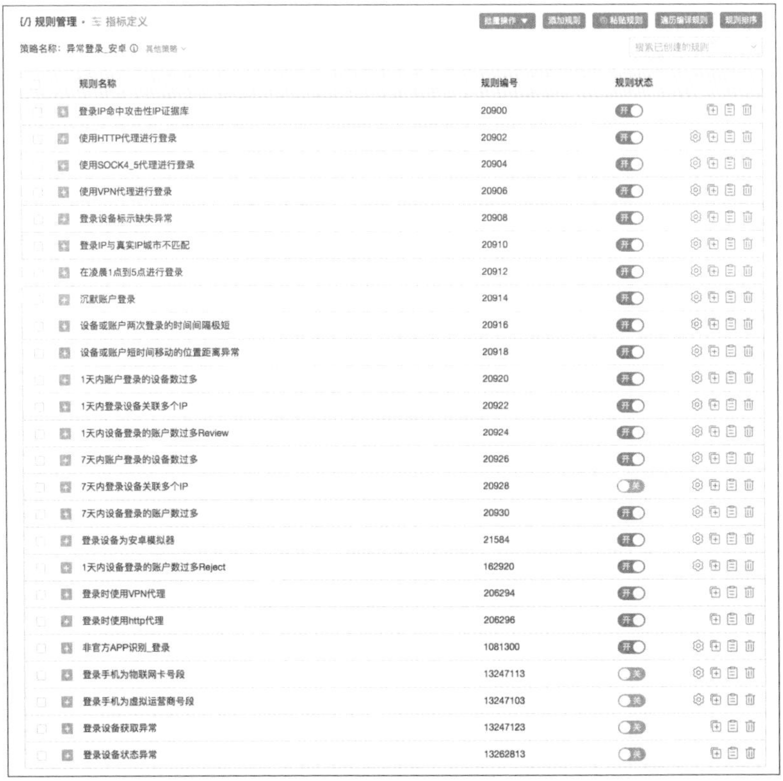

圖 7.1　決策引擎規則管理介面

決策引擎規則管理介面的建立和管理都非常容易，那麼整個規則是如何儲存和執行的呢？

首先，使用者互動使用自然語言。使用者在介面上操作編輯的是自然語言描述的規則，如「會員年齡小於 18 歲」。

其次，領域化的規則使用規則表示語言。 實際儲存的是結構化的規則描述，包含模型表述和規則表述。

■ 模型。

```
1.  Person{
2.      Age; Integer;    //會員年齡；歲
3.  }
```

■ 規則。

```
1.  Rule {
2.      Id:123;
3.      Context.person.age < 18;
4.  }
```

規則指令碼語言。結構化的規則表示語言無法執行，需要轉化為規則指令碼語言進行執行，這一步可以根據技術類型，轉化為 Groovy 指令稿、Drools 指令稿等，再由規則執行引擎執行，流程如圖 7.2 所示。

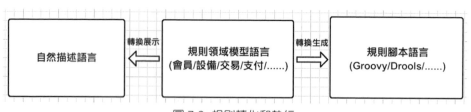

圖 7.2 規則轉化和執行

7.3 規則發送

營運人員根據業務需求，會不斷對業務規則進行新增或更新。業務規則儲存到規則資料庫，規則執行伺服器感知到規則變化後就會拉取最新的規則，重新編譯載入。如圖 7.3 所示，這個過程完成後，經過決策引擎的業務請求就會運用新的規則邏輯進行風險決策。規則更新的週期可以根據業務需要和效能考量確定，一般設定成秒級生效或分鐘級生效都可以。

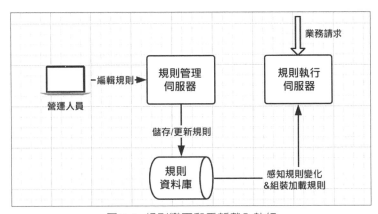

圖 7.3 規則變更和重新載入執行

7.4 規則執行

當場景事件到來時，規則執行經過以下步驟：

- 資料登錄到規則引擎。
- 規則引擎根據場景選擇規則集。
- 規則領域模型轉換模組，把規則集轉換成指令碼語言。
- 指令稿引擎載入指令碼語言。
- 指令稿引擎接收資料，執行規則。

在上述過程中，為了效能考慮，應用會對指令碼語言進行快取，同時指令稿引擎會進行指令稿編譯快取，提升執行效率。

7.5 外部系統整合

決策引擎為了進行風控決策,需要在決策之前對原始資料進行加工,決策引擎在執行規則之前或在決策流程中,需要對接多個外部資料來源及計算平台。這些外部系統一般包含 IP、手機號碼、裝置解析等模組,也可能會包含外部協力廠商資料來源。外部系統基礎模組主要解決以下幾種問題:

- 連線和控管:決策引擎外部連線資料來源種類豐富,數量繁多,而且不同資料來源的效能和可用性各有差異。因此,需要對回應時間、成功率、傳回碼等進行統一監控。
- 訂製化規則設定介面:在取得資料來源結果後,需要針對常用資料製作訂製化規則設定介面,方便營運人員進行規則設定。

以裝置資料規則設定介面為例,如圖 7.4 所示。在這個裝置訂製化規則介面中,營運人員並不需要知道實際的資料欄位,僅透過自然語言的了解,就可以對整個裝置解析資料模組進行規則設定。

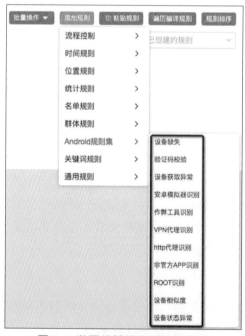

圖 7.4 裝置相關規則個性化設定

7.6 灰度測試

在大部分的情況下，策略營運人員在更改業務規則後，很難立即準確評估規則對線上業務的實際影響。在策略設定不當甚至錯誤的情況下，實際影響可能超過預估的範圍，對業務造成重大影響。另外，策略營運人員對規則的變更有約定的操作流程，但是人為的失誤也難以完全避免，在比較疲勞和緊張的情況下更是如此。因此，決策引擎需要這樣一個功能：策略營運人員設定的規則可以試執行，並根據試執行的結果進行調整或正式上線啟用。

我們設計決策引擎灰度測試的架構如圖 7.5 所示。

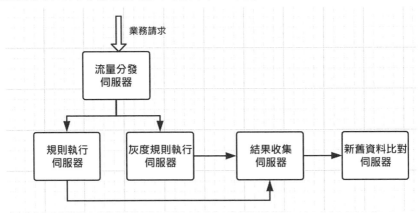

圖 7.5 決策引擎灰度測試流程

在設計決策引擎灰度測試架構中需要注意兩個方面：一是要確保不要導致資料污染；二是要做好資料視覺化，能夠讓營運人員快速比對前後的效果差異。

7.7 本章小結

本章主要介紹了即時決策系統中的核心元件決策引擎，包含決策引擎中的規則引擎、規則管理、規則發送、規則灰度測試等。同時也介紹了決策引擎和外部資料子系統的對接。決策引擎作為業務反詐騙系統的核心必備元件，對風控營運人員快速調整策略非常重要，需要重點保障穩定性和便利性。

巨量資料的即時指標計算

在對業務事件的即時風險決策判斷中，無論是基於專家規則還是風控模型，都需要依賴這種對一定時間範圍資料進行回溯加工的變數，這些變數稱為指標。

在第 7 章介紹決策引擎系統時，我們列出了一個實際使用的規則集的畫面。在該規則集中，可以看到的規則包含「裝置使用 HTTP 代理登入」「1 天內裝置上登入的帳戶過多」等。使用 HTTP 代理目的是隱藏真實 IP，有繞過 IP 防控策略的風險；裝置上登入過多的帳戶，可能是機器指令稿或人為操作了大量帳戶，會產生廣告刷量、暴力密碼比對、盜號等諸多風險。其中「裝置使用 HTTP 代理登入」，基於事件中「是否使用 HTTP 代理」單一變數的值即可觸發規則執行；但是「1 天內裝置上登入的帳戶過多」需要回溯 24 小時的歷史資料，計算出該裝置上從事件目前發生時刻倒推 24 小時內登入的帳戶個數，然後和設定的設定值進行比較判斷。

指標不僅包含上面範例的連結個數求和統計，還包含諸如裝置某段時間的移動距離、帳號某段時間範圍內的活躍天數等。對一定時間範圍業務事件進行統計計算的過程就是本章將要介紹的指標計算。

8.1 即時指標計算概述

在風控反詐騙業務中，為了即時進行業務事件的風險判斷，要求指標計算延遲非常低，一般在毫秒或幾十毫秒等級，因此，我們把即時傳回計算結果過程稱為即時指標計算。這裡的低延遲包含兩個維度：一個維度是最新的事件被指標統計在內的延遲，另一個維度是計算結果的回應時間延遲。

在風控反詐騙業務中，專家規則和模型都需要使用到大量的指標，常見類型如表 8.1 所示。

表 8.1 反詐騙業務中經常使用的指標類型

指 標 類 型	範例	可能連結風險
頻度 - 出現次數統計	IP 最近 5 分鐘註冊次數、手機號碼最近 1 小時接收簡訊次數	次數過多一般對應場景：垃圾註冊 / 簡訊轟炸等
頻度 - 連結個數統計	1 天內同一裝置接收簡訊的手機號碼個數、7 天內同一裝置儲值的帳戶個數	個數過多一般對應場景：群控裝置，群控帳號等
活躍天數	帳戶最近 7 天活躍次數、裝置最近 1 個月活躍次數	活躍次數過少一般對應場景：僵屍使用者
移動距離	裝置最近 1 小時移動距離、裝置最近 24 小時移動距離	移動距離過遠一般對應場景：虛假設位
常用習慣	帳戶最近 7 天常用裝置型號、帳戶元件 30 天常用登入城市	常用型號或城市不一致一般對應場景：帳戶失竊等
趨勢計算	帳戶最近 1 天多筆交易支付金額遞增、帳戶最近 1 天先小額後大額支付	支付的趨勢一般對應場景：盜卡盜刷等
其他，如最近連續次數、事件時間差等	帳號最近 5 分鐘密碼連續錯誤次數	連續錯誤一般對應場景：帳戶暴力破解等

在實際業務場景中，需要計算的資料除需要包含上述提到的 IP、手機號碼、裝置、帳戶等維度外，通常還需要覆蓋諸如商品類型、收貨位址及支付金額等業務資料。在某些規則場景下，需要計算的資料維度多達數十個。這些指

標可以作為風控模型的輸入變數，或作為專家規則集的一部分，參與對業務風險的綜合判斷。

在風控反詐騙業務中，為了能夠及時阻斷新發現的黑色產業行為，以上這種的業務指標計算一般還需要隨時上線，時間視窗和計算維度組合均不確定。如果針對每一個指標單獨進行編碼開發，那麼開發工作量非常大，指標上線需要依賴發佈，不能滿足風控反詐騙系統快速回應的要求。因此，我們需要投入資源建置一套反詐騙即時指標計算系統，用於支援策略營運人員靈活地設定和使用指標。在這套系統中，指標設定完成後可以快速上線、即時生效，並且能夠以非常低的延遲完成大量指標計算。

透過對上述指標計算的邏輯進行分析，指標計算可以抽象歸納出以下幾個固有特徵：

- 時間視窗。
- 事件。
- 主屬性。
- 副屬性。
- 計算邏輯。

本章開始描述的部分反詐騙業務中使用的指標類型，可以統一抽象為時間視窗、事件、主屬性、副屬性、計算邏輯的組合，如表 8.2 所示。

表 8.2 指標抽象表示

指標	時間視窗	事件	主屬性	副屬性	計算邏輯
IP 最近 5 分鐘註冊次數	5 分鐘	註冊	IP	無	求和
手機號碼最近 1 小時接收簡訊次數	1 小時	簡訊	手機號碼	無	求和
1 天內同一裝置接收簡訊手機號碼個數	1 天	簡訊	裝置	手機號碼	副屬性（手機號碼）去重求和
7 天內同一裝置儲值帳戶個數	7 天	儲值	裝置	帳戶	副屬性（帳戶）去重求和

8-3

指標	時間視窗	事件	主屬性	副屬性	計算邏輯
裝置最近 1 小時移動距離	1 小時	司機派單	裝置	無	多次進行 GPS 位置移動距離求和
帳戶最近 7 天常用登入裝置型號	7 天	登入	帳戶	無	裝置型號出現次數最多且超過設定值
帳戶最近 1 天先小額後大額支付	1 天	支付	帳戶	無	支付金額大小滿足先小額後大額
帳號最近 5 分鐘密碼連續錯誤次數	5 分鐘	登入	帳戶	無	密碼連續錯誤（中間無成功）求和

以指標計算為基礎的抽象模型，我們可以使用幾種統一的計算方法實現對多種指標類型的計算邏輯，然後風控策略人員需要在風控規則中設定使用指標時，根據設定的時間視窗、事件、主屬性、副屬性、計算邏輯等自動增加即時指標計算工作，工作可以產生聚合資料或最後的數值。當業務事件到來時，查詢即時指標計算系統，即時指標計算系統查詢到聚合資料進行再加工，或直接傳回最後數值，供風控規則進行風險判斷。

8.2 即時指標計算方案

下面介紹即時指標計算領域的常見實現方案，主要包含以下幾個類別：以資料庫 SQL 為基礎的計算方案、以事件驅動為基礎的計算方案和以即時計算架構為基礎的計算方案。另外，本節還介紹了即時指標計算方案比較。

8.2.1 以資料庫 SQL 為基礎的計算方案

關聯式資料庫支援基於 SQL 敘述進行統計計算，可以基於業務資料進行快速統計。舉例來說，計算最近 1 小時內某 IP 註冊帳號個數，可以使用的程式如下：

```
select count(1) from xxx where ip = ' x.x.x.x ' and gmt_create > now()-1 hour
```

這種計算方式的優點是實現簡單，無須新增資料；缺點是不夠靈活，一般只能解決求和類別規則，而且無法預計算，所以在時間跨度大、資料多的情況下回應時間無法獲得保障。

系統可以前置如 Memcached、Redis 之類的快取，也可以定時預先做一些資料聚合以最佳化效率。

8.2.2 以事件驅動為基礎的計算方案

註冊、登入、交易等都是獨立的事件，事件可以轉化成訊息進入 kafka 等訊息系統中。消費者接收到事件後，可以進行預計算或相關的聚合，在指標查詢之前計算出結果，並儲存到資料庫或快取系統中。當決策引擎進行指標查詢時，指標計算系統基於預計算的結果或聚合的中間結果，再經過加工即可完成結果輸出。

下面以最近 1 小時內某 IP 註冊帳號個數為例，當註冊事件到達時，可以在資料庫或快取中建置 KV，程式如下：

```
1.  112.3.10.6 : [{
2.     "deviceId": "acef1kablxsild7x",
3.     "account": "jack",
4.     "timeStamp": 1560745934747,
5.     "eventType": "register"
6.  }, {
7.     "deviceId": "acef1kablxsild7x",
8.     "account": "jim",
9.     "timeStamp": 1560749544747,
10.    "eventType": "login"
11. }, {
12.    "deviceId": "acef1kablxsild7x",
13.    "account": "lily",
14.    "timeStamp": 1560753154747,
15.    "eventType": "register"
16. }]
```

當指標查詢請求到來時，只需要進行一次 KV 查詢，即可以獲得全部相關資料，然後在記憶體中進行資料篩選，得出計算結果。

在時間跨度較大，資料量較大的情況下，也可以引用差分計算的方法。舉例來說，計算最近 1 小時內註冊的手機號碼數量，在實際計算中，可以預先每 10 分鐘做一次聚合。查詢最佳化統計為（最近幾分鐘明細 +5 個 10 分鐘聚合資料 +10 分鐘明細資料），再進行一次資料統計。差分計算的問題是，沒辦法做去重，會有一定的精度損失。

這種計算方式的優點是可以進行預計算，查詢效能較好。缺點首先是需要針對不同的事件場景，進行特殊的邏輯開發，工作量大，而且每次開發完成都需要應用發佈；其次是需要大量的預先計算，即使這個指標後續並未被查詢到。

8.2.3 以即時計算架構為基礎的計算方案

在上述事件驅動的計算中，完成一個指標的計算需要處理訊息系統、中間結果儲存系統、業務邏輯，並保障效能和可用性。在這種模式下，每增加一個指標系統的計算工作量都很大，而即時計算架構剛好可以極佳地解決這一問題。使用即時計算架構，可以把資料流程、中間結果儲存、效能和可用性保障都發佈給架構本身解決。即時計算架構提供好用的不同層次抽象的 API，甚至可以透過 SQL 完成一個計算指標的上線。

下面引用兩組基礎概念：

- 即時計算和離線計算：即時計算一般指對延遲要求較高，要求在秒級甚至毫秒級就列出計算結果的計算方式；離線計算一般指按天等級（T+1）或小時等級（T+H）列出計算結果的計算方式。
- 批計算和流計算：批計算是按照資料區塊進行計算的，一般要累積一定時間或一定的資料量再進行計算，有一定的延遲；流計算是針對資料流程進行計算的，1 筆資料處理完成後，馬上發給後續計算節點，一般延遲較低。需要注意的是，批計算不代表就不是即時，如果批次處理的時間間隔很短、處理速度很快，那麼也可以算得上是某種意義上的準即時計算。

下面簡單介紹目前業界流行的三大即時計算架構：Storm、Spark Streaming 和
Flink。

8.2.3.1 Storm 介紹

Storm 是比較早出現的即時計算架構，它是一款開放原始碼免費的分散式、可
容錯性、可擴充、高可靠的即時流處理架構，可以即時處理無界的流資料，
並且支援多種程式語言。

Storm 的主要概念如下：

- Spout：產生資料來源的地方。
- Bolt：訊息處理者。
- Topology：網路拓撲。
- Tuple：元組。

Storm 提交執行的程式稱為 Topology。Topology 處理的最小的訊息單位是一個
Tuple，也就是一個任意物件的陣列。Topology 由 Spout 和 Bolt 組成。Spout
是發出 Tuple 的節點。Bolt 可以隨意訂閱某個 Spout 或 Bolt 發出的 Tuple。
Spout 和 Bolt 統稱為 component。

在 Storm 中，資料像水流一樣，源源不斷地從一個處理模組完成處理後，快速
流向下一處理模組，如圖 8.1 所示。

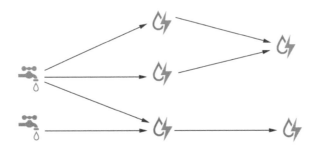

圖 8.1　Storm 資料流轉

早期 Storm 較為流行，阿里巴巴常用 Java 重新定義該系統，並命名為 JStorm 專案。在推特（以下簡稱 Twitter）、阿里巴巴、美團等網際網路公司，Storm 被廣泛應用。

8.2.3.2 Spark Streaming 介紹

Spark Streaming 是 Spark 核心 API 的擴充，可以實現高傳輸量、具備容錯機制的即時流資料的處理。它支援從多種資料來源取得資料，包含 Kafka、Flume、Twitter、ZeroMQ、Kinesis 及 TCP sockets，從資料來源取得資料之後，可以使用 map、reduce 和 join 等進階函數進行複雜演算法的處理。最後還可以將處理結果儲存到檔案系統、資料庫和現場儀表板。

Spark Streaming 本質上是以核心 Spark Core 為基礎的，Spark Streaming 在內部的處理機制可以接收即時流的資料，並根據一定的時間間隔拆分成一批批的資料，然後透過 Spark Engine 處理這些批資料，最後獲得處理後的結果資料。Spark Streaming 的整體架構如圖 8.2 和圖 8.3 所示。

圖 8.2 Spark Streaming 整體架構──資料流程

圖 8.3 Spark Streaming 整體架構──批次處理

在 Spark Streaming 出現之前，使用者需要借助多種開放原始碼軟體才能建置出流處理和批次處理系統。Spark Streaming 的出現，不僅能夠非常好地解決這些問題，同時它還統一了技術架構，使用了與 Spark 一致的程式設計模型和處理引擎，讓使用者僅需要依賴 Spark 架構，就可以完成流處理和批次處理。因此，Spark Streaming 獲得了廣泛的應用。

8.2.3.3 Flink 介紹

Flink 誕生於 2008 年，2014 年被 Apache 孵化器接手後，就迅速成為 ASF（Apache Software Foundation）頂級專案之一。

Flink 在資料處理方式上和 Storm 類似，並沒有採用小量處理的方式，它是一個真正的流式系統。Flink 採用分散式輕量級快照實現容錯，提供了 exactly once 語義。Flink 還是一個流批一體的計算架構，對 Flink 來說，其所要處理的主要場景就是流資料，批資料只是流資料的極限特例而已，Flink 和 Spark Streaming 的想法剛好相反，Spark Streaming 把流轉化成一個個小量。換句話說，Flink 會把所有工作當成流來處理，這也是其最大的特點。Flink 可以支援本機的快速反覆運算，以及一些環狀的反覆運算工作。Flink 的整體架構如圖 8.4 所示。

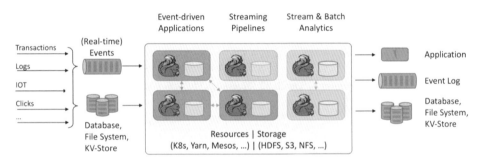

圖 8.4 Flink 整體架構

Flink 具備流式計算的優點，克服了 Spark Streaming 的延遲，並透過快照機制提供了 exactly once 語義，迅速被業界廣發使用，並建置了強大的生態圈。此前，Flink 主要依靠開放原始碼社區的貢獻而發展，目前，Flink 已經被阿里巴巴收購。

8.2.3.4 三種即時計算架構比較

下面從架構、資料處理模型與延遲、一致性保障、容錯性、傳輸量、便利性、成熟度幾個方面比較三種即時計算架構，如表 8.3 所示。

表 8.3 三種即時計算架構比較

框架	Storm	Spark Streaming	Flink
架構	主從模式，原生流計算	基於 Spark，主從模式，可以視為小粒度時間維度上的 Spark DAG，實際是微小時間視窗的批次處理	主從模式，原生流計算
資料處理模型與延遲	微秒等級	秒級	微秒等級
一致性保障	At Least once，在 Trident 模式下支援 exactly once 語義	支援 exactly once	支援 exactly once
容錯性	低，ACK 機制	高，WAL 和 RDD 機制	中，基於 Chandy-Lamport distributed snapshots checkpoint 機制
傳輸量	低	高	低
便利性	低，不支援 SQL Streaming	高，支援 SQL Streaming，Batch 和 Streaming 採用統一程式設計架構	高，支援 SQL Streaming，Batch 和 Streaming 採用統一程式設計架構
成熟度	比較穩定	比較穩定	新型架構，應用範圍廣，高速發展中

從本質上說，Storm 和 Flink 是真正意義的流式計算，延遲在毫秒級，而 Spark Streaming 是採用微小批的方式進行計算，延遲在秒級。

隨著 Flink 的發展，其高吞吐、低延遲、高可靠、精確計算的優點越來越突出，逐漸開始成為即時流式計算的主流架構。在一般情況下，會優先選擇 Flink，很多公司也已經開始把現有的以 Storm 為基礎的系統統一遷移到 Flink 計算平台。

Spark Streaming 因為流批一體的特性，使用方便，對延遲要求不高的業務場景依然有很大的需求。

8.2.4 即時指標計算方案比較

本節主要介紹以 SQL 資料庫為基礎的計算、以訊息事件驅動為基礎的計算和以即時計算架構為基礎的計算實現方案，如表 8.4 所示為 3 種即時指標計算方案在實作中的優缺點，以供讀者參考。

表 8.4 3 種即時指標計算方案在實作中的優缺點

框　架	優　點	缺　點
以 SQL 資料庫為基礎的計算	邏輯簡單	只能進行求和 資料量大，具有效能瓶頸
以訊息事件驅動為基礎的計算	即時性高 支援預計算 業務邏輯可以靈活實現	需要處理訊息、中間資料、可用性、容錯性、穩定性等一系列問題
以即時計算架構為基礎的計算	即時性高 支援預計算 業務邏輯可以靈活實現 可以依靠即時計算架構對即時性、可用性、容錯性進行處理	需要熟悉即時計算架構，做好架構選擇

8.3 反詐騙即時指標計算實作

本節將介紹在反詐騙實作中即時指標計算方案不斷最佳化的過程。

8.3.1 即時指標計算引擎原型

某個風控反詐騙業務場景需求如下：在一個登入風險識別規則集中，需要計算以裝置編號主屬性為基礎的多個指標，如下所述。

- 裝置在最近 5 分鐘登入次數。
- 裝置在最近 1 小時登入過的帳戶個數。
- 裝置在最近 1 天登入過的帳戶個數。

- 裝置在最近 1 天使用過的 IP 個數。
- 裝置在最近 1 天的 GPS 位置移動距離。

建置如表 8.5 所示的即時指標計算引擎資料結構。

表 8.5 即時指標計算引擎資料結構

Key（裝置 ID）	Value（業務事件資料）

acef1kablxsild7x	```
	{
	    "account": "bob",
	    "ip": "112.3.10.6",
	    "gps": "116.397428,39.9023",
	    "timeStamp": 1560745934747,
	    "eventType": "register"
	}, {
	    "account": "bob",
	    "ip": "112.3.10.6",
	"gps": "116.397428,39.9023",
	    "timeStamp": 1560749544747,
	    "eventType": "login"
	}, {
	    "account": "jim",
	    "ip": "112.3.10.6",
	 "gps": "116.397428,39.9023",
	    "timeStamp": 1560753154747,
	    "eventType": "register"
	},…
	``

w3cf1kablxsild8x	```
	{
	 "account": "jack",
	    "ip": "112.3.10.8",
	"gps": "116.397428,39.9023",
	    "timeStamp": 1560745934747,
	    "eventType": "register"
	}, {
	 "account": "jack",
	    "ip": "112.3.10.8",
	``

Key（裝置 ID）	Value（業務事件資料）

w3cf1kablxsild8x	```
	    "gps": "116.397428,39.9023",
	        "timeStamp": 1560749544747,
	        "eventType": "login"
	  }, {
	    "account": "jack",
	        "ip": "112.3.10.8",
	      "gps": "116.397428,39.9023",
	        "timeStamp": 1560753154747,
	        "eventType": "register"
	  },…
	``

當新的業務事件到來時，即時指標計算引擎不斷更新 Value 資料。

假設在業務事件進行風險判斷時，觸發規則使用到「裝置在最近 5 分鐘登入次數」指標，我們根據裝置 ID 查詢到歷史所有事件，然後在記憶體中進行資料篩選，完成該指標計算；同樣觸發規則使用到「裝置在最近 1 天登入過的帳戶個數」指標，也是根據裝置 ID 查詢到歷史所有事件，然後在記憶體中進行資料篩選去重，完成該指標計算。

即時指標計算引擎的優點如下：

- 速度快，只需要 1 次 NoSQL KV 查詢即可完成取得計算所需資料。
- 節省 NoSQL 記憶體，一份資料可以重複使用並進行多個指標計算。
- 同一主屬性新指標上線快，無須累積資料。

即時指標計算引擎的缺點是，每次即時指標計算，會傳回很多無關資料，對網路頻寬和系統記憶體帶來壓力（Java 應用會導致頻繁觸發 GC）。

在實際操作中，可以結合資料壓縮、應用快取、資料截斷及 NoSQL 資料庫聚合等方式進一步最佳化提升效率。舉例來說，資料截斷，某使用者裝置最近 1 天登入 1000 次和 10 000 次的風險是沒有區別的（幾十次以上對應的就已經是高危風險了）。因此，可以只儲存最近 1000 次的資料，既不影響業務效果，又防止影響效能。如果 NoSQL 資料庫支援 Lua 指令稿，那麼可以直接透過寫

Lua 指令稿，由 NoSQL 資料庫完成資料聚合，只傳回應用聚合結果資料，而非整個 Value 的原始資料。

這種計算方式在一般情況下執行較好，但在某些業務場景中，如明星演唱會門票秒殺場景（業務流量比平時高百倍以上），系統可能會面臨頻寬、應用記憶體等壓力。

8.3.2 資料拆分計算

為了對即時指標計算引擎進行最佳化，新的即時指標計算引擎對資料進行了拆分最佳化。在同一業務場景下，資料儲存如表 8.6 所示，在該資料儲存方式中，每個指標查詢傳回的資料大幅減少。

表 8.6 即時指標計算引擎拆分資料結構

Key（裝置 ID）	Value（業務事件資料）

acef1kablxsild7x – gps	```
	{
	    "gps": "116.397428，39.9023",
	    "timeStamp": 1560745934747,
	    "eventType": "register"
	}, {
	    "gps": "116.397428，39.9023",
	    "timeStamp": 1560749544747,
	    "eventType": "login"
	}, {
	    "gps": "116.397428，39.9023",
	    "timeStamp": 1560753154747,
	    "eventType": "register"
	},…
	``

acef1kablxsild7x – ip	```
	{
	    "ip": "112.3.10.6",
	    "timeStamp": 1560745934747,
	    "eventType": "register"
	}, {
	    "ip": "112.3.10.6",
	    "timeStamp": 1560749544747,
	``

Key（裝置 ID）	Value（業務事件資料）

acef1kablxsild7x – ip	```json
	    "eventType": "login"
	}, {
	    "ip": "112.3.10.6",
	    "timeStamp": 1560753154747,
	    "eventType": "register"
	},…
	``

acef1kablxsild7x – account	```json
	{
	    "account": "bob",
	    "timeStamp": 1560745934747,
	    "eventType": "register"
	}, {
	    "account": "bob",
	    "timeStamp": 1560749544747,
	    "eventType": "login"
	}, {
	    "account": "jim",
	    "timeStamp": 1560753154747,
	    "eventType": "register"
	},…
	``

acef1kablxsild8x-gps	```json
	{
	    "gps": "116.397428,39.9023",
	    "timeStamp": 1560745934747,
	    "eventType": "register"
	}, {
	    "gps": "116.397428,39.9023",
	    "timeStamp": 1560749544747,
	    "eventType": "login"
	}, {
	    "gps": "116.397428,39.9023",
	    "timeStamp": 1560753154747,
	    "eventType": "register"
	},…
	``

Key（裝置 ID）	Value（業務事件資料）

acef1kablxsild8x-ip	{
	    "ip": "112.3.10.6",
	    "timeStamp": 1560745934747,
	    "eventType": "register"
	}, {
	    "ip": "112.3.10.6",
	    "timeStamp": 1560749544747,
	    "eventType": "login"
	}, {
	    "ip": "112.3.10.6",
	    "timeStamp": 1560753154747,
	    "eventType": "register"
	},…

acef1kablxsild8x-account	{
	    "account": "jack",
	    "timeStamp": 1560745934747,
	    "eventType": "register"
	}, {
	    "account": "jack",
	    "timeStamp": 1560749544747,
	    "eventType": "login"
	}, {
	    "account": "jack",
	    "timeStamp": 1560753154747,
	    "eventType": "register"
	},…

假設業務風險事件觸發的規則使用到「裝置在最近 1 天登入過的帳戶個數」指標，只需要查詢裝置 ID 帳戶維度的資料，即可完成指標計算，不需要像即時指標計算引擎那樣傳回無用的多餘資料。但是，這種計算方式使得資料的重複使用性較差，會導致 NoSQL 資料庫佔用較大的記憶體和儲存，是一種空間換時間的最佳化方式。

資料拆分計算的優點如下：

■ 隨選要儲存資料。

■ 使用指標查詢時，不浪費網路頻寬和應用記憶體。

資料拆分計算的缺點如下：

■ 資料不具有可重複使用性，佔用 NoSQL 資料庫較大的記憶體。

■ 同一主屬性新指標上線需要資料累積。舉例來説，系統最早只設定使用
「同一裝置上帳號個數」這個指標，想要增加「同一裝置上 IP 個數」指標
時，按 IP 拆分的資料是沒有的，只能從目前時刻累積或從業務事件歷史資
料中匯入。

8.3.3 分片計算

上述兩種計算引擎，在 Value 中都儲存了業務事件的明細資料，這對於「頻
度 - 連結個數統計」類別是必須的，因為需要明細資料用於去重計算。但是，
對於「頻度 - 出現次數統計」類別指標，本質上只是個數的計算，可以進一步
最佳化。本節引用即時指標分片計算引擎，以「IP 過去 1 小時登入次數」為
例介紹。假設目前時間是 15:40，儲存的即時指標分片計算資料結構如表 8.7
所示。

表 8.7 即時指標分片計算資料結構

Key（主屬性）	二級 Key（時間切片 -10 分鐘）	Value（統計個數）
	14:41 – 14:50	1
	14:51 – 15:00	0
	15:01 – 15:10	0
112.3.10.6	15:11 – 15:20	1
	15:21 – 15:30	0
	15:31 – 15:40	0

基於即時指標分片計算資料結構，當業務事件觸發風控規則，查詢「IP 過去
1 小時登入次數」的指標時，只需要查詢多個時間分片的資料，進行聚合累加

即可。這樣在查詢時，只需要傳回預計算好的幾個數值，效能可以獲得進一步提升。

分片計算方式的優點如下：

- 只需要按分片儲存中間計算數值結果，佔用較少的儲存空間。
- 指標查詢資料少，速度快。

分片計算方式的缺點是，無法做資料去重，只支援「頻度 - 出現次數統計」指標。

8.3.4 引用 Flink

在上述 3 個版本的即時指標計算引擎中，我們設計了各種資料類型以完成即時指標計算和查詢。而在實際的業務系統中，還需要具備資料類型、訊息處理、資料庫讀寫、容錯、異常處理及監控等各種複雜業務邏輯。隨著 Flink 架構的不斷成熟，我們開始逐步往即時計算架構 Flink 遷移，把各種複雜業務邏輯都交給 Flink 架構處理。在 Flink 的基礎上形成了以 Flink 為基礎的即時指標計算引擎，即透過程式設定指定計算工作，計算過程完全交給架構實現。

同樣以指標「IP 最近 1 小時登入次數」為例，對應的某 Flink 範例程式如下：

```
1.  // ip key
2.      originalDataStream.keyBy(StrConstant.IP_KEY_POSITION)
3.          .window(TumblingProcessingTimeWindows.of(Time.minutes
4.          (StrConstant.INTERVAL_TIME_MIN)))
5.          .aggregate(new IpAggregateFunction(StrConstant.SEQUENCEID_SIZE),
6.          new MyProcessWindowFunction()).setParallelism(StrConstant.
7.          PROCESS_PARALLELISM)
8.          .addSink(flinkKafkaProducer011).name("kafka_producer_out_ip");
```

如上程式，只需要指定聚合 KEY（IP）、時間視窗（分鐘數常數）、聚合方法（自訂累加）、輸出（一個訊息 topic），幾行程式就能完成一個即時指標計算工作設定，最後可以把計算結果儲存到 NoSQL 資料庫中，方便後續進行業務查詢。這個過程只需要聚焦反詐騙業務，完全不用關注計算過程中的平行處理、異常處理、容錯處理、資料持久化等。當業務事件觸發到相關規則時，只需要根據回應的 KEY 查詢指標結果即可。

引用 Flink 即時指標計算引擎的優點是邏輯簡單，只需要關注業務主屬性、時間視窗、計算方法等，其他交給計算架構解決；缺點是需要引用並熟悉即時計算架構。

8.3.5 Lambda 架構

在反詐騙實作場景中，部分指標是跨小時和跨天計算的，甚至有部分指標需要回溯 1 個月進行計算。如果全部使用上述提到的即時指標計算引擎進行計算，那麼計算的時間視窗很長，會給系統帶來很大的壓力。為了提升效率，可以對歷史資料使用批計算，對即時資料使用流計算，最後綜合計算結果。透過這種方式，我們把一個時間跨度較長的即時指標計算轉化為一個「較短時間視窗的即時指標」加上一個「歷史資料的離線指標」的聚合結果，這就是 Lambda 架構。該方法由 Storm 的作者 Nathan Marz 提出，並且最早建立在 Hadoop MapReduce 和 Storm 之上處理流式計算應用。我們在實作中，使用 Spark 做批次處理、Flink 做即時流處理，架構如圖 8.5 所示。

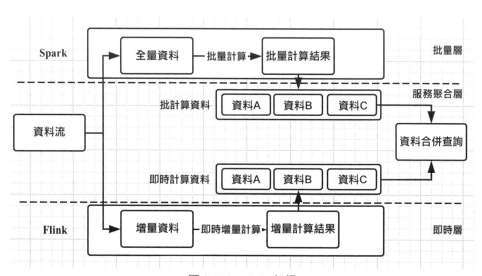

圖 8.5 Lambda 架構

Lambda 架構分為以下 3 個層次：

- 批次層：對歷史資料進行批次處理，形成批次結果資料。
- 服務聚合層：聚合批次結果資料和增量即時資料，傳回給查詢業務。
- 即時層：對即時增量資料進行流處理，形成增量即時資料。

在使用 Lambda 架構後，我們對於跨越時間視窗比較長的指標，可以綜合批計算和流計算的優點，快速高效，成本較低地完成即時指標計算。

8.4 反詐騙即時指標計算系統

上文介紹了在反詐騙即時指標計算中的實際實作，在進行系統架構設計時還需要重點考慮指標的設定方式、上線時效及綜合性能等因素。如圖 8.6 所示為一個即時指標計算系統架構設計的範例，綜合使用了 Flink 和 Spark 架構，並且還有訂製的計算邏輯。

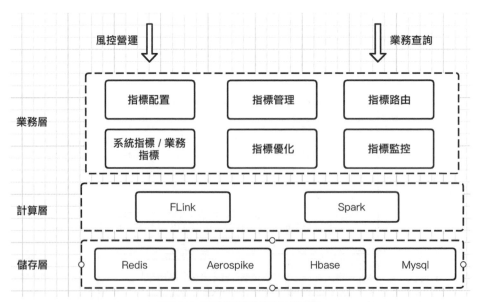

圖 8.6 即時指標計算系統架構

即時指標計算系統包含業務層、計算層、儲存層，下面只介紹業務層的 4 個關鍵要素：

- 指標設定：用於風控營運人員透過介面（有些會整合在策略設定中作為一個模組）化的操作，新增、修改和刪除指標，透過介面設定後，根據預先定義的指標計算方法，轉換成計算工作，提交到對應的即時指標計算系統。這裡需要根據指標生效時間、回溯週期、計算邏輯等要求，選擇恰當的計算方式。如圖 8.7 所示為一個指標設定互動圖。

圖 8.7　指標設定互動圖

- 指標管理：指標管理模組可以結合執行情況，定期輸出各指標的效能、資料量、成本等情況，指導即時指標計算系統最佳化的方向。對於不再使用的指標，及時進行下線清理。

- 指標路由：當業務事件進入決策引擎後，決策引擎根據設定的策略，呼叫即時指標計算系統查詢對應指標的計算結果，即時指標計算系統根據設定，產生查詢的路由資訊，路由到正確的資料位置，傳回結果。

■ 指標最佳化：計算引擎不可能回應所有的指標計算需求，對不同類型的指標，需要進行針對性的計算最佳化。舉例來說，對於大量業務場景都會使用到的指標，可以使用訂製化的計算方法，並預設整合到系統中，這部分稱為系統指標；對於營運根據業務分析、隨時上線的指標，初始上線可以使用立刻生效的計算引擎保障時效性，執行一段時間後，可以轉為採用 Lambda 架構等方法最佳化效能。

透過以上的系統設計和實現，可以開發出針對風控策略營運使用的兼顧靈活性、時效性、效能、成本多方面因素的反詐騙即時指標計算系統。

8.5 本章小結

本章主要對即時決策系統中的核心元件反詐騙即時指標計算系統進行了詳細介紹。首先，對反詐騙即時指標進行了統一抽象建模，每一個指標都可以轉化為在一個時間視窗內依靠某種規則對資料進行聚合統計。其次，介紹了多種即時指標計算方法，包含基於 SQL 資料庫、事件驅動、即時計算架構等方法。最後，整理回顧了在反詐騙即時指標計算的實作，並對即時指標計算的專案實作進行了歸納。

目前各大中型網際網路公司在風控反詐騙業務中，基本都建立了以開放原始碼或自研技術為基礎的即時指標計算平台。即時計算架構憑藉其穩定可靠、開發高效等特點，已經成為即時指標計算系統必不可少的核心模組。

風險局勢感知系統

透過風控系統，我們可以綜合利用風險資料名單、專家規則和機器學習模型等方法，對已知的風險類型進行防控。但是，該系統仍面臨以下幾個方面的挑戰：

■ 專家的水平差異性：在大部分的場景中，策略專家的水平不足、認知的廣度和深度不足，經常導致規則設計不能完全覆蓋業務風險，給黑色產業留下可乘之機。這就需要風控系統能夠及時發現遺漏的風險，驅動策略專家對規則進行不斷最佳化。

■ 黑色產業攻擊手法多變：黑色產業攻擊手法呈現出高對抗性和變異性，總會不斷轉換方法，試圖繞過現有風控策略。黑色產業的快速變異性，導致規則防控的效果呈現不斷下降的趨勢。這就要求風控系統能及時發現新的攻擊類型。

■ 營運人員操作風險：在日常的風險防控過程中，風控策略不斷被動態地新增和更改，這些新增和更改都是由策略營運人員觸發的。每一次更改，即使有嚴格的 Review 機制和灰度機制，依然有可能存在操作失誤導致的規則錯誤或故障。這就需要系統具備感知其不正常變化的能力，及時發現策略營運人員的錯誤操作導致的風險。

■ 產品和系統 Bug：反詐騙系統依賴裝置指紋、資料畫像、名單資料庫等多個核心子系統，這些風控系統日常的更新反覆運算，都不可避免地會引用

Bug。從子系統的品質控制出發是一個想法，另一個想法是從風控系統整體的效果出發，反向發現子系統的缺陷，進而促進整個風控系統的健康發展。

從上面的整體說明可以看出反詐騙系統建設中的風險預警的重要性：如何快速發現現有風控系統的防禦盲區，預警隨著線上已經逐漸故障的防控策略，從實際對抗效果出發促進風控系統不斷增強。

我們引用局勢感知的概念來解決這種問題，局勢感知源於軍事，覆蓋感知、了解和預測 3 個層次。在業務安全領域中，風險局勢感知是以安全巨量資料為基礎，從全域角度提升對業務安全威脅的發現識別、了解分析和處置回應的一種方式。

風險局勢感知系統的方法主要有以統計分析為基礎的方法、以半監督、無監督演算法為基礎的分群方法和以業務情報為基礎的方法，這些分析方法基於以下幾個前提：

- 正常業務具有連續性和穩定性，異常事件具有波動性。
- 正常使用者總是表現出分佈離散性，而黑色產業總是表現出聚集性。

風險局勢感知系統整體流程如圖 9.1 所示，透過多種分析方法，發現該系統的潛在風險，並透過預警系統通知策略分析人員進行回應。

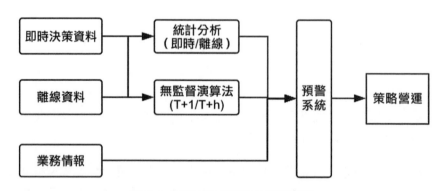

圖 9.1 風險局勢感知系統整體流程

9.1 以統計分析為基礎的方法

以統計分析為基礎的方法，核心的統計資料主要包含以下兩大類：

■ 核心風險事件資料：主要指風控系統中產生的資料，包含即時決策系統的導入參數、出參、中間計算結果、決策結果等。

■ 核心業務資料：主要指業務本身的核心資料指標，和實際業務場景相關，如電子商務、O2O、直播等各不相同。

9.1.1 核心風控指標資料

在介紹核心風控指標資料之前，我們先引用 PSI（Population Stability Index，群眾穩定性指標）的概念，PSI 主要是為了衡量決策波動情況。PSI 可以極佳地衡量樣本的分佈情況，公式為 $\text{PSI} = \text{SUM}\left[(\text{AC}-\text{EX})\times\ln\left(\dfrac{\text{AC}}{\text{EX}}\right)\right]$，其中 AC 表示實際分佈，EX 表示期望比較的分佈。

核心風控指標資料包含以下指標：

■ 呼叫量：即事件單位時間內發生的事件數量。在正常情況下，業務呼叫量會維持一個相對穩定的值，在業務方沒有發起促銷活動的情況下，當呼叫量大幅波動時，通常表示虛假黑色產業流量增加。

■ 拒絕率和拒絕變化率：拒絕率即在單位時間內，因事件風險較高被拒絕的比率，反映高風險事件的百分比；拒絕變化率是單位時間內，拒絕率相對上一個時間的波動，拒絕變化率反映高風險事件的波動情況。

■ 人審率和人審變化率：人審率即在單位時間內，因事件中低風險需要人工審核的比率，反映中低風險事件的百分比；人審變化率是單位時間內，人審率相對上一個時間的波動，人審變化率反映中低風險事件的波動情況。

■ PSI：PSI 即風險分佈情況，接下來會詳細介紹。
  • 決策結果 PSI：衡量當日呼叫的決策結果分佈和歷史結果分佈是否有顯著差異。主要公式如下，PSI 的波動通常表示線上規則已經被繞過，需要進一步分析來確認。

$$PSI = \left(\left(當日拒絕率 - 歷史拒絕率 \right) \times \ln\left(\frac{當日拒絕率}{歷史拒絕率} \right) + \left(當日通過率 - 歷史通過率 \right) \right.$$

$$\left. \times \ln\left(\frac{當日通過率}{歷史通過率} \right) + \left(當日人審率 - 歷史人審率 \right) \times \ln\left(\frac{當日人審率}{歷史人審率} \right) \right)$$

- 規則命中 PSI 指標：決策結果的波動，反映了是否繞過規則，但是實際哪一筆規則被繞過，可以使用細粒度的規則 PSI 指標進行判斷。

■ 欄位取得率：黑色產業攻擊常常也會同步伴隨發生資料維度不完整的情況，風控資料欄位取得情況，能從側面反映目前系統有無發生風險；另外，系統的日常變更 Bug，可能也會導致欄位取得率變化。

下面列出實際系統中，核心風控指標的範例，如圖 9.2 ～ 圖 9.4 所示。風控營運人員日常可以根據這些指標資料進行業務分析；也可以透過後續的預警設定設定合理設定值，當波動超過設定值時，及時提醒風控營運人員。

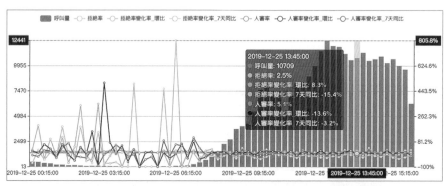

圖 9.2 某業務場景呼叫量和事件結果的拒絕率、人審率情況

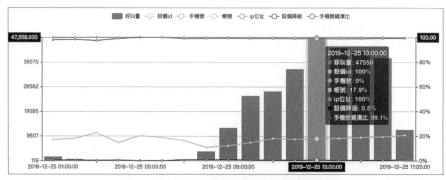

圖 9.3 某業務場景風控欄位取得率情況

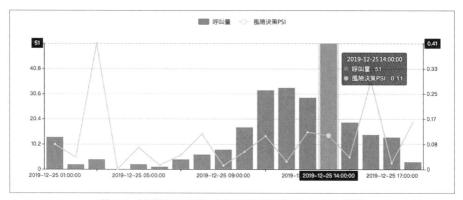

圖 9.4 某業務場景呼叫量和風險決策結果 PSI 情況

9.1.2 核心業務資料

還是以電子商務業務為例，預警業務風險局勢需要的資料包含 IP 段分佈、收貨位址分佈、商品類別目分佈及店鋪分佈等，計算指標如下：

- 交易金額的相較去年 / 環比資料。
- 退貨率的相較去年 / 環比資料。
- 地域分佈資料（在大部分的情況下，應當滿足穩定性，如收貨位址分佈 Top 3 省份的是上海、江蘇、浙江，並且比例保持穩定）。
- 商家分佈數：商家的規模、等級、資質等資料分佈情況。
- 類別目分佈資料：指交易商品的類別目分佈情況。曾經發生過某知名電子商務平台，在積分兌換話費禮品時，虛擬商品類別目交易量激增，但該平台未及時預警，導致該業務漏洞持續了數小時才被發現，電子商務平台損失慘重。
- 行銷優惠券的使用資料：包含優惠券的類型、金額、購買商品等資料。曾經發生過某知名電子商務平台無門檻優惠券被團隊利用，瘋狂儲值 Q 幣等虛擬物品，造成該電子商務平台經濟損失達上億元。

以統計分析為基礎的方法，在某些場景受到突發事件影響時，如 "6．18" 和「雙 11」等大促銷活動，容易產生一些誤報，需要進行靈活設定，並排除大促銷活動預警及預警的時間段。

9.2 以無監督學習為基礎的方法

在反詐騙即時決策系統中，有 IP、手機、裝置指紋等風控資料，有決策引擎對風控規則進行計算，還有機器學習模型。但是，黑色產業的攻擊手法是不斷轉換的，新型的攻擊和詐騙方法層出不窮。

前文提到了以統計分析為基礎的方法，可以根據業務經驗，在一些業務維度列出偏離度預警，但是，僅做到這樣還遠遠不夠。

因為低延遲時間的要求，即時風險決策系統主要使用當次事件的資料，也會結合一定數量的由歷史事件計算出的指標，但是並不能夠充分利用前後的資料進行相對複雜的計算，如分群和集團分割。

有監督學習需要給樣本資料標記，而無監督學習方法可以對大量未標記的資料集，按照資料內部存在的資料特徵劃分為多個不同的類別。因為每一個個體的行為都比較獨立，如果把平台上帳號的行為進行歸類，則會發現普通使用者的行為比較分散，而集團的行為會形成異常的聚集點。透過這個想法，使用無監督學習方法可以有效地發現未知的詐騙的集團。

無監督學習方法的步驟一般包含特徵取出、建立連通圖、群組分群等。

透過無監督學習方法發現風險後，可以和即時決策的結果進行比對。如果無監督學習方法比即時決策的增益率高，則需要關注當天的資料，業務有被攻擊的可能。

如圖 9.5 所示為一個無監督學習方法進行風險採擷的實例，可以看到無監督學習方法次日採擷與即時風險決策相比，有 6% 左右的增益，有時增益會超過10%。這些增益的變化趨勢，可以提醒風控營運人員進行更細粒度的資料分析，改進即時決策的策略設定進行防控。

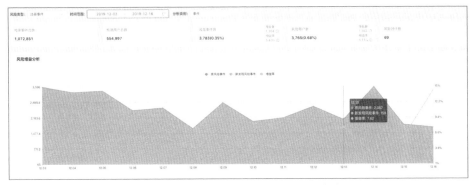

圖 9.5　無監督學習方法進行風險採擷的實例

9.3　以詐騙情報為基礎的方法

當業務系統發生業務漏洞，無法防控黑色產業，被黑色產業利用時，黑色產
業常常會透過討論區、社交網站、社交軟體等方式進行討論和分享。業務情
報系統捕捉這些情報資訊之後，分析業務場景、漏洞類型、攻擊手法等資
訊。這時及時通知對應的策略營運人員，策略營運人員可以快速進行業務確
認，並上線新的策略進行防控。

如圖 9.6 所示為一個詐騙情報風險局勢感知預警實例，透過語義分析可以準確
分析情報主體（客戶名）、類型（薅羊毛）、手法（新使用者抽獎）等資訊，
及時預警給風控營運人員進行針對性防控。

圖 9.6　詐騙情報風險局勢感知預警實例

9.4 預警系統

計算出各種指標後，可以透過預警設定模組設定預警。預警設定一般觸發以下條件支援：

- 相較去年。
- 環比。
- 平均值。
- 最大值。
- 最小值。
- 詐騙情報特定類型。
- 無監督演算法增益率。

以上的指標，可以和呼叫量、時間等資料進行條件組合。

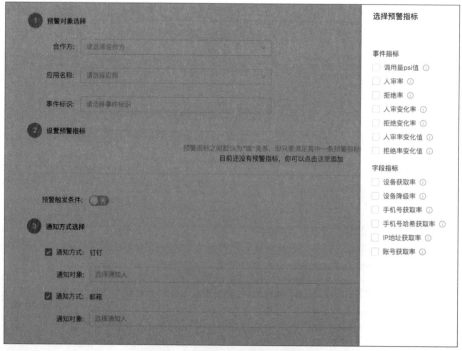

圖 9.7 風控系統預警設定頁面

通知方式支援簡訊、郵件、釘釘、微信等。預警設定的設定值最佳化非常重要，一般來說，誤報率要控制在 10% 以下。如圖 9.7 所示為風控系統預警設定頁面，可以看到預警設定包含預警物件選擇、設定預警指標、通知方式選擇等功能。

預警產生之後，需要風控營運人員及時跟進處理，對於誤殺要及時止損，對於漏殺要進行資料分析並新增規則防控，對於抖動等誤報要進行標記。

預警系統穩定執行一段時間後，需要進行預警事件整體分析，方便後續不斷最佳化預警準確性。如圖 9.8 所示為預警系統上線後的預警處置及準確率情況，可以看到實際的準確率並不是非常高，需要在實作中不斷最佳化。

圖 9.8　預警系統上線後的預警處置及準確率情況

9.5　本章小結

本章主要介紹了風險局勢感知系統。系統故障、營運疏忽、黑色產業技術繞過等原因會導致即時決策系統產生漏殺和誤殺。為了及時發現這些漏殺和誤殺，我們透過基於業務統計分析、無監督集團採擷和詐騙情報等多種方法進行風險局勢感知，並預警通知給相關風控營運人員。資料驅動、AI 驅動的及時有效的風險局勢感知系統是被動營運轉主動營運，人工營運轉自動化營運的必經之路。

風險資料名單系統

網際網路公司安全和風控團隊，大多數都有維護自建的黑手機號碼、黑 IP 和黑域名等名單資料系統，很多乙方安全和風控公司也有風險資料名單資料庫產品。業內曾經有這樣一個觀點：第一代風控系統基於名單資料，第二代風控系統基於規則，第三代風控系統以機器學習。姑且不論這種觀點為基礎的準確性，至少說明瞭風險資料名單確實是一種有效的風險控制方法，而且實踐證明這也是最基礎、直接的風控方法。名單資料不能 100% 解決業務風險，但是相對於其他風控技術方法而言，名單資料的對比值比較高，如果運用方式得當，那麼名單資料在實戰中會有出色的表現。

這裡所說的名單包含白名單、灰名單和黑名單，其中，黑名單通常表示高風險特徵，業務最為重視。以網銀業務為例，在電信詐騙案件中黑色產業使用的收款銀行帳號名稱單就是典型的黑名單，在轉帳環節使用黑名單進行過濾，可以在某種程度上阻止其他使用者繼續受害。灰名單儲存的一般是風險不高或與風險不直接相關的資料。我們透過一些技術方法判斷出一批裝置是更改過機型的 Android 裝置，使用這些裝置的使用者有可能是為了進行業務環節的攻擊，也有可能是其他原因（如很多遊戲使用者為了流暢地玩某款遊戲，會按照網路上的教學把自己的手機進行改機，修改型號和機型等參數）。這批裝置就只能放在灰名單中進行觀察。白名單是要重點保護的使用者，如業務風控系統常常會把自己公司高管的帳號加白，防止被各種策略誤殺。作者曾經看到過某個手遊業務的反外掛白名單裡加了一批專業使用者，原因是這批專業使用者的操作比較優秀，已經接近外掛的表現，為了防止被反外掛策略誤殺所以加白。

名單資料並不單純只是建置一份名單，需要有資料採擷和清洗等方面的能力建置，保障名單資料的豐富性、穩定性和準確性。在本章中，我們圍繞名單資料多作說明，將詳細介紹風控名單資料的建立和維護流程，並提供關於資料有效性評估的參考建議。

10.1 名單系統的價值

廣義上的名單資料，泛指所有（一定時間範圍內）靜態資料。在企業早期的風控系統中，企業的風控團隊一般會把業務系統中曾經出現過、比較高風險的資料按照一定分類進行儲存，提供給不同場景中的業務團隊作為風險參考。透過這種方式得出的名單資料和風險直接掛鉤，每一筆名單資料都表示它曾經參與過某次風險行為，因此具有較高的準確性。

某電子商務平台在一次促銷活動中，透過各種技術方法明確識別出了 100 萬個用於「刷單」的手機號碼，把這些手機號碼全部儲存，加以管理和維護。透過持續營運，累計的手機號碼就可以成為一個非常簡單的名單系統。

這裡有一個很常見的問題：黑色產業使用 100 萬個手機號碼對平台進行刷單攻擊，已經被攔截了，再次使用這個手機號碼到同一個平台上進行攻擊的可能性很低，該電子商務平台的風控團隊維護這樣一個名單有作用嗎？答案是有作用。

場景一：當該電子商務平台上線新的業務系統進行快速推廣先佔市場時，風控措施可能很難一步合格部署得非常完備，因為，這需要投入大量的時間和資金。這時前期累積的手機號碼黑名單可以在註冊或其他需要用到手機號碼的環節快速部署、快速生效，造成一定的風控效果。

場景二：黑色產業通常呈現集團聚集特徵，可以從 100 萬個手機號碼出發進行黑色產業集團的深度採擷。風控人員透過資料分析，可以採擷與該集團連結的裝置、IP 和其他可能的手機號碼，甚至採擷該集團的攻擊模式和作弊工具特徵。根據分析的結果，風控人員可以對疑似黑色產業集團相關的帳號進行有針對性的部署風控策略。

10.2 名單系統的設計

對名單資料庫的設計者來說，首先需要明確哪些資料可以用於建立名單，確定名單資料的主鍵。在網際網路反詐騙業務中，常見的幾種名單主鍵是：手機號碼、身份證、銀行卡、IP 和各種裝置標識。這些資料代表著某一種有限的資源，如圖 10.1 所示的 IP 位址擁有量排序，截止到 2019 年 9 月，中國的 IPv4 地址數量只有 4 億個，全球所有的 IPv4 總量約為 43 億個，黑色產業能使用的 IP 資源也比較有限。

1	美國	1,541,605,760	35.9	313,847,465	4,911.96
	預留的特殊用途的位址	875,310,464	20.4		
2	中國	330,321,408	7.7	1,343,239,923	245.91
3	日本	202,183,168	4.7	127,368,088	1,587.39
4	英國	123,500,144	2.9	63,047,162	1,958.85
5	德國	118,132,104	2.8	81,305,856	1,452.93
6	韓國	112,239,104	2.6	48,860,500	2,297.13
7	法國	95,078,032	2.2	65,630,692	1,448.68
8	加拿大	79,989,760	1.9	34,300,083	2,332.06
9	義大利	50,999,712	1.2	61,261,254	832.50
10	巴西	48,572,160	1.1	205,716,890	236.11
11	澳大利亞	47,573,248	1.1	22,015,576	2,160.89
12	荷蘭	46,379,784	1.1	16,730,632	2,772.15
13	俄羅斯	42,762,784	1.0	138,082,178	309.69
14	臺灣	35,383,040	0.8	23,113,901	1,530.81
15	印度	34,685,952	0.8	1,205,073,612	28.78
16	瑞典	30,373,544	0.7	9,103,788	3,336.36
17	西班牙	28,421,760	0.7	47,042,984	604.17
18	墨西哥	25,862,912	0.6	114,975,406	224.94
19	瑞士	20,872,696	0.5	7,655,628	2,726.45
20	南非	20,386,560	0.5	48,810,427	417.67

圖 10.1 IP 位址擁有量排序

其次，需要明確標籤的類別。標籤可以指向一種明確的風險，如可以建立一個「刷單」的手機號碼黑名單，或一個爬蟲的 IP 黑名單，這樣的標籤都直接指向了一種特定風險。標籤也可以指向一種風險相關的特徵，還是以手機號碼和 IP 名單為例，如果建立的是「虛假號碼」的手機號碼名單和代理 IP 的名單，則它們和「刷單手機號碼黑名單」「爬蟲 IP 黑名單」就有區別，並不直接指向風險結果，而是表示和特定類型的風險相關性非常高。實際上，虛假號碼和代理 IP 都處於整個黑色產業鏈的上游，被大量使用於各種詐騙活動中。它們不代表某一種實際的風險，因為它們可能出現在任何一種詐騙活動中。

我們以手機號碼名單的建立過程為例說明名單的系統設計。根據企業常識，手機號碼的特徵主要有以下三種：

- 基本屬性特性：某一手機號碼從誕生開始就會一直存在的屬性，基本上不受任何外界因素的干擾，如手機號碼歸屬地資訊。
- 使用特徵：某一手機號碼在被使用的過程中表現出來的一些特徵，特別注意可以被檢測或識別並且在一定時間範圍內不會發生變化的特徵，如是否開通語音功能。
- 風險特徵：某一手機號碼在被用於詐騙活動時表現出來的一些特徵，這些特徵能夠有效地區分正常使用者和異常使用者。

在這三種特徵裡，第一種「基本屬性特性」是最容易取得的和最常用的，但它並不適合用於建置名單。中國的手機號碼有既定的規則，根據工業和信息化部發佈的《電信網編號計畫》，中國的行動網路電話號碼採用網號結構，國家碼（86）+ 網號 + HLR 識別號（H0H1H2H3）+ 使用者號碼（ABCD）。其中，網號（11 位手機號碼的前 3 位）必須由工信部來分配，並指定其用途。剩餘的 8 位可以由電信業者自行劃分。在《電話網編號計畫》中，還明確了一些要求，140 ～ 144 號段用於物聯網的號碼分配。也就是說，140 ～ 144 號段中的所有號碼，都是分配給物聯網卡或物聯網裝置使用的。很多平台都不接受使用者使用物聯網卡進行註冊。即使我們都認為物聯網號碼被用於帳號註冊是高風險行為，也不會有人建立一個物聯網號碼的名單，因為在實際操作中只要一筆規則「判斷手機號碼的前 3 位是不是 140 ～ 144」就可以解決這個問題。

還有一個問題，虛擬電信業者的手機號碼都是 170 或 171，那麼這兩個號段下的號碼是否都是虛擬電信業者號碼？在《電信網編號計畫》170、171 號段，和其他號段一樣，用於「公眾行動通訊網網號」，實際是否劃分給虛擬電信業者、分給哪家是由三大電信業者自行決定的。實際上，電信業者也會直接提供 170、171 的號碼給使用者。因此，識別物聯網號碼的策略用在識別虛擬電信業者號碼上其準確性就會有問題。

第二種「使用特徵」，取決於我們對電信業者手機號碼相關業務的了解程度。以空手機號碼為例，在黑色產業網路中曾經流行著「空號卡」的交易。很多未經實名認證的手機號碼在使用了一段時間之後，會被電信業者發現並強制停機進行銷號回收。在這個過程中的某一個時間段，手機號碼就會表現為「空號」。但是這時，該手機號碼有可能依然可以接收簡訊驗證碼。黑色產業透過某些通路獲得了這些「空號卡」，可用於註冊養號等行為。

如何判斷一個手機號碼是否為空號呢？早期，在網際網路中有一些廠商提供了離線的空號檢測服務，其實原理非常簡單：使用貓池或客服中心線路，對手機號碼進行呼叫，根據傳回的一些資訊判斷手機號碼的目前狀態。這種技術被廣泛應用於電話行銷，在對使用者進行行銷之前，先把無用的號碼剔除。但在風控場景中，離線檢測的方法在即時效果和符合規範性方面都存在瑕疵。近年來，有一些廠商依靠電信業者的能力建立了空號即時檢測服務，效果較好。

在反詐騙場景中，如果能夠透過電信業者的能力對手機號碼進行檢測是否為空號，檢測的結果就是準確的。檢測形成的特徵在一定時間範圍內是穩定的，可以作為名單資料儲存下來應用於風控場景。

需要說明的是，空號標籤並不等於風險標籤，但是空號與風險有比較高的相關性，所以建立成名單是合適的。

第三種「風險特徵」的建立，需要深入了解黑色產業網路。根據各種企業資料保守的估計，目前至少有 5000 萬個黑色產業手機號碼在網際網路上活躍。這些數量龐大的虛假號碼，分散在諸多卡商手裡。卡商和接碼平台合作，把接收的簡訊資料上傳到接碼平台。而接碼平台透過用戶端或 API 工具把簡訊驗證碼提供給實施詐騙的黑色產業集團。大型網際網路廠商一般透過資料分析，與電信業者和有關部門合作監控接碼平台等方式將捕捉到的大量虛假號碼建立相關名單資料庫。

基於對電信業者業務的了解，手機號碼風險特徵資料標籤設計歸納如表 10.1 所示，僅供參考。

表 10.1　手機號碼風險特徵資料標籤設計歸納

風險類型	類型名稱	定義
fakeMobile	虛假號碼	未經實名的，專門用於代收簡訊驗證碼的手機號碼，有實體卡
aliMobile	通訊小號	用於提供手機號碼別名服務的號碼，可以代收簡訊或電話，無實體卡
vacantMobile	空號	近期手機號碼狀態檢測判斷為空號
silentMobile	沉默號	近 3 個月內不活躍的手機號碼
noneSpeak	無語音功能	手機號碼未開通語音功能，不能接打電話，一般是流量卡或物聯網卡

在設計手機號碼風險特徵資料標籤時，除考慮標籤價值外，還需要檢視對應的資料是否「合法可得」，也就是檢視資料是否能夠合法符合規範、穩定取得。2016 年，中國大陸出現過一個專注於收集和共用虛假號碼資料的組織 "OpenNumbers"。在很短的時間內，該組織依靠共用和一些資料收集方式，累積了 150 多萬個虛假號碼名單，提供給很多企業使用。然而好景不長，由於無法持續穩定地取得資料，專案執行了半年左右就出現了資料品質急劇下滑的問題，不久後 "OpenNumbers" 也就宣告解散了。

某些資料本身的可信程度比較低或說黑色產業容易偽造，也不一定適合建置名單。舉例來說，手機 IMEI 等裝置欄位，很多黑色產業使用的改機工具會在裝置上產生隨機的裝置資訊，導致取得的 IMEI 真實性並不高。如果當成名單資料使用，其命中率會非常不佳，並且伴隨著很高的誤殺率。

除此之外，隨著中國大陸 IPv6 協定的普及，越來越多的平台已經開始支援 IPv6 協定了，但是 IPv6 協定下的 IP 位址，也並不適合用於建立名單。與 IPv4 協定相比，在 IPv6 協定下每一個連接網際網路的裝置都會分配到一個獨立的 IP 位址，不再是一群人共用一個 IP 位址。然而，由於 IPv6 協定本身的特性，IP 位址不再具有穩定性。這個穩定性指的是，在某一時間內，IP 位址指向同一個人或裝置。經過測試，在 4G 網路下只要每次開啟飛航模式再將其關閉，絕大部分行動裝置上的 IPv6 位址就會發生變化。換句話說，一個被標記為有風險的 IPv6 位址，這個標記的時效性可能只有幾分鐘，這樣的資料不適合用於名單系統。

綜上所述，建置反詐騙名單系統的核心要點是確定標籤和可用資料，包含：

■ 確定哪些標籤和風險行為相關性較高，以便便捷地使用。
■ 確定哪些資料具有風控價值，並且可以透過符合規範的方式持續取得這些資料。

10.3 名單系統的生命週期

前文提到過共用虛假號碼資料的組織 "OpenNumbers"，由於其無法持續獲得高品質資料，在很短的時間內資料品質急劇下降以至關閉。因此必須慎重考慮名單資料的生命週期問題。

絕大部分名單資料都有時效性，如果不能及時更新維護，其價值在一個特定時間點之後會迅速衰減。另外，資料本身特性或資料背後的某些因素發生了改變，也可能會導致該名單資料快速故障。因此，我們需要對名單資料庫的資料進行生命週期管理，進一步保障名單資料的整體品質。

以虛假號碼為例，很多網際網路企業建立了對應的名單資料庫。名單資料庫中的虛假號碼的有效期一般不會超過一年，即每天資料入資料庫時，記錄這筆資料的入資料庫時間，滿一年後一般需要從名單資料中移除這筆記錄。之所以這樣設定，是由於虛假號碼本身的特性。前文介紹過，絕大部分虛假號碼都是未經實名登記的手機號碼。根據電信業者的要求，手機號碼從啟動之日起，需要在 90 天內完成實名制登記，否則就會被強制停機，變成空號。之後號碼資源會被回收，重新投放市場。在少數情況下，虛假號碼中會包含一批「實名黑卡」，即已經做過實名登記，但是又在黑色產業集團手中被使用或倒賣。這些號碼的存活期就會很長，我們在持續監測的過程中，發現了少量這種號碼，其存活時間長達兩年以上。

如果要準確地判斷一個虛假號碼是否已經無效，最有效的辦法是透過電信業者的能力判斷這個號碼的存活狀態。如果一個虛假號碼在某一天變成空號或被銷號，就可以判斷這條名單資料無效。然而數千萬個手機號碼透過這種方式進行資料清洗其成本是非常高的，大部分廠商都難以接受。所以，在一般情況下，廠商很少透過這種方式進行資料清洗。

目前，各風控廠商和網際網路公司一般透過資料分析來評估名單資料有效性，即分析名單資料庫資料命中率和誤殺率的變化，這種方法的優勢是成本極低。評估方案分為以下兩種：

- 選定一批虛假號碼作為樣本，持續觀察這批資料在決策中命中率和誤殺率中是如何變化的。找到較為合適的時間跨度，作為虛假號碼名單資料的有效期。
- 從近一年的事件中，分析所有的手機號碼資料，和全量的已知虛假號碼進行比對，然後追溯命中部分名單資料的入資料庫時間和最後更新時間，進而計算出虛假號碼的命中率情況。

第一種方案需要較長的時間週期才能得出結論，如果需要在短期內列出評估結論，則第二種方案較為高效。此外，由於電信業者重新放號的原因，手機號碼黑名單不可避免地會有誤殺。因此，需要綜合考慮命中率和誤殺率的情況，最後確定出虛假號碼黑名單的有效期。

在名單資料有效期截止時，需要對資料進行對應的清洗。清洗的過程並不僅是刪除資料記錄，如果名單資料作為資料分析或資料建模的輸入依賴，則必要時也應對下游系統進行對應的處理。在大部分情況下，被清洗的資料也會被儲存到單獨的資料表，後續進行歷史資料回溯分析時會被使用。

10.4 名單系統品質管制

在反詐騙場景中建置的黑名單，對資料品質的管理要求很高。名單資料一般用在註冊、登入和提現等相對重要的業務環節，造成誤殺時常常會引發客戶客訴。

黑名單資料一般是和黑色產業對抗的過程中沉澱下來的，黑色產業也會反向測試分析防禦策略。曾經遭遇過這樣一件事情：黑色產業在摸清楚我們的機制後故意有針對性的「投毒」（往黑資料中摻雜白資料），雖然對方「投毒」成功的資料量很小，但是也造成了我們一天內 20 次誤殺。此外，黑名單常常用於下游模型、資料分析工作，一旦名單資料被污染或品質失控，對下游的不良影響會逐步放大造成非常不好的後果。

對名單資料的品質進行監控，正常的方式就是持續評估資料的命中率和誤殺率。前文已經介紹了命中率的評估方案，而誤殺率評估相較之下難做一些。不同的資料情況不同，有少數類型的資料的誤殺可以透過技術方法來發現。我們使用的誤殺評估方案是按照時間切片統計其趨勢的，即收集策略效果情況、客戶客訴等多方面的因素綜合量化評估其變化趨勢。

10.5 本章小結

本章介紹了風險資料名單系統的作用、設計實現過程和品質管制。作為風控系統的基礎設施之一，黑色產業名單系統既可以直接用於攔截黑色產業攻擊，也可以產生風險標籤成為複雜業務模型的輸入參數，其價值和重要性在目前黑色產業攻擊方法不斷翻新的情況下依然不可低估。

11

詐騙情報系統

我們對詐騙情報的定義為：黑色產業集團在使用哪些資源和技術方法危害網際網路業務的正常營運，包含但不限於取得「刷單」「薅羊毛」等黑色產業攻擊事件細節、黑色產業新型的作弊工具及黑色產業使用的各種資源資訊。

「情報」是一個歷史悠久的軍事名詞，可以說貫穿了人類的戰爭史。在網路安全領域，很早就興起了威脅情報這個細分領域，也出現了一些做得很好的公司。根據 Gartner 的定義，威脅情報是一種以證據為基礎的知識，包含上下文、機制、標識、含義和能夠執行的建議，這些知識與資產所面臨已有的或醞釀中的威脅或危害相關，可用於資產相關主體對威脅或危害的回應和處理決策提供資訊支援。

在風控反詐騙領域中，詐騙情報沒有傳統安全領域的威脅情報那麼引人注目，但也是各家風控廠商必備的能力。前文介紹了黑色產業的發展局勢和常用的各種技術，從中可以感知其發展局勢：黑色產業掌握的資料和資源（IP/手機號碼）非常豐富，對移動安全和機器學習領域的新技術也能夠非常快速地應用於實戰。防禦方的效率取決於感知事態的速度和取得情報的詳細程度。詐騙情報的價值就在於此，幫助防禦方更快地掌握相對豐富的黑色產業動態和資訊，更快速、更準確的決策。

11.1 情報擷取

對於黑色產業情報的擷取，一般透過臥底黑色產業網路、監控黑色產業討論區等方式進行。普通的資訊擷取工作會透過各種 IM 聊天機器人等自動化的工具實現，而深入追蹤黑色產業網路則需要透過人工營運實現。

根據情報擷取內容和方式的不同，我們把詐騙情報分為三大類：資料情報、技術情報和事件情報，下面分別介紹。

11.1.1 資料情報

資料情報指的是能夠沉澱手機號碼、IP、裝置及電子郵件帳號等黑色產業名單資料的情報資訊。這種情報對網際網路平台是具有價值的情報，可以進行直接使用，快速打擊黑色產業，為平台止損。

我們曾經追蹤一個非常典型的黑色產業刷單集團，該集團深入潛伏在一個電子商務客戶的平台中。每當平台推出了促銷活動時，如拉新送 50 元的優惠券等活動，總會被該黑色產業集團串通平台的不良商家進行刷單攻擊，給平台造成了大量的行銷費用損失。

如圖 11.1 所示，在平台活動期間，「羊頭」（黑色產業集團核心骨幹、刷單活動組織者）會在專用的 QQ 群和黑色產業眾包工作平台中發佈活動線報，吸引以參與眾包賺錢的「羊毛黨（特指邊緣的黑色產業參與人員）」。

「羊毛黨」報名參與後，會按照「羊頭」的指揮到該平台上指定商戶購買商品，然後將訂單號提交到眾包工作平台。和黑色產業勾結的商戶收到這些「羊毛黨」的訂單號後，並不會安排發貨，而是提交一個虛假的物流單號給平台。讓平台誤以為本次交易已經完成。「羊頭」憑藉這些訂單號和商戶、羊毛黨結算相關費用。這些訂單完成後，平台的促銷獎勵就會發給商家。經過這樣操作後，商家的交易量、好評數量、店鋪信譽獲得了很大提升，黑色產業集團拿到了「傭金」，而平台損失了大筆的行銷費用。

在追蹤這個黑色產業集團時，發現眾包平台提供給參與者提交訂單號的頁面也被稱為「報單頁面」，存在直接洩露訂單號的問題，外部使用者可以看到數千個羊毛黨提交的訂單。於是，我們透過自動化的程式對該頁面進行監控，成功捕捉了大量羊毛黨提交的訂單號。憑藉這些訂單號，我們對交易流水進行了整理，發現大部分訂單集中在三家商戶。最後根據商戶協定，對這三家商戶進行了對應的處罰。

圖 11.1　黑色產業「羊頭」在眾包平台發佈活動線報

需要注意的是，情報中能夠捕捉的資料種類非常豐富，但只有很少一部分資料是可以直接使用的。所以在收集情報過程中，大量的資料資訊可能都是無效的，需要做好判別。

11.1.2　技術情報

技術情報指的是針對某一種詐騙技術的詳細資訊，包含原理、用途、危害等。網際網路企業和黑色產業的對抗，在某種程度上就是一個推動技術發展的過程，黑色產業的攻擊常常促使網際網路平台研發和運用新的技術，不斷更新本身的技術系統。

黑色產業集團為了降低作案成本和突破現有的防控系統，會不斷將新的技術投入詐騙實戰中。例如我們前文介紹過的「快啊答題」案例，黑色產業集團在 2016 年就開始利用人工智慧進行驗證碼破解。

對於黑色產業集團採用的新型詐騙模式、技術方法甚至是繞過防控系統的技術細節，我們會特別注意和布控情報系統。如果在黑色產業集團剛開始驗證或小範圍使用某種詐騙技術時就被情報系統捕捉，那麼我們就可以在黑色產業集團利用這個技術開始進行大規模詐騙之前部署好相關策略，防控效果會非常好。

在技術情報中，工具情報是一類比較有價值的情報。所謂工具情報是指各種和作弊工具、詐騙工具相關的資訊。詐騙行為是否工具化是判斷風險等級的重要因素。如果某一種詐騙技術，沒有被人開發為自動化工具或指令稿，黑色產業成員運用還停留在手動操作層面，這種風險就相對可控。因為手動操作中的很多技術細節會成為門檻，小白等級的黑色產業集團就無法參與。在這種情況下，詐騙規模一般不會特別大。如果某一種詐騙行為，已經開發成自動化工具、降低了門檻，使得大量小白等級的黑色產業集團也可以參與其中。這時，詐騙規模就會變得非常大。實際的詐騙規模與自動化工具成品的傳播量成正比。傳播量越大，表示持有這款工具的黑色產業集團人數越多，實際的詐騙規模也就越大。

圖 11.2　黑色產業懸賞工作

由於越來越多的技術人員成為黑色產業的參與者，黑色產業作弊工具的訂製成本也在下降。在很多黑色產業集中的討論區中都可以看到作弊工具成品或半成品的出售，也有很多針對特定平台、特定場景的訂製懸賞（見圖 11.2）。
這些參與黑色產業的技術人員一般不會參與第一線詐騙攻擊活動，而是透過
提供軟體牟利，網際網路上流傳的各種黑色產業作弊軟體都是他們的作品。

前文在介紹黑色產業使用的軟體時，提到了一款用於繞過人臉識別的軟體，
它是在情報監控的過程中發現的。暗網中一條關於人臉繞過工具的售賣資訊
引起了情報團隊的注意，在隨後的一月裡，又發現黑色產業集團在多起詐騙
活動中繞過了某些 APP 的人臉識別。根據情報系統捕捉的幾張畫面，結合暗
網討論區中的相關資訊，最後確定了黑色產業集團使用的是一款用於 3D 建模
的軟體 CrazyTalk。如圖 11.3 所示，該軟體匯入一張人臉照片後，可以產生動
態的 3D 模型，執行搖頭、點頭、眨眼等動作，用於繞過人臉識別系統。根據
此軟體的特徵，我們迅速增加了相關的防控策略。

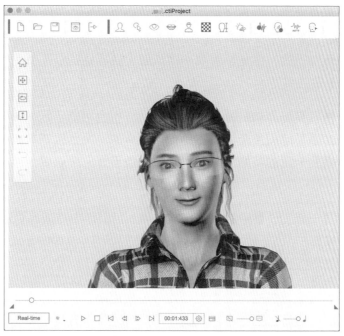

圖 11.3　CrazyTalk 介面

在收集技術情報時，對情報人員的技術能力也有一定的要求。透過臥底黑色
產業網路等方式取得的資訊可能常常並不完備，很多時候只是一些簡單的線

索。情報人員需要具有一定的技術和業務敏感度，能夠判斷各種不同線索的價值高低，對高價值線索透過各種方式進一步取得更多的資訊。如果不具備對應的技術背景或知識經驗，那麼即使看到了黑色產業發佈的資訊，也不能完全了解這些資訊的真正意義，或把真正重要的資訊忽略掉。對技術情報的追蹤和分析，我們都會記錄沉澱下來並累積成為知識資料庫，這對於提升情報人員的能力會有很大的作用。

11.1.3 事件情報

情報系統捕捉的某詐騙事件即將發生、正在發生或已經發生過的資訊均可稱為事件情報。事件情報可用於預警即將發生的風險事件、阻斷正在發生的風險事件和事後溯源已經發生過的風險。

黑色產業集團在發動一次規模較大的詐騙攻擊之前，常常會做一些資源準備工作，如準備大量的手機號碼、代理 IP 等。這些準備工作雖然都是在黑色產業網路中隱蔽進行的，但是都會有一些痕跡。捕捉這些痕跡就可以判斷黑色產業接下來要做的事情。

黑色產業集團在實施詐騙的過程中，網際網路平台可能已經從資料上感知了異常，但是並不了解黑色產業集團是如何操作的。平台根據業務資料進行分析，但是這需要一定的時間，而且可能效果並不好。透過黑色產業情報捕捉相關資訊後，可以快速部署有針對性的策略止損。

圖 11.4 展示了一條 QQ 群中的黑色產業情報。可以從中清晰地看到某 APP 註冊活動可以被薅羊毛（一個新使用者最高能領 3 元）。事件情報尤其注重時效性，越早發現業務上存在的漏洞，就越早止損。

事件情報通常透過報告的形式提供給客戶，相比前文介紹的兩個情報類型，事件情報需要做的分析工作會比較多，可能會同時包含其他幾個情報類型的資訊。對一次詐騙事件來說，需要綜合各方面進行分析，整理清楚其來龍去脈：

- 黑色產業集團為什麼這麼做？
- 黑色產業集團實際是如何操作的？
- 黑色產業集團如何繞過已有的一些風控策略？
- 黑色產業集團是否使用了比較特殊的詐騙技術或詐騙方法？其原理是什麼？
- 黑色產業集團使用了哪些資源？這些資源是從哪裡取得的？
- 預計有多少黑色產業集團參與這次詐騙事件？
- 針對同類型的詐騙行為，是否有比較好的防控建議？

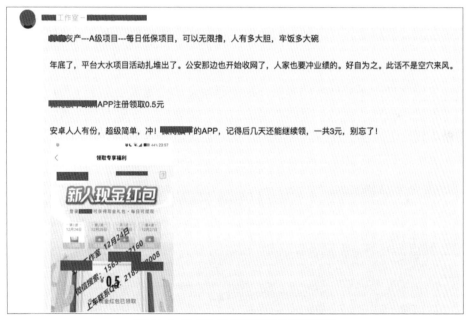

圖 11.4 從 QQ 群捕捉的黑色產業情報

整理清楚這些問題，才算完成一次詐騙事件的分析。在日常工作中，每一次分析完畢之後，我們都盡可能整理詳盡的報告提供給客戶。情報人員也在分析工作中，對如何防禦黑色產業集團有了越來越多的累積。

11.2 情報分析

情報分析是整個情報工作中的核心環節，一直以來都是情報學的主要研究領域，也有很多成熟的情報分析方法。在詐騙情報系統建設中，參考了 OSINT（Open Source Intelligence，開放原始碼通道情報）的方法，它是一套完整的情報收集、分析方法，有很多值得參考的地方。本節我們將介紹實作過程中使用的方案和經驗，希望對大家有所幫助。

從前文對情報的分類介紹可以看到，資料情報和技術情報實際上都是對原始情報資訊整理加工後產生的。在分析過程中，我們把風險相關的資料抽取出來，就成為資料情報；把技術和作弊工具有關的情報整理出來，就成為技術情報。

情報自動化擷取系統從各個通路收集的原始資訊，包含了文字、圖片、音視訊檔案甚至是程式片段。不同類型的資訊，處理方式也會有所不同。我們目前基本實現了文字情報的自動化分析，其他類型的資訊數量約佔 1%，主要依靠人工營運的方式進行分析。

圖 11.5 文字情報的分析過程

文字情報的分析主要分為智慧分析和風險預警兩個過程，如圖 11.5 所示。我們從網際網路公開通路取得巨量的原始資訊後，需要進行智慧分析提煉出目標資訊。我們在提煉過程中會使用分詞演算法，對詞性進行標記，對目標實體詞進行精準識別。其中，如果企業類型情報需要將旗下產品和公司連結，則需要進行關係取出，然後進行風險預警。風險預警則需要提煉出的風險資訊，增強對於風險的描述（如識別敘述中的黑化，還原詐騙方式，掌握黑色產業、灰產的破解想法如何繞過平台，預估參與本次活動的人數，造成的損失等），最後向使用者輸出結構化的完整預警資訊，便於使用者進行快速決策。

當從各個通路收集原始資訊時，並不能像寫爬蟲一樣，根據一些簡單的邏輯判斷哪些內容是有用的、哪些內容是沒用的。無論從哪個通路擷取資訊，都會出現大量的重複資訊。舉例來說，一些大平台的行銷活動，會在多個黑色產業社區和討論區出現。在處理這些資訊時就需要使用相似度演算法去重。經過去重之後，可以把百萬筆等級的資訊量壓縮到十萬筆等級，大幅減小了後續分析的壓力。不然同樣的一段文字，不斷地重複出現在情報分析人員面前，會大幅增加情報分析人員的壓力和分析成本。

分詞是 NLP 比較重要的部分，市面上有很多成熟的分詞演算法，可以滿足絕大部分文字分析的需要。詐騙情報相對特殊的地方在於，資訊直接或間接來自黑色產業群眾，常常在關鍵資訊處會夾雜著一些黑色產業領域的專業術語，也就是「黑話」。隨著他們不斷開展新的詐騙活動，黑話也是不斷增加的。憑藉情報分析人員對黑色產業的了解，可以了解這些黑話表示的含義，但是對 NLP 演算法來說可能有很大的難度。為此，我們投入了一定的時間整理出了一份黑話詞表，可以在分詞過程中使用。

當情報系統需要關注和覆蓋的網際網路平台不只一家時，系統就需要在自動化分析過程中判斷出這條情報與哪個客戶的平台有關，也就要是標記出這條情報的「擁有者」。以一個「線報」為例，某一天情報系統在黑色產業社區捕捉了這樣一個文字資訊：活動需要開通建行龍支付，開啟建行「APP– 悦享生活 – 全國話費儲值」介面，進入後輸入儲值金額，然後使用龍支付支付，滿 200 元立減 10 元，每個使用者有三次機會，數量有限，先到先得。

在這段文字中，提到了幾個名稱「建行龍支付」，「建行 APP」和「龍支付」。這些名稱其實都指向了建設銀行的 APP，那麼這筆資訊，就與建設銀行有關。這些詞在 NLP 中被稱為「實體」。

雖然在很多分詞演算法中都有專門的實體識別功能，但是如果需要在情報自動化分析中使用實體識別，則需要從零開始建置一個實體識別模型。我們早期透過關鍵字的方式，識別出文字中包含的企業名稱、簡稱、別名，以及這些公司提供的 APP 名稱，或這些 APP 中提供的功能名稱。為此，我們建立了一個關鍵字資料庫，用來記錄每個 APP 和網際網路企業的名稱，同時記錄他們之間的連結關係。如果某筆資訊中提到了一個 APP 名稱，則能夠根據關鍵字，判斷出它與某一家公司有連結。基於這份詞表，我們開始逐步建置詐騙情報分析場景使用的實體識別模型，經過很長時間的標記和模型反覆運算，才達到自動化程度相對較高的水平。

值得注意的是，在文字資訊中包含的一些標示性詞語，常常與特定的風險有直接的關係，如「線報」，其中包含「立減」，表明這是一次優惠活動，可以歸類為「薅羊毛」類型。同理，簡單羅列一些黑色產業情報關鍵字，如表 11.1 所示。

表 11.1　黑色產業情報關鍵字

風險類型	風險詞
薅羊毛	折價券、兌換、兌換碼、返利、紅包、積分、啟動、加息 、加油卡、立返、領紅包、領券、禮包、薅、擼、滿減、美妝券、優惠券、會員卡、體驗金、推薦人、推薦獎、推薦碼、提現、新客、新使用者、羊頭、薅羊毛、豪禮、折扣券、提成、邀請、套利、現金券、儲值卡、黑菜卡、白菜卡、租號、租號平台、積分兌換、新毛、上車攻略、紅包雨
刷單	掃貨、掃貨器、掃貨機、擼單
帳號交易	使用者資料、帳戶資訊、帳戶資料
作弊工具	NZT、按鍵精靈、觸控精靈、模擬器、搶單、搶單器、更新韌體、掃貨器、改機工具、簽到軟體、易語言、指令稿精靈、觸動精靈、免 root、指令稿精靈、蜂巢幫手
反向破解	封包截取、脫殼、破解

透過以上的過程，情報分析人員就可以把去重後的資訊根據擁有者進行聚合，再進一步判斷這條文字是否與某種風險相關，按照風險類型對文字進行分類，進一步實現半自動化的情報分析。在一般情況下，這種半自動化處理

過的資訊還不足以成為情報,它們僅是被進行了初步篩選之後,具有一定價值的資訊。

接下來,需要情報分析人員對這些資訊進行整理分析。在整理分析中,我們就會關注於事件情報和技術情報。如果詐騙情報要用於對抗黑色產業,不能僅描述一個事實。我們需要對整個事件進行深度的分析,洞察其本質問題和未來走向,並且提供有效的建議或方案給客戶及時止損。

這裡需要注意的是,當情報分析人員經過各種分析分析了情報資訊後,需要對其價值進行合理的評估。情報的價值決定了業務如何使用和處置這個情報,錯誤地評估了情報的準確性和價值會造成不好的後果。低估了情報的價值,可能會錯失止損的機會,造成比較大的損失。高估了情報的價值,就會發生類似「烽火戲諸侯」的事情,失去業務方的信任。

在每個重要情報處理完成後,都要進行適當的重現,評估整個過程中存在的問題和需要提升的地方。

11.3 本章小結

詐騙情報就是透過各種方式快速且精確地掌握黑色產業集團在用何種資源(IP、手機號碼等)、何種技術方法(作弊工具、眾包等)對業務進行何種攻擊(薅羊毛、虛假註冊等),為風控團隊快速提供決策依據和止損策略。本章詳細地介紹了詐騙情報擷取和分析的想法及技術細節,希望對讀者有所幫助。詐騙情報系統的效果取決於營運和資料分析能力,透過營運打入黑色產業集團內部取得更多的情報來源,透過資料分析快速採擷、判斷高價值情報,兩者缺一不可。

第三部分

實戰教程

機器學習演算法的使用

我們對業務進行風險分析的過程是運用統計處理、情報檢索比對、專家系統分析和模式識別等諸多方法對巨量業務資料進行處理的過程。透過對資料的分析處理，採擷出異常使用者行為，實現即時或事後的風險控管。因此，業務安全的風控效果在快速地取決於資料分析採擷的能力。

12.1 機器學習的廣泛應用

在傳統的風控產品中，資料分析比較依賴於專家的經驗，如對於群控網路的採擷一般透過對群控軟體的特徵來做。雖然也有一些場景使用演算法，但是整體上還是以專家經驗、規則策略為核心進行防控。

2016 年，AlphaGo 擊敗了韓國圍棋棋士李世石，震驚了全世界，之後在短期內反覆運算了多個更強的版本（見圖 12.1）。本人作為一名具有十餘年棋齡的圍棋同好，也被徹底更新認知。此前業界普遍認為，使用現有的電腦運算能力，軟體程式依靠演算法擊敗專業圍棋棋士至少在十年內是很難完成的。經此一役，各企業都開始廣泛嘗試使用機器學習來提升效率、解決技術難題。

AlphaGo Fan   AlphaGo Lee   AlphaGo Master   AlphaGo Zero

圖 12.1 AlphaGo 進化史

機器學習的核心思想是「使用演算法解析資料，從中學習，然後對世界上的某件事情做出決定或預測」。風控是資料處理非常重要的領域，時至今日，機器學習已經在風控領域獲得了廣泛的應用並且獲得了非常好的效果。

12.2 機器學習的落地過程

在風控和反詐騙的實際業務場景中，落地機器演算法的工作主要包含：特徵工程、模型選擇、模型訓練、工程化和業務落地。另外，在一些場景下我們使用深度學習可以省去人工特徵工程這個相對複雜的過程。

12.2.1 特徵工程

特徵工程本質上是從原始資料中選擇特徵供演算法和模型使用的一項工程活動。業內廣泛流傳這樣一個觀點：資料和特徵決定了機器學習的上限，而模型和演算法只是逼近這個上限。實際上，大部分從事演算法相關工作的人都不具備足夠強的演算法創新能力，能充分了解業務場景、選擇資料特徵和演算法模型進行工程化落地，已經是非常優秀的了。所以，特徵工程是一個非常重要步驟，其流程如圖 12.2 所示。

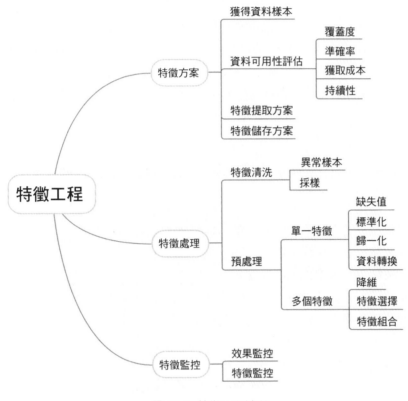

圖 12.2 特徵工程流程

對於特徵工程流程我們不進行詳細的描述，僅介紹幾個技術要點。

12.2.1.1 如何選擇合適的特徵

在選擇特徵的過程中，熟悉業務場景、對業務資料具有一定的敏感性是非常重要的，下面舉例說明。

圖片相似性識別是內容安全的重要場景，可用於檢測仿冒 LOGO、檢索違規圖片等。在選擇特徵時，我們可以選擇使用圖片分段 hash 和 RGB 向量作為特徵，但是僅使用這些維度的特徵進行模型訓練會發現效果一般。對機器學習演算法來說，重要的不是關注圖片 RGB 值的各種統計，而是應該從人類了解圖片的思維方式來選擇特徵。如果對圖片處理能夠有深入了解，我們將有更多的特徵可以選擇，如圖片的尺度不變特徵（SIFT）、加速穩健特徵（SURF）、場景特徵（GIST）等。SIFT 和 SURF 關注圖片關鍵點的資訊，GIST 則從自然度（Degree of Naturalness）、開放度（Degree of Openness）、粗糙度（Degree of Roughness）、膨脹度（Degree of Expansion）、險峻度（Degree of Ruggedness）等人類角度的方面描述圖片，使用了這些特徵演算法效果顯然會有質的提升。

在業務場景中，可以選擇更多的特徵。以遊戲為例，我們用模型產生人物誌時可以選擇以下特徵：

- 實名資訊：是否實名認證、年齡、性別等。
- 帳號資訊；遊戲暱稱、註冊時間。
- 裝置資訊：手機型號、IP 來源等。
- 活躍資訊：遊戲日均時長、遊戲活躍天數、遊戲活躍時段等。
- 消費資訊：歷史消費總額、歷史消費次數及金額等。
- 處罰資訊：封號時長、最近一次封號時間、最近一次封號的原因等。
- 檢舉資訊：檢舉次數和原因、被檢舉次數和原因等。
- 其他資訊：道具、裝備、局內操作資料（如 KDA 等）。

12.2.1.2 如何降維

在機器學習中，描述單筆資料採用的特徵數量稱為維度。從某種意義上了解，維度越高表示選擇的特徵越多，對資料的描述就越準確，最後演算法應用的效果就越好。但是在實際的操作中並非如此，我們在業務中常常需要處理數億筆巨量資料，當每一組的特徵維度達到成千上萬筆時，演算法的效率有可能大幅度降低。在生產中需要調整演算法時，因為變數過多也難以快速分析調整。因此，特徵維度較多的資料樣本通常需要先進行降維處理。

1. 降維方法

傳統意義的降維方法主要有經驗直覺法和統計分析法。

經驗直覺法的核心還是依賴於人的經驗常識，如我們在分析一個 APP 是否為作弊工具時，APP 的開發時間、APP 的大小從直覺上判斷是可以剔除的容錯特徵。

統計分析法是從統計學角度考慮的方法，包含遺漏值剔除、低方差濾波、高相關濾波等方法：

- 遺漏值剔除：如果某一維度資料遺漏值比例大於一定的設定值，則該特徵維度可以去除。因為很多筆資料沒有該屬性特徵，那就不具備可分析性了，很難用作分析結果判斷。
- 低方差濾波：某一特徵維度的值資訊變化非常小，很容易出現過擬合，這一種特徵可以去除。
- 高相關濾波：如果某些特徵之間具有非常高的相關性，則只需要取其中一項作為特徵即可。

2. 降維演算法介紹

當業務資料量極大、特徵維度很高時，需要將傳統想法用演算法的方式表達出來，這就產生了降維演算法。常見的降維演算法有 PCA 系列、LDA 系列、LLE、拉普拉斯特徵對映、MDS 等。下面我們選取 PCA 系列降維演算法做一個簡單的介紹：

- PCA（Principal Component Analysis，主成分分析法）：PCA 本質上是一種統計方法，綜合了低方差濾波和高相關濾波技術，利用屬性相關性想法降低資料維度。PCA 適用於處理維度之間存在線性相關性的資料。舉例來說，在分析網際網路業務系統使用者屬性時，使用者使用 APP 總時長和使用者等級常常是線性相關的，即使用者使用時間越長等級越高。我們就可以透過 PCA 演算法將這兩個屬性轉為一個新的屬性工作表示這兩個維度的特徵，更進一步地表現特徵的資訊，達到資料降維的目的。

- KPCA（Kernel Principal Component Analysis，核心主成分分析）：KPCA 是 PCA 演算法的非線性擴充，即 PCA 對線性資料處理，但對非線性資料可能無能為力，因此，KPCA 可以處理維度之間存在非線性相關性的資料。

- PCR（Principal Component Regression，主成分回歸分析）：PCR 是一種使用 PCA 進行多元回歸分析方法，主要利用 PCA 去除屬性資料相關性的特性，解決引數之間存在多重共線性問題。

12.2.2 模型選擇

在網際網路上關於機器學習模型介紹和實際使用案例的文章非常多，如圖 12.3 和圖 12.4 所示，在百度學術上可以針對性做檢索，也有很多公眾號會即時追蹤一些最新的學術文章。這些學術文章有的品質很高，有的品質比較一般，但是讀者認真閱讀都能有所啟發。

圖 12.3　百度學術

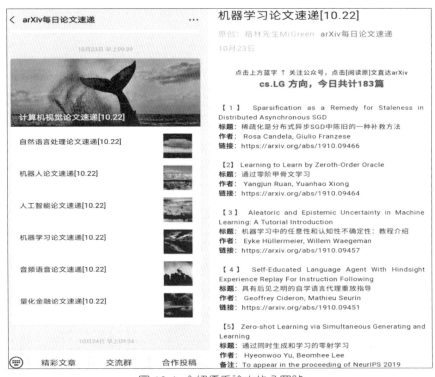

圖 12.4 介紹優秀論文的公眾號

機器學習領域的模型非常多，包含決策樹、隨機森林及 K-Means 模型等，不同的模型適用的場景也不相同，如圖 12.5 所示。

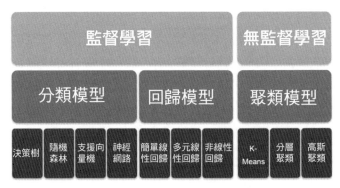

圖 12.5 一些常用的機器學習模型

下面簡單介紹一些比較常見的演算法模型，在後面章節也會列舉實際操作的案例。

❏ 決策樹

決策樹（Decision Tree）是利用樹結構來做決策的機器學習模型，它具有簡單、容易了解、可解釋性強的優點。決策樹由節點（node）和有向邊（directed edge）組成。節點有兩種類型：內部節點和葉子節點。內部節點表示一個特徵或屬性的測試條件，葉子節點表示一個分類。當建置一個決策樹模型時，以它為基礎進行分類是非常容易的。實際做法是從根節點開始對實例的某一特徵進行測試，根據測試結構將實例分配到葉子節點；沿著該分支可能達到葉子節點或到達另一個內部節點時，那麼就使用新的測試條件遞迴執行下去，直到抵達一個葉子節點。當到達葉子節點時，我們便獲得了最後的分類結果。

決策樹的缺點是容易過擬合，通常需要透過剪枝的方法進行處理。同時，決策樹是從上到下建置的，樹的結構非常容易受到資料的影響，資料結構會在很大程度上影響模型結果。

❏ 隨機森林

隨機森林（Random Forest）是一種使用比較廣泛的模型演算法。隨機森林的基本單元是決策樹，透過整合學習的思想將「多棵樹」整合一個「森林」。決策樹產生過程中分別在行方在和列方向上增加隨機過程。在行方向上建置決策樹時採用放回抽樣獲得訓練資料，在列方向上建置決策樹時採用無放回隨機抽樣獲得特徵子集，並以此獲得最佳切分點。隨機森林中的每一棵決策樹之間是沒有連結的，當有一個新的輸入樣本進入森林時，森林中的每一棵決策樹分別進行投票，得票最多的那一種即成為樣本歸屬的分類。由於採用了多個決策樹的投票結果進行分類，因此避免了決策樹存在的過擬合問題。

隨機森林演算法在異常檢測方面應用的比較廣泛，如在惡意程式分碼類檢測方面的應用獲得了比較好的效果。

❏ K-Means

K-Means 模型又稱為 K 平均值演算法，其演算法思想為，先從樣本集中隨機選取 K 個樣本作為簇中心，計算所有樣本與這 K 個「簇中心」的距離。對於每一個樣本，將其劃分到與其距離最近的「簇中心」所在的簇中，對於新的簇，計算各個簇的新的「簇中心」，依次循環計算直到結果收斂。

K-Means 模型的原理簡單且應用場景非常廣泛，在網際網路業務中常用於刻畫人物誌。舉例來說，在行動支付場景中，根據使用者安全意識的不同可以使用 K-Means 模型將使用者細分成具有不同安全需求的群眾，進而採取不同的行銷和風控策略。

❏ 神經網路

神經網路是一種模擬人腦的神經網路以期能夠實現類似人工智慧的機器學習方法。人腦中的神經網路是一個非常複雜的組織，神經網路把各個節點看作是模擬人腦的「類神經元」，這種網路被稱為「類神經網路」（Artificial Neural Networks）。

類神經元就是受自然神經元靜息和動作電位的產生機制啟發而建立的運算模型。神經元透過位於細胞膜或樹突上的突觸接收訊號。當接收到的訊號足夠大時，神經元被啟動然後透過軸突發射訊號，發射的訊號也許被另一個突觸接收，並且可能啟動別的神經元。類神經元模型把自然神經元的複雜性進行了高度抽象的符號性概括。神經元模型基本包含多個輸入，這些輸入分別被不同的權重相乘，然後被一個數學函數用於計算決定是否啟動神經元，同時還有一個函數計算類神經元的輸出。

如圖 12.6 所示，類神經網路通常都會具有輸入層，隱藏層和輸出層。輸入層的節點數量由輸入資料的維度決定，輸出層的節點數量由輸出類別的數量決定。

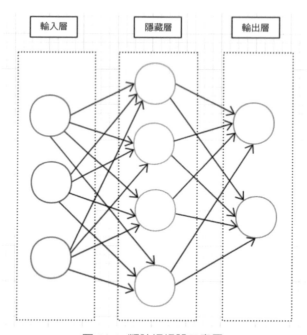

圖 12.6　類神經網路示意圖

如果這個建置的神經網路只有輸入層和輸出層兩個層次，我們就稱為「單層神經網路」。單層神經網路是最基本的神經網路，所有神經元的輸入向量都是同一個向量，每個神經元都會產生一個純量結果。單層神經網路的輸出結果也是一個向量，其維數就是神經元的數目。輸入層中的「輸入單元」只負責傳輸資料，不進行計算。輸出層中的「輸出單元」則需要對前面一層的輸入進行計算。

在業務場景中，單層神經網路對「線性問題」具有較好的擬合效果。如果是資料較為複雜的「非線性場景」，則需要使用多層神經網路來做擬合。

❑ 卷積神經網路

卷積神經網路（Convolutional Neural Network，CNN）是一種特殊的神經網路，在語音辨識和影像識別領域具有非常廣泛的應用。前文提到的 AI 領域歷史級的產品 AlphaGO，它的策略網路和價值網路都是使用 CNN 模型實現的，如圖 12.7 所示。

```
@staticmethod
def create_network(**kwargs):
    """construct a convolutional neural network.

    Keword Arguments:
    - input_dim:            depth of features to be processed by first layer (no default)
    - board:                width of the go board to be processed (default 19)
    - filters_per_layer:    number of filters used on every layer (default 128)
    - filters_per_layer_K:  (where K is between 1 and <layers>) number of filters
                            used on layer K (default #filters_per_layer)
    - layers:               number of convolutional steps (default 12)
    - dense:                number of neurons in dense layer (default 256)
    - filter_width_K:       (where K is between 1 and <layers>) width of filter on
                            layer K (default 3 except 1st layer which defaults to 5).
                            Must be odd.
    """

    defaults = {
        "board": 19,
        "filters_per_layer": 128,
        "layers": 13,   # layers 2-12 are identical to policy net
        "filter_width_1": 5,
        "dense": 256
    }
    # copy defaults, but override with anything in kwargs
    params = defaults
    params.update(kwargs)
```

圖 12.7　AlphaGo 的價值網路採用 CNN 模型

CNN 結構如圖 12.8 所示，使用 CNN 處理圖片的過程，可以視為透過多次數學卷積運算將原始圖片處理為特徵圖進行分類的過程。

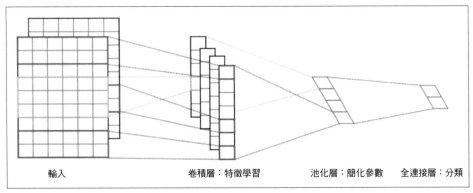

輸入　　　　　　　　卷積層：特徵學習　　　　池化層：簡化參數　　　全連接層：分類

圖 12.8　CNN 結構

CNN 有 3 個特點：局部連接、權重共用和池化，下面分別介紹。

■ 局部連接

傳統的深度神經網路不同層神經元的連接方式是「全連接」，每一次層的神經元的輸入，會接受上一層每一個神經元的輸出，這種方式稱為「全連接神經網路」。全連接神經網路有一個缺點：權重與偏置等參數量大，導致訓練收斂十分緩慢。對於影像相關的場景，數以百萬的像素，訓練的效率一般。而 CNN 的神經元之間的連接不是全連接。

在 20 世紀 60 年代，生物學家就發現人類大腦的部分神經元只對一定方向的邊緣做出回應，這說明人類對外界的認知是從局部到全域的。而影像的空間聯繫也是局部的像素聯繫較為緊密，而距離較遠的像素相關性則較弱。基於此，當 CNN 處理影像時會模仿人類的認知過程，每個神經元只感受局部的影像區域，然後在更高層將局部的資訊綜合起來就獲得了全域的資訊。這種處理方式表示輸入層到隱藏層的連接數量可以大量減少，大幅提升了訓練的效率。

■ 權重共用

同層的某些神經元權重是共用的。舉例來說，我們在處理圖片時，將一個 32×32 的像素點，透過篩檢程式對映到一個 28×28 的隱藏層，隱藏層的每個神經元都會對應一個 5×5 的矩陣點。篩檢程式處理完該圖片的所有像素點之後，會產生一個 Feature Map，該 Feature Map 中的所有神經元共用這 25 個權重。

■ 池化

卷積神經網路除卷積層外，還包含池化層。池化是對資訊進行抽象的過程，其主要作用是在保留關鍵資訊的前提下壓縮和簡化卷積層的輸入資訊。特徵的減少可導致參數減少，進而降低卷積網路計算的複雜度。池化包含平均池化和最大池化，圖 12.9 是為一個抽象的池化示意圖：池化層是每鄰域四個像素中的最大值變為一個像素，以此進行圖片簡化壓縮，在縮減資料量的同時保留了主要特徵。

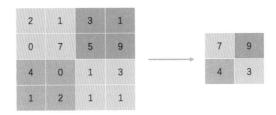

圖 12.9 抽象的池化示意圖

❑ 遞迴神經網路

遞迴神經網路（Recursive Neural Network，RNN）是具有樹狀階層結構且網路節點按其連接順序對輸入資訊進行遞迴的類神經網路。RNN 主要用來處理序列相關的問題：一個序列目前的輸出與前面的輸出具有相關性，實際表現形式為網路對前面的資訊進行了記憶並應用於目前的計算。從結構上來看，隱藏層的資料不僅包含輸入層提供的內容，同時也包含隱藏層的輸出。在實作中，RNN 在 NLP 領域的敘述合法性檢查、詞性標記等方面都有非常好的應用效果。RNN 結構如圖 12.10 所示，包含輸入層、隱藏層和輸出層。隱藏層的資料不僅包含輸入層提供的內容，同時也包含隱藏層的輸出。在實作中，RNN 在 NLP 領域的敘述合法性檢查、詞性標記等方面都有非常好的應用效果。

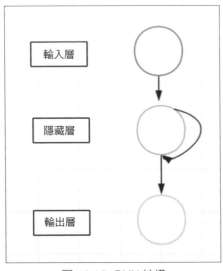

圖 12.10 RNN 結構

在所有 RNN 中，長短記憶網路（Long Short-Term Memory，LSTM）是目前使用較為成功的模型。LSTM 模型特殊之處在於單元狀態（記憶模組）在傳送過程中可以增加和移除資訊。在訓練的過程中，如果一些資訊對它來說已經不重要，則可以透過遺忘門（Forget Gate）降低比例，甚至丟掉不需要的資訊。相比普通的 RNN 模型，LSTM 模型在某種程度上解決了訓練過程中的梯度消失和梯度爆炸問題，因此，能夠在較長的序列中有更好的表現。

❑ 圖型計算

圖（Graph）是用於表示物件之間連結關係的一種抽象資料結構，由頂點（Vertex）和邊（Edge）組成，頂點表示物件、邊表示物件之間的關係。在網際網路業務動輒上千萬甚至數億的使用者系統中，資料規模極大且結構複雜，用傳統的關係類型資料來處理複雜的業務安全問題，效能和可擴充性都存在瓶頸。經過不斷地探索嘗試，大家發現圖型計算可以極佳地解決這種問題。圖型計算可以將各不同類型的資料融合到同一個圖裡進行分析，讓很多問題獲得更加高效的處理，同時也能夠獲得原本獨立分析難以發現的結果。目前，圖型計算在帳號安全、黑色產業群眾採擷中已經有廣泛的應用。

Facebook 透過定義帳號行為的同步性和相似度，採用連通圖的方法進行分群進一步發現詐騙帳戶集合，行為的同步性定義如下。

採用一個三元組表示一個動作（Action）：

$$\langle U_i, T_i, C_i \rangle \approx \langle U_j, T_j, C_j \rangle \quad \text{if } C_i = C_j \text{ and } |T_i - T_j| \leqslant T_{\text{sim}}$$

公式中 U 是帳號 ID，T 是行為發生的時間戳記，C 是約束物件（Constraint Object）。約束物件是根據業務自行定義的，可以是使用的資源（如 IP 位址）和行為連結的物件 ID，也可以是上述許多物件的組合。

如果兩個帳號在相同的約束物件上發生動作的時間間隔小於 T_{sim}，則認為它們之間的行為具有同步性。度量帳號之間的相似度根據 Jaccard 相似度進行定義。

$$\text{sim}(U_i, U_j) = \frac{|A_i \bigcap A_j|}{|A_i \bigcup A_j|} = \frac{\sum_k |A_i^k \bigcap A_j^k|}{\sum_k |A_i^k \bigcup A_j^k|}$$

首先透過帳號之間的相似度產生邊（相似度為邊的權重），然後透過相似度設定值（或是自訂的一些規則）進行圖的切割，最後採用連通圖型演算法實現分群，如圖 12.11 所示。

圖 12.11 分群的連通圖實現

12.2.3 模型訓練

在模型訓練階段，需要明確訓練流程並準備訓練環境。

12.2.3.1 模型訓練流程

在定義清楚業務問題之後，根據業務問題選擇好模型之後就可以開始進行訓練了。模型訓練流程如圖 12.12 所示。

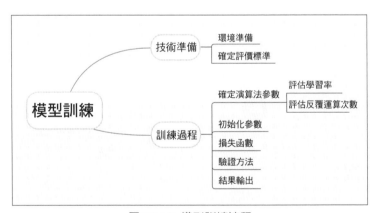

圖 12.12 模型訓練流程

12.2.3.2 環境架設

常用的機器學習架構有 Tensorflow 和 PyTorch 等，我們可以根據專案需求和使用習慣進行選擇。PyTorch 是 Facebook 推出的以 Python 為基礎的科學計算軟體套件，我們主要以 PyTorch 為例進行示範。

安裝一個 Anaconda 環境，Anaconda 是一個 Python 套件管理和環境管理軟體，一般用於設定不同的專案環境。我們選擇使用 Python 3.7 版本的環境，點擊 "Download" 按鈕如圖 12.13 所示。

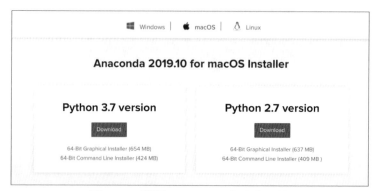

圖 12.13 選擇 Python 3.7 版本的環境

如圖 12.14 和圖 12.15 所示，安裝 Anaconda 成功以後就可以透過命令列安裝 PyTorch。

圖 12.14 成功安裝 Anaconda

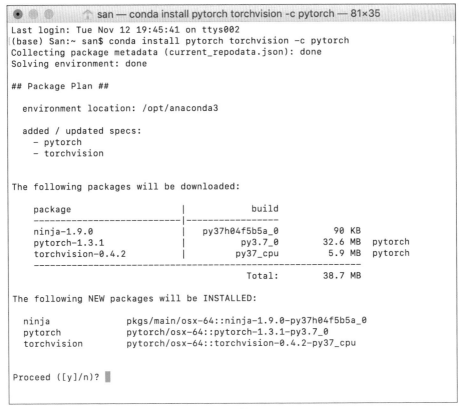

圖 12.15 安裝 PyTorch

安裝完成後，可以直接在 Python 中使用 torch 函數庫檢視版本判斷是否成功，
如圖 12.16 所示。

```
● ● ●                    ⬆ san — python — 81×35
(base) San:~ san$ python
Python 3.7.4 (default, Aug 13 2019, 15:17:50)
[Clang 4.0.1 (tags/RELEASE_401/final)] :: Anaconda, Inc. on darwin
Type "help", "copyright", "credits" or "license" for more information.
>>> import torch
>>> print(torch.__version__)
1.3.1
>>>
```

圖 12.16 成功安裝 PyTorch

環境架設成功後，就可以使用樣本資料和選擇的演算法進行模型訓練。

12.2.4 工程化和業務落地

模型訓練完成後就可以進行工程化開發和業務落地，我們在實作的過程中有一個體會：在反詐騙場景下其實不需要對已有的演算法做很大的創新，根據業務場景需求選擇合適的演算法運用得當基本都能解決問題，不同團隊和平台之間的核心區別在於工程實現的成本和效率。實現一個 10 億個節點的圖型計算，有的平台需要上百台伺服器計算一天，有的平台透過 10 台伺服器計算 1 個小時就可以完成。整體而言，在業務場景落地演算法工程時一定要在準確率、覆蓋度和投入產出比方面綜合評估，選擇合適的落地方案。

在業務落地的過程中一定要注意以下幾個問題：

■ 模組化：演算法工程程式各部分不能耦合在一起，在實際使用中經常需要透過調節參數、取代模型等方式來最佳化模型，如果整體程式串列在一起，將使得後續的維護和最佳化工作量非常大，系統可讀性和擴充性都受到限制。

■ 壓力測試：線上服務的資料量、TPS 指標與訓練環境有很大的差別，在實驗環境中非常準確的業務模型有可能在生產環境中需要非常大的效能負擔，所以模型上線前一定要透過壓力測試評估高負載下的模型效能和效果。

■ 資料監控：業務系統資料的異常變化可能導致模型的退化和污染，特別是對於具有自我學習特性的系統，業務生產系統一定要對模型輸入資料和模型效果做好監控。

12.3 機器學習實戰案例

下面將透過 3 個實戰案例，詳細介紹機器學習如何在反詐騙場景中實現業務落地。我們使用相似分群演算法，採擷出了詐騙集團在真實活動中的一致性證據。從已確認詐騙集團樣本中，可以進一步學習更多的詐騙特徵，透過不斷的反覆運算後投入生產使用，在實際業務中獲得了較好的應用效果。

12.3.1 案例一：黑色產業裝置群控網路採擷

在第 2 章中已經介紹了群控的相關內容，它是黑色產業集團中一種比較流行的作弊工具，可以批次操控多台手機。黑色產業集團使用群控的一般流程是，自動化註冊、登入、操作，從業務行為上偽裝成正常的使用者，不斷重複操作使得獲利最大化。

前文介紹的多種方法都可以用來防控群控，包含詐騙情報、裝置指紋和決策引擎風控規則等。需要注意的是，這幾種識別群控的技術方法都非常依賴專家經驗，對已知的群控樣本和通用的技術特徵有比較好的防控效果，但是無法快速發現未知的風險和新型工具。黑色產業集團作案方法變化較快，當專家經驗驅動的防控規則開始上線使用時，業務常常已經遭受了一定的詐騙損失。所以採用機器學習方法自動識別新型詐騙攻擊方法、採擷詐騙使用者背後的群控裝置是一種新的探索想法。

運用機器學習採擷群控網路的過程如下：

- 使用業務資料進行巨量資料建模。
- 模型輸出群控裝置網路和風險等級。
- 業務專家提供業務經驗支援，對模型識別結果進行確認或修正。
- 將模型結果應用到生產環境中。

12.3.1.1 資料準備

1. 資料來源

各業務系統的資料經常以不同形式儲存，需要將多種來源資料統一成同一種格式。在本章介紹的群控黑色產業採擷實作中，我們將資料交換到 HDFS 上，建立 Parquet 格式的 Hive 表方便進行下一步分析處理。

2. 業務欄位

資料是機器學習工作的重要基礎，需要從要解決的業務問題出發選擇可能用到的資料欄位。根據使用者在不同場景下的行為，我們確定了演算法需要使用的資料欄位標準，然後透過各種方式擷取業務系統產生的資料，並按照統一的格式進行儲存、連結和整合處理。

採擷黑色產業群控集團。我們在實作中需要透過裝置指紋或其他技術方法擷取裝置環境資訊，包含行動裝置的品牌、型號、系統、版本及網路環境資訊（IP/閘道）等。除此之外，演算法也會使用業務資料和業務系統記錄檔等，從不同維度更全面地覆蓋裝置行為資料。

3. 資料標籤

演算法通常從不同角度出發，去學習資料本身的規律和特點。樣本資料中是否有標籤、標籤樣本的百分比多少，決定了演算法模型的選擇。如果完全沒有標籤，則使用無監督模型；如果有少量標籤，則使用半監督模型；如果有較多標籤，則使用有監督模型。當採用監督模型時，演算法根據已知的標籤資訊進行學習，不斷最佳化目標函數，獲得恰到好處的模型，最後在測試樣本上進行預測。

在建立黑色產業群控集團的演算法識別模型過程中，我們透過業務人員獲得了少量疑似群控黑色產業的樣本，所以可以選擇半監督模型或無監督模型，本章將介紹使用無監督模型如何來實現業務目標。

12.3.1.2 資料評估與清洗

經過資料歸集整合等準備工作，我們擁有了一份完整的使用者行為記錄檔資料，在建模之前，需要先對這份資料進行品質評估工作。

1. 整體概覽

統計了一個月中使用者行為記錄筆數的整體走勢，整體資料分佈均勻，樣本數比較平穩，如圖 12.17 所示。

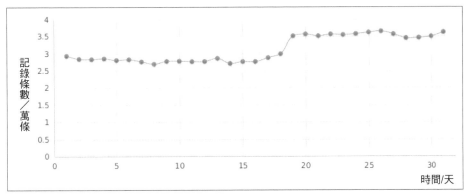

圖 12.17　資料整體趨勢

2. 資料品質

資料不可為空有效性是後續特徵選擇的重要參考依據，如圖 12.18 所示，柱狀圖中的深灰色表示不可為空百分百分比，透過設定最小有效百分比設定值，我們對欄位進行了初步篩選。

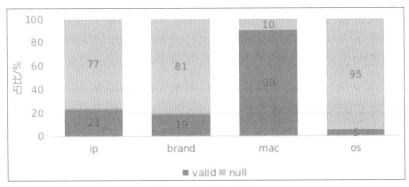

圖 12.18　欄位篩選

3. 資料前置處理

在資料品質評估之後，需要對異常資料進行處理，主要包含某些欄位的遺漏值處理和異常值處理。

1）遺漏值處理

常見的遺漏值處理方法有：

■ 當缺失數量極少時，考慮直接刪除缺失記錄。

■ 當類別類型資料缺失時，考慮使用眾數或其他類別填充。

■ 當連續值資料缺失時，考慮使用中位數、平均值或使用近鄰、回歸等內插方式填充。

■ 當缺失資料比例較大時，考慮直接刪除該變數欄位。

在本案例中，對於 os 這種缺失率較大的欄位，選擇直接刪除欄位。對於 brand 欄位缺失，統一使用其他類別進行填充。

2）異常值處理

異常值檢測可以有以下 3 種方法：

■ 統計量分析：如利用統計學的 3σ 法則，異常值被定義為與平均值的偏差超過 3 倍標準差的值。另外，還可以透過箱線圖，根據分位數計算出正常樣本的上下邊界，在邊界以外的資料被認為是異常值。

■ 基於密度分析：利用分群技術，那些離大簇較遠的小簇，如果本身尺寸足夠小，則被認為是異常值。

■ 尋求業務支援：確定正常樣本值的範圍。

異常值處理主要有以下兩種方法：

■ 當異常數量較少時，直接刪除該記錄。

■ 使用替代值，如超過正常邊界的值以邊界值替代。

在本案例中，主要採用統計量分析和尋求業務支援來識別異常值。對於業務相關性比較大的欄位（如感測器欄位），先明確規定了其設定值範圍，如果出現不符合規範值，則直接刪除該資料。對於長尾的類型欄位（小眾的裝置品牌型號），我們直接使用「其他」替代。

12.3.1.3 模型開發

1. 分群演算法可行性

基於對群控技術的了解，我們在實作中選擇了一種可擴充的事件相似分群演算法來發現使用群控的黑色產業集團。黑色產業集團在相同環境下使用了比較相似的裝置，通常採用一台電腦控制多個裝置的模式，所以在裝置行為上存在相似性，這是一個非常適合分群演算法的詐騙場景。為了防止被風控規則發現和攔截，黑色產業集團會透過正常業務行為、修改裝置參數（改機）等方法進行偽裝潛伏和自我保護。但是因為成本原因，黑色產業集團使用的網路資源通常是有限的，所以會呈現 IP、Wi-Fi 環境的聚集性。而透過人工或指令稿修改行動裝置參數才能實現改機，通常難以覆蓋全特徵維度，並且在大量操作裝置時又產生了新的行為相似性。

因此，使用分群演算法總能在特定維度上找到黑色產業集團相似性，發現隱藏在這些相似行為背後的群控網路。

2. 分群演算法流程

我們設計的分群演算法流程如圖 12.19 所示，主要透過相似計算和圖劃分實現分群。

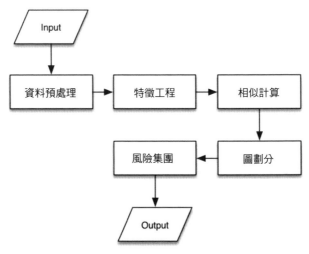

圖 12.19 分群演算法流程

1）相似計算

資料流入類似計算模組,首先兩兩比較裝置行為之間的相似性。在本演算法中支援自訂的相似性定義,可以設定在特定特徵維度上使用特定的相似衡量尺度。然後濾除相似性較低的連邊,獲得有詐騙嫌疑的裝置關係。如圖 12.20 所示,左圖是原始連結關係,透過相似計算,設定最小相似設定值之後,只保留右圖中橙色的邊[1]。

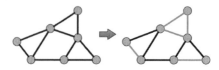

圖 12.20 相似度計算

在計算相似性時,同一對裝置之間可以按照不同的維度多次計算相似性。圖 12.21 展示了按照另一組維度進行計算後的結果,可以看到節點網路的規模更大了。

圖 12.21 節點網路

2）圖劃分

在經過剪枝之後的圖中,我們經過連通圖型演算法可以獲得緊密連結的裝置網路。如圖 12.22 所示,我們獲得了 3 個群組,每個群組內的裝置存在多個維度上的相似性,而相似性又是在群控業務基礎上定義的,所以發掘出的裝置網路存在較大的群控嫌疑。

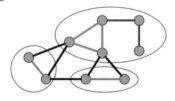

圖 12.22 圖劃分

---

1 在圖 12.20（右圖）中,顏色淺的線段為橙色的邊。

3. 結果展示

透過分群後，我們獲得了疑似的群控裝置分組列表，如圖 12.23 所示。透過進一步分析這批裝置的更大時間跨度上的行為資料，我們發現這些裝置多次在相近的時間切片、相近的網路環境上出現了大量的一致性行為，確認是黑色產業集團進行「養號」行為使用的高風險群控裝置。

群組id	weight	devid	ip		品牌	root	亮度		timestamp
970654	4601	8bd9722e-092d-465c-b425e-eb6f3005c43	172.16.4.109	18:40:a4:cb:25:d2	Xiaomi	TRUE	10	0,8,4	1.53595E+12
970654	346	619d0092-6420-4c92-ae006-7394776f5b8	172.16.6.193	18:40:a4:cb:25:d2	Xiaomi	TRUE	10	0,8,4	1.53591E+12
970654	2681	ada80ae8-d8a9-433e-b2ef5-727e2fd18b6	172.16.7.16	18:40:a4:cb:25:d2	Xiaomi	TRUE	10	0,8,4	1.53595E+12
970654	3996	0665779e-3b7b-4556-83430-e4173b6a4ed	172.16.0.215	18:40:a4:cb:25:d2	Xiaomi	TRUE	10	0,8,4	1.53592E+12
970654	4139	758fbcd4-f59e-4118-91d7c-7b7158b871e	172.16.1.44	18:40:a4:cb:25:d2	Xiaomi	TRUE	10	0,8,4	1.53592E+12
970654	4139	758fbcd4-f59e-4118-91d7c-7b7158b871e	172.16.1.44	18:40:a4:cb:25:d2	Xiaomi	TRUE	10	0,8,4	1.53592E+12
970654	4601	8bd9722e-092d-465c-b425e-eb6f3005c43	172.16.4.109	18:40:a4:cb:25:d2	Xiaomi	TRUE	10	0,8,3	1.53593E+12
970654	4601	8bd9722e-092d-465c-b425e-eb6f3005c43	172.16.4.109	18:40:a4:cb:25:d2	Xiaomi	TRUE	10	0,8,3	1.53594E+12
970654	684	ab896c1d-19f6-490c-847ac-7cfe5e478da	172.16.0.220	18:40:a4:cb:25:d2	Xiaomi	TRUE	10	0,8,4	1.53592E+12
970654	4601	8bd9722e-092d-465c-b425e-eb6f3005c43	172.16.4.109	18:40:a4:cb:25:d2	Xiaomi	TRUE	10	0,8,4	1.53595E+12
970654	1176	b3291ec6-2e9d-46dc-b3e0d-ed032c7aa8b	172.16.4.186	18:40:a4:cb:25:d2	Xiaomi	TRUE	10	0,8,4	1.53596E+12
970654	346	562ab525-b715-4cd7-ab096-45e4bde1818	172.16.6.6	18:40:a4:cb:25:d2	Xiaomi	TRUE	10	0,8,4	1.53595E+12
970654	850	2f6e1e0f-b8dc-40f4-b4a22-c4a2d107bd6	172.16.0.224	18:40:a4:cb:25:d2	Xiaomi	TRUE	32	0,8,4	1.53591E+12
970654	768	8bf03dd2-7b0d-479f-81bf1-6a59af69ae5	172.16.0.217	18:40:a4:cb:25:d2	Xiaomi	TRUE	10	1,8,5	1.53591E+12
970654	1494	33092da6-1fd3-4ed2-83540-b2efcd9f97c	172.16.5.66	18:40:a4:cb:25:d2	Xiaomi	TRUE	10	0,8,3	1.53593E+12
970654	4601	8bd9722e-092d-465c-b425e-eb6f3005c43	172.16.4.109	18:40:a4:cb:25:d2	Xiaomi	TRUE	10	0,8,3	1.53595E+12
970654	768	8bf03dd2-7b0d-479f-81bf1-6a59af69ae5	172.16.0.217	18:40:a4:cb:25:d2	Xiaomi	TRUE	10	1,8,5	1.53591E+12
970654	4601	8bd9722e-092d-465c-b425e-eb6f3005c43	172.16.4.109	18:40:a4:cb:25:d2	Xiaomi	TRUE	10	0,8,3	1.53595E+12
970654	768	8bf03dd2-7b0d-479f-81bf1-6a59af69ae5	172.16.0.217	18:40:a4:cb:25:d2	Xiaomi	TRUE	10	0,8,4	1.53591E+12
970654	3996	0665779e-3b7b-4556-83430-e4173b6a4ed	172.16.0.215	18:40:a4:cb:25:d2	Xiaomi	TRUE	10	0,8,4	1.53594E+12
970654	2681	ada80ae8-d8a9-433e-b2ef5-727e2fd18b6	172.16.7.16	18:40:a4:cb:25:d2	Xiaomi	TRUE	10	0,8,4	1.53591E+12
970654	3996	0665779e-3b7b-4556-83430-e4173b6a4ed	172.16.0.215	18:40:a4:cb:25:d2	Xiaomi	TRUE	10	0,8,4	1.53592E+12
970654	3996	0665779e-3b7b-4556-83430-e4173b6a4ed	172.16.0.215	18:40:a4:cb:25:d2	Xiaomi	TRUE	10	0,8,4	1.53592E+12
970654	684	ab896c1d-19f6-490c-847ac-7cfe5e478da	172.16.0.220	18:40:a4:cb:25:d2	Xiaomi	TRUE	10	0,8,4	1.53598E+12
970654	211	e4954e69-8ffc-45a5-b825e-e205b3de458	172.16.3.169	18:40:a4:cb:25:d2	Xiaomi	TRUE	15	1,8,3	1.53593E+12

圖 12.23　結果展示

從已確認黑色產業集團使用的高風險群控裝置上，可以進一步學習更多的詐騙特徵，透過不斷反覆運算後投入生產使用，在實際業務中取得了較好的應用效果

12.3.2　案例二：黑色產業使用者行為分群分析

第一個案例介紹的群控裝置分群分析，主要是從裝置維度出發進行分析，使用的資料都是裝置類別資料，本案例介紹使用者行為分群分析。

在現有的資料分析的架構下，透過對使用者行為監測獲得資料，進一步對這種資料進行分析研究的過程稱為使用者行為分析。在網際網路行銷領域，使用者行為分析可以讓產品團隊更加詳細、清楚地了解使用者的行為習慣，進一步找出網站、APP、推廣通路等產品存在的問題，有助產品發掘高轉換率頁面，讓產品的行銷更加精準有效，加強業務轉換率。使用者行為分析的模型有很多，分群分析是一種常用的方法。

在反作弊領域中，基於使用者行為分析可以發現有問題的使用者集合，在多個場景下均有廣泛應用：

- 在無線網際網路通路反作弊方向，以使用者為基礎的行為相似性分析，可以發現行為高度相似的多群組使用者集合，而這些使用者可能是作弊者透過機器指令稿產生的虛假使用者。
- 在搜尋商業廣告點擊反作弊方向時，透過對使用者點擊行為進行分群分析，可以發現人肉眾包的點擊集團。
- 在帳號安全領域，透過定義帳號行為的同步性和相似度，採用連通圖的方法進行分群進一步發現詐騙帳戶集合。

12.3.2.1 通路使用者分群

本案例介紹使用者異常行為分析在通路反作弊方向的實際應用。作弊通路產生的虛假使用者在行為上和正常使用者可能會有差異，自動指令稿批次產生的虛假使用者在操作行為上可能存在相似性。因此，透過對通路使用者進行行為分群分析，可以發現作弊通路下的虛假使用者集合。

1. 背景介紹

在無線網際網路領域中，擁有大量手機 APP 使用者或能夠為其他公司提供各種 APP（如遊戲 APP）分發業務的公司被稱為通路。通路結算的方式一般為 CPA（Cost Per Action，按行動付費），CPA 有以下兩種含義：

- 第一種：CPA 的 A 是指註冊，即每有一個使用者註冊了遊戲帳號或應用帳號後，CP（APP 廠商）付給通路一些費用。
- 第二種：CPA 的 A 是指聯網啟動，即每有一個使用者聯網登入了遊戲或應用帳號後，CP 付給通路一些費用。在利益驅動下，CPA 通路製造假使用者，騙取 CP 的推廣費用，即為刷量。

前文介紹的更新韌體工具等是黑色產業集團在通路刷量中常用的作案工具。黑色產業透過改機工具自動產生 IMEI、IMSI、MAC 位址、螢幕解析度、機型、SIM 卡號、手機號碼、電信業者編號或名稱、手機 OS 版本等各種硬體連線環境參數，偽造虛假的流量。一般透過裝置指紋發現這些虛假裝置，進而發現通路下的問題裝置和作弊使用者。

在攻防對抗的過程中，我們發現黑色產業集團越來越多地採用「人肉眾包」的方式來避開風控檢測。黑色產業集團組織大量的網際網路閒散網民參與各種「工作」實施通路刷量攻擊，在此場景下，參與的使用者都是真人真實裝置，裝置指紋無法發現異常。

在黑色產業生態中，還有一種更具有技術水準的黑色產業集團，他們利用各種駭客技術方法在大量網際網路正常使用者的手機上安裝了帶有後門的 APP 或 SDK，透過「雲控」的方式在使用者完全無感知的情況下，後台操作使用者手機下載特定 APP，安裝和註冊啟動等系列預定操作。"XcodeGhost" 和「寄生推」都屬於這種類型的病毒，透過軟體供應鏈，在開發廠商毫不知情的情況下植入 APP 內。"XcodeGhost" 是針對 iOS APP 推廣刷量的，感染了包含微信在內的多個 APP，影響上億個使用者。「寄生推」則是針對 Android 生態的手機病毒，黑色產業集團將惡意程式碼寄生在某 SDK 中，進一步感染了 300 多款 APP，潛在受影響的網際網路使用者超過千萬人。該病毒透過 SDK 預留的「後門」，雲端動態更新下發惡意程式碼套件攻擊使用者手機，獲得對應許可權後進行惡意廣告行為和應用推廣以牟取灰色收益。

2. 檢測想法

對業務團隊來説，從攻防技術角度檢測「人肉眾包」和「惡意後門」是有一定難度的，前者可能不具備可檢測的明顯惡意特徵，後者需要一定的系統底層攻防技術背景。從業務角度來分析有一些容易入手的想法，如作弊通路產生的使用者其留存率是有異常的。典型的留存率異常情況有以下幾種：

- 第 2 日的留存率特別高或特別低。
- 第 2 日與第 1 日的留存率比例過高或過低。
- 第 30 日相鄰的後 3 天內的留存率與相鄰的前 3 天的留存率比例特別低。

如果一個通路的使用者留存率屬性有異常，則表明該通路的使用者與正常通路的使用者不相符。需要注意的是，不同通路的品質本身就有一定的差異，有些低品質的通路在正常情況下 7 天或更長時間的通路留存率就不高。因此在實際的通路反作弊處理中，透過留存率異常模型的維度難以判斷通路是否作弊，需要透過其他方式驗證這些通路是否存在真實的作弊行為。

我們從實作中發現，自動化改機刷量工具、人肉眾包集團和雲控木馬幾種刷量的方式產生的不同新帳戶，其行為是存在相似性的。如果一個通路留存率產生異常，並且透過使用者行為分群處理發現該推廣通路下存在多個行為高度相似的使用者集合，則大機率可以判斷該通路在推廣過程中作弊了。

本節以某應用市場 APP 為案例進行演算法落地介紹，該應用市場中的各種 Android APP 供使用者免費下載使用，包含工具軟體、遊戲及電子書等，同時該 APP 還提供手機體檢、資料備份和資源管理等附加功能。我們透過分析通路使用者的 APP 使用行為記錄，找出行為相似的使用者集合，然後基於相似使用者的百分比等屬性判斷推廣通路是否存在作弊行為。

3. 整體流程

以通路使用者行為分群為基礎的作弊檢測方法的處理流程如圖 12.24 所示，方案包含通路使用者基礎行為屬性取得、使用者行為特徵產生、使用者行為分群計算、通路使用者聚集結果統計和通路作弊判別 5 個模組。

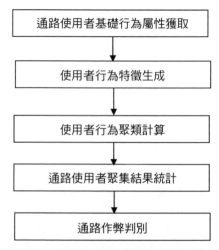

圖 12.24 以通路使用者行為分群為基礎的作弊檢測方法的處理流程

4. 使用者行為刻畫

使用者行為（包含異常行為）和業務場景強連結，因此使用者行為刻畫尤為關鍵，我們需要結合業務資料和產品的記錄檔進行綜合分析。

本案例分析的 APP 業務，其服務端會記錄每個使用者的詳細存取行為資料，如圖 12.25 所示，每筆資料記錄包含以下幾個典型欄位：

```
80921      10111001000100000101010011110101011100100010000010101001111 0010        923674326221910016
204101_100_2001:2    204101_900_2001:6
2015-05-05 11:00:28 1430794829081    2024    100 2000    0   1   0      222.126.246.217
2015-05-05 11:00:28 1430794829083    201003  100 2000    0   1   0      222.126.246.217
2015-05-05 11:00:30 1430794830256    204101  100 2001    0   1   130201 222.126.246.217
2015-05-05 11:00:31 1430794832056    2024    100 2000    0   1   0      222.126.246.217
2015-05-05 11:00:31 1430794832058    201003  100 2000    0   1   0      222.126.246.217
2015-05-05 11:00:31 1430794832647    204101  900 2001    0   1   10099632  222.126.246.217
80921      10111001000100000101010011110101011100100010000010101001111 0010        923677865264836608
204101_100_2001:2    204101_900_2001:6
2015-05-05 11:14:41 1430795680997    2024    100 2000    0   1   0      27.50.134.80
2015-05-05 11:14:40 1430795681008    201003  100 2000    0   1   0      27.50.134.80
2015-05-05 11:14:41 1430795681654    204101  100 2001    0   1   130201 27.50.134.80
2015-05-05 11:14:43 1430795683376    204101  900 2001    0   1   10099632  27.50.134.80
2015-05-05 11:14:54 1430795693036    2024    100 2000    0   1   0      27.50.134.80
2015-05-05 11:14:55 1430795693039    201003  100 2000    0   1   0      27.50.134.80
80921      10111001000100000101010011110101011100100010000010101001111 0010        923685335672389632
204101_100_2001:2    204101_900_2001:6
2015-05-05 11:44:21 1430797462644    2024    100 2000    0   1   0      1.93.30.254
2015-05-05 11:44:21 1430797462647    201003  100 2000    0   1   0      1.93.30.254
2015-05-05 11:44:23 1430797464335    204101  100 2001    0   1   103590 1.93.30.254
2015-05-05 11:44:24 1430797465590    2024    100 2000    0   1   0      1.93.30.254
2015-05-05 11:44:25 1430797465636    201003  100 2000    0   1   0      1.93.30.254
2015-05-05 11:44:25 1430797466221    204101  900 2001    0   1   10099632  1.93.30.254
80921      10111001000100000101010011110101011100100010000010101001111 0010        923693553783861248
204101_100_2001:2    204101_900_2001:6
2015-05-05 12:16:55 1430799416503    2024    100 2000    0   1   0      1.93.60.167
2015-05-05 12:16:55 1430799416505    201003  100 2000    0   1   0      1.93.60.167
2015-05-05 12:16:58 1430799419681    2024    100 2000    0   1   0      1.93.60.167
2015-05-05 12:16:58 1430799419683    201003  100 2000    0   1   0      1.93.60.167
2015-05-05 12:17:28 1430799447193    204101  100 2001    0   1   28212  1.93.60.167
```

圖 12.25 應用市場 APP 使用者行為記錄檔案例

- 通路名。
- 使用者的標記 ID。
- 登入類型及啟動類型。
- 動作編號，典型的動作有曝光（某個應用被展現）、一般點擊、點擊下載等。
- 動作發生時間。

- 動作的場景，即使用者的動作是在什麼場景下發生的。典型的場景有更新發送（表示接收到了新的更新訊息）、精品（目前展示頁面為精品頁面）、詳情（目前展示頁面為詳情頁面）、流行軟體（目前展示頁面為流行軟體頁面）、排行軟體（目前展示頁面為排行軟體頁面）、搜尋結果頁面（目前展示頁面為搜尋結果頁面）、歡迎頁面等。
- 動作相關的 APP ID（即應用編號）。

每一個存取使用者都整理出一個按照時間排序的操作動作序列。這裡我們借用文字的向量空間模型刻畫一個使用者的動作集合：每一個使用者的動作集合可以看作是一篇文章，使用者的每個動作（包含動作、場景和源場景，這裡我們把動作 ID、場景、源場景連接組成一個行為特徵串）可以看作一個單字，有些動作可能會重複多次，因而可以看作一個單字的多次出現。

在文字的向量空間模型表示中，一個單字權重一般採用 TF-IDF 來表示，即 TF×IDF，這裡 TF 表示單字在文件中的出現次數，IDF 表示一個單字在整個文件變數集合中出現的文件數量。如果一個單字在目前文件中出現多次但是在整個文件變數集合中出現的文件數量很少，則該單字會更重要。兩篇文件的相似度表示如下：

$$\text{similarity} = \cos(\theta) = \frac{AB}{\|A\|\|B\|} = \frac{\sum_{i=1}^{n} A_i \times B_i}{\sqrt{\sum_{i=1}^{n} (A_i)^2} \times \sqrt{\sum_{i=1}^{n} (B_i)^2}}$$

5. 分群演算法

分群是將物理或抽象物件的集合分成由類似的物件組成的多個類別的過程。由分群所產生的簇是一組資料物件的集合，同一個簇中的物件彼此相似，與其他簇中的物件相異。

傳統的分群演算法有 K 平均值分群（K-Means）、密度分群（DBSCAN）等。K 平均值分群演算法需要提前設定 K 的大小即結果簇的數量，通道使用者分群場景需要找出足夠相似的使用者集合，資料集合中存在多少個相似的簇事先是不知道的。DBSCAN 是以密度為基礎的分群方法，調參相對於傳統的 K 平均值分群之類的分群演算法稍複雜，主要需要對距離設定值 ，鄰域樣本數設定值 MinPts 聯合調參，不同的參數組合對最後的分群效果有較大影響。

本案例使用的以相似度設定值約束為基礎的分群演算法描述如下：

- 第 1 步，隨機取得一個元素作為第一個簇（Cluster）。
- 第 2 步，選取未處理使用者集合中第一個元素作為目前的待處理元素。
- 第 3 步，計算目前待處理元素與已有各個簇的最近距離。
- 第 4 步，如果目前待處理元素與已有簇的距離足夠小，則將該元素併入距離最近的簇中。不然建立一個新的簇。
- 第 5 步，傳回第 2 步，循環直到處理完所有使用者。

12.3.2.2 結果展示

以上節中的分群演算法為基礎，對使用者行為向量進行分群，分群結果如圖 12.26 所示。

16	923403426580869120	2001_100_204801 1	200501_100_2001 25	200502_100_200501 24	2008_100_204103 7	2008_900_204103 7	201003_100_2000 2	2024_100_2000
16	923401147517710336	2001_100_204801 1	200501_100_2001 22	200502_100_200501 24	2008_100_204103 7	2008_900_204103 7	201003_100_2000 2	2024_100_2000
16	923404945293152256	2001_100_204801 1	200501_100_2001 25	200502_100_200501 18	2008_100_204103 7	2008_900_204103 7	201003_100_2000 2	2024_100_2000
16	923407248447795200	2001_100_204801 1	200501_100_2001 31	200502_100_200501 24	2008_100_204103 7	2008_900_204103 7	201003_100_2000 2	2024_100_2000
16	923412540367405056	2001_100_204801 1	200501_100_2001 31	200502_100_200501 24	2008_100_204103 14	2008_900_204103 7	201003_100_2000 2	2024_100_2000
16	923413294960635904	2001_100_204801 1	200501_100_2001 28	200502_100_200501 24	2008_100_204103 14	2008_900_204103 7	201003_100_2000 2	2024_100_2000
16	923414051738714112	2001_100_204801 1	200501_100_2001 25	200502_100_200501 24	2008_100_204103 7	2008_900_204103 7	201003_100_2000 2	2024_100_2000
16	923417883254124544	2001_100_204801 1	200501_100_2001 28	200502_100_200501 18	2008_100_204103 7	2008_900_204103 7	201003_100_2000 2	2024_100_2000
16	923420154790301696	2001_100_204801 1	200501_100_2001 25	200502_100_200501 24	2008_100_204103 7	2008_900_204103 7	201003_100_2000 2	2024_100_2000
16	923420910352539648	2001_100_204801 1	200501_100_2001 28	200502_100_200501 18	2008_100_204103 7	2008_900_204103 7	201003_100_2000 2	2024_100_2000
16	923421664389820416	2001_100_204801 1	200501_100_2001 25	200502_100_200501 24	2008_100_204103 7	2008_900_204103 7	201003_100_2000 2	2024_100_2000
16	923424707537727488	2001_100_204801 1	200501_100_2001 25	200502_100_200501 18	2008_100_204103 7	2008_900_204103 7	201003_100_2000 2	2024_100_2000
16	923430770362216448	2001_100_204801 1	200501_100_2001 22	200502_100_200501 24	2008_100_204103 14	2008_900_204103 7	201003_100_2000 2	2024_100_2000
16	923431535434665984	2001_100_204801 1	200501_100_2001 25	200502_100_200501 24	2008_100_204103 7	2008_900_204103 7	201003_100_2000 2	2024_100_2000
16	923434575583133696	2001_100_204801 1	200501_100_2001 22	200502_100_200501 24	2008_100_204103 14	2008_900_204103 7	201003_100_2000 2	2024_100_2000
16	923435337611145216	2001_100_204801 1	200501_100_2001 28	200502_100_200501 24	2008_100_204103 14	2008_900_204103 7	201003_100_2000 2	2024_100_2000

23	923169089892151296	2001_100_204101 65	2001_100_204801 1	2001_200_204101 15	200501_100_2001 6	2008_100_2001 11	2008_900_200501 5
23	923157943799197696	2001_100_204101 92	2001_100_204801 1	2001_200_204101 15	2008_100_2001 11	2008_900_2001 5	204101_100_2001 2
23	923184337197010944	2001_100_204101 83	2001_100_204801 1	2001_200_204101 10	2008_100_2001 7	2008_900_2001 5	204101_100_2001 2
23	923185118883237888	2001_100_204101 74	2001_100_204801 1	2001_200_204101 20	2008_100_2001 15	204101_100_2001 2	
23	923192422152482816	2001_100_204101 74	2001_100_204801 1	2001_200_204101 10	200501_100_2001 6	2008_100_2001 7	2008_900_2001 10
23	923219222282256384	2001_100_204101 92	2001_100_204801 1	2001_200_204101 15	2008_100_2001 11	204101_100_2001 2	
23	923221763997437952	2001_100_204101 65	2001_100_204801 1	2001_200_204101 20	2008_100_2001 15	2008_900_2001 10	204101_100_2001 2
23	923222559772647424	2001_100_204101 88	2001_100_204801 1	2001_200_204101 20	2008_100_2001 15	2008_900_2001 5	204101_100_2001 2
23	923247371037122560	2001_100_204101 92	2001_100_204801 1	2001_200_204101 10	2008_100_2001 7	204101_100_2001 14	
23	923251418630647808	2001_100_204101 74	2001_100_204801 1	2001_200_204101 15	200501_100_2001 9	2008_100_2001 11	2008_900_2001 5
23	923264198749294592	2001_100_204101 78	2001_100_204801 1	2001_200_204101 5	200501_100_2001 9	2008_100_2001 3	2008_900_200501 5
23	923271150356668416	2001_100_204101 92	2001_100_204801 1	2001_200_204101 10	2008_100_2001 7	2008_900_2001 5	204101_100_2001 2
23	923286886963425280	2001_100_204101 74	2001_100_204801 1	2001_200_204101 10	200501_100_2001 6	2008_100_2001 7	2008_900_2001 5
23	923302713527840768	2001_100_204101 88	2001_100_204801 1	2001_200_204101 10	200501_100_2001 6	2008_100_2001 7	2008_900_200501 5
23	923303425204441088	2001_100_204101 83	2001_100_204801 1	2001_200_204101 20	2008_100_2001 15	204101_100_2001 2	
23	923304997921955840	2001_100_204101 74	2001_100_204801 1	2001_200_204101 15	2008_100_2001 11	2008_900_2001 5	204101_100_2001 2
23	923324554607693824	2001_100_204101 83	2001_100_204801 1	2001_200_204101 10	2008_100_2001 7	2008_900_2001 10	204101_100_2001 2
23	923325644568891392	2001_100_204101 88	2001_100_204801 1	2001_200_204101 10	2008_100_2001 7	2008_900_2001 5	204101_100_2001 14
23	923331564660273152	2001_100_204101 83	2001_100_204801 1	2001_200_204101 15	200501_100_2001 6	2008_100_2001 11	2008_900_2001 5
23	923388379210027008	2001_100_204101 88	2001_100_204801 1	2001_200_204101 5	200501_100_2001 3	2008_100_2001 3	2008_905_200501 10
23	923447732218728448	2001_100_204101 74	2001_100_204801 1	2001_200_204101 10	200501_100_2001 3	2008_100_2001 11	2008_900_200501 5
23	923448511313944576	2001_100_204101 83	2001_100_204801 1	2001_200_204101 15	2008_100_2001 11	2008_900_2001 10	204101_100_2001 2
23	923483938405629952	2001_100_204101 88	2001_100_204801 1	2001_200_204101 20	2008_100_2001 15	204101_100_2001 2	

圖 12.26 分群結果展示

圖 12.26 中第 1 列為簇編號，第 2 列為使用者 ID，從第 3 列開始每列分別為使用者的行為特徵和權重。從該圖中可以看出，同一個簇下使用者的行為高度相似。

12.3.2.3 分群結果應用

本文選用的分群結果屬性如表 12.1 所示。

表 12.1 分群結果屬性

特徵名稱	特徵計算方法	特徵說明
新增使用者總數量	目前通路下單天的新增使用者總數量	通路反作弊主要針對通路新增使用者進行作弊檢測
行為相似的使用者數量	統計分群結果中使用者數量大於或等於設定值 N 的簇，累加這些簇中的使用者數量	如果一個通路下有很多使用者的行為相似，則該通路可能使用了刷量工具
行為相似使用者的比例	即行為相似的使用者數量 / 新增使用者總數量	如果一個通路下有相當比例的使用者的行為相似，則該通路可能使用了刷量工具
最大簇的使用者數量	統計獲得使用者數量最多的簇，取得其使用者數量	如果最大簇的使用者數量很多，表明有很多使用者的行為很相似，則該通路可能使用了刷量工具
最大簇的使用者比例	即最大簇的使用者數量 / 新增使用者總數量	如果一個通路下最大簇的使用者數量佔總使用者的比例很高，則該通路可能使用了刷量工具
Top5 簇的使用者數量	統計獲得使用者數量最多的前五個簇，累加這些簇下的使用者數量	如果最大的幾個簇的使用者數量之和很大，則該通路可能使用了刷量工具
Top5 簇的使用者比例	即 Top5 的使用者數量 / 新增使用者總數量	如果一個通路下最大的幾個簇中的使用者總數佔新增總使用者的比例很高，則該通路可能使用了刷量工具

我們基於以上使用者分群結果屬性，判斷目前通路是否使用了刷量工具，實際的刷量工具判別規則如下：

■ 如果目前通路的行為相似的使用者數量屬性值大於或等於一定的設定值，則目前通路使用了刷量工具。

■ 如果目前通路的行為相似使用者的比例屬性值大於或等於一定的設定值，則目前通路使用了刷量工具。

■ 如果目前通路的最大簇的使用者數量屬性值大於或等於一定的設定值，則目前通路使用了刷量工具。

■ 如果目前通路的最大簇的使用者比例屬性值大於或等於一定的設定值，則目前通路使用了刷量工具。

■ 如果目前通路的 Top5 簇的使用者數量屬性值大於或等於一定的設定值，則目前通路使用了刷量工具。

■ 如果目前通路的 Top5 簇的使用者比例屬性值大於或等於一定的設定值，則目前通路使用了刷量工具。

上述判別處理中的多個設定值，可以基於資料的實際分佈情況採用不同的數值。上述判別規則的處理順序，也可以根據實際的資料情況進行調整。

12.3.3 案例三：金融線上申請反詐騙

行動網際網路的高速發展使得金融機構線上服務變得非常普及，包含信用卡線上申請、小額網貸線上申請等業務均已經不需要去現場櫃檯操作。金融機構網際網路業務在不斷提升使用者體驗與服務效率的同時，也引發了黑色產業的聚集攻擊。

信用卡申請詐騙是一種常見的黑色產業攻擊方式，申請者透過編造虛假個人身份資訊、冒用他人身份資訊、提供虛假證明材料等方法欺騙銀行發放信用卡。在金融領域信用卡業務中，由於身份詐騙造成的損失在逐年以較快的速度上升，詐騙申請的形勢變得比較嚴峻。當信用卡詐騙風險產生時，銀行雖然會及時採取凍結帳戶、異常交易排除和降低帳戶額度等多種方法進行控管，但是損失已經產生。因此想要遏制信用卡詐騙風險，預防才是關鍵。建置高效準確的線上申請反詐騙系統已經是目前業內需要重點完整的問題。同時我們也觀察到，隨著銀產業反詐騙技術的提升，信用卡線上申請詐騙的模式也在不斷演化和發展。詐騙攻擊越來越少地由個體完成，已經發展為有組織的集團行為。

線上信貸申請是另外一個黑色產業攻擊比較密集的業務領域。在信貸領域中，有 70% 以上的業務損失由詐騙申請造成。黑色產業集團進行信貸詐騙申請的形式有很多種，如身份冒用、仲介黑色產業、內外勾結等。從詐騙主體來看，可以分為第一方詐騙、第二方詐騙、協力廠商詐騙，其區別如下：

- 第一方詐騙：主要是申請貸款本人惡意騙貸、還款意願極低、拒絕還款等。
- 第二方詐騙：主要指內部詐騙或內外勾結。
- 協力廠商詐騙：主要是盜用或冒用他人身份、他人帳號及集團詐騙等。

這其中集團詐騙已經形成一個黑色產業鏈，黑仲介透過購買個人資訊、串通客戶等方法進行詐騙。信貸反詐騙是業務方和詐騙人員鬥智鬥勇的過程，詐騙人員一直在尋找業務風控規則的漏洞，而反詐騙人員則需要在對抗的過程中不斷修復漏洞、提升業務整體防控能力。

對於金融領域線上申請詐騙的問題，我們認為如果能夠採擷出潛伏在業務中的黑色產業詐騙集團，則能夠有效控制黑色產業對業務造成的影響。透過對黑色產業詐騙模式的深入分析，我們發現採用半監督學習的方法進行建模，可以有效採擷金融申請場景下的詐騙集團。

傳統的有監督學習，需要大量人工標記資料來訓練檢測模型，可用於檢測已知行為的攻擊，不能檢測未知的詐騙行為。無監督學習無須事前提供訓練樣本及標籤，透過分析使用者和事件屬性，檢測使用者惡意行為的連結性，進一步識別未知詐騙。無監督學習可以在損失發生前，提早發現惡意詐騙者。在僅有少量標記樣本的情況下，半監督學習既可以充分利用標記樣本中的知識，又可以發揮無監督學習的主動發現優勢。基於標籤傳播（Label Propagation Algorithm，LPA）的半監督學習是一種典型的半監督演算法，其基本思想是為網路中所有的節點指定不同的標籤，設計一個傳播規則，標籤根據這個規則在網路上反覆運算傳播，直到所有節點的標籤傳播達到穩定，最後將具有相同標籤的節點劃分到一個社區中。在每次反覆運算傳播時，每個節點的標籤都更新為最多數量的鄰居節點擁有的標籤。這個傳播規則定義了網路的社區結構，即網路中每個節點選擇加入的社區是其最多數量的鄰居節點屬於的社區。基於詐騙範例進行詐騙標籤傳播計算，在詐騙範例本身很少的情況下，傳播計算所發現的詐騙範例也會比較少，因而無法發現較多的詐騙範例和詐騙集團。

在設計演算法流程時，我們首先基於業務已標記範例統計多個維度連結的異常度，產生樣本之間的連結邊並量化邊的異常度，然後透過設定設定值來選取權重，超過設定值的異常邊進行連通分量計算，最後計算連通子圖的異常度並輸出詐騙集團。

在工程實現過程中，我們採用成熟的連通子圖型演算法進行平行計算，相對於一般的分群演算法具有更高的計算效率。

透過在業務中落地應用證明，我們的方案相對於「僅依據少量詐騙範例進行的標籤傳播計算」的傳統方案，可以發現更多的候選詐騙範例和詐騙集團。

12.3.3.1 整體流程

我們先要基於業務範例統計獲得多個連結維度的異常度屬性，這一步非常重要的工作完成後就可以對訂單集合進行詐騙集團採擷。採擷的過程首先基於連結建立異常邊，其次進行連通計算，然後對連通子圖進行異常度計算並最後輸出詐騙集團。

金融線上申請反詐騙半監督處理流程如圖 12.27 所示。

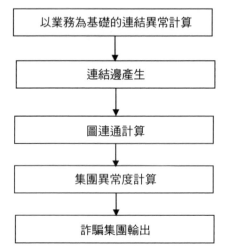

圖 12.27 金融線上申請反詐騙半監督處理流程

12.3.3.2 計算細節

下面介紹模型實施的細節。

1. 模組描述

本方案由以下幾個模組成。

1）以業務為基礎的連結異常計算

以業務為基礎的範例資料（帶有是否詐騙的標籤），可以計算不同實體之間連結的異常度。如在總訂單集合中，透過統計與其他申請者使用了同樣家庭市話的訂單的總數量和其中人工標記為詐騙的訂單數量，即可以計算家庭市話連結時的異常度或詐騙機率。

典型的連結實體舉例如下：Cookie、手機、身份證、電子郵件位址、直親電話、直親姓名、連絡人電話、連絡人姓名、家庭市話、家庭位址、單位電話、單位名稱、單位位址。

2）連結邊產生

針對採擷訂單集合，依次產生每一連結屬性下不同訂單之間的連結邊。如針對 Cookie 屬性，如果多個不同訂單具有同樣的 Cookie，則這些訂單兩兩之間在 Cookie 屬性上有連結，即可以建立一條邊，邊的權重與之前統計獲得的 Cookie 的異常度成正比。採用類似方法，可以建立所有訂單在上述所有連結實體上的連結邊。

由於一對訂單之間可能存在多個屬性上的連結，所以針對已有的異常連結邊資料，可以進一步合併同一對訂單的所有連結邊資料，產生形如＜訂單 01, 訂單 02, 邊總權重＞的結果資料。

3）圖連通計算

針對已產生的邊資料，選取其中權重高於一定設定值的邊，然後提交給 Spark GraphX 或 Python Networkx 進行連通圖型計算並產生連通結果子圖（以下簡稱「子圖」）。

4）集團異常度計算

在子圖的評分處理中，我們主要考慮子圖中邊的權重、子圖中成員數量、子圖是否包含已知詐騙範例等因素。

一種計算方法如下：

$$Score=AVG（Weight）\times（1+logM）\times（1+SpamRatio）$$

上述 AVG（Weight）表示子圖中所有邊權重的平均值，M 表示子圖中的成員數量，SpamRatio 表示子圖中已知詐騙範例的百分比。

5）詐騙集團輸出

輸出詐騙訂單及對應的集團資訊，實際格式為「訂單編號、集團 ID、集團詐騙得分」。

2. 資料流程

金融線上申請反詐騙半監督處理資料流程如圖 12.28 所示。

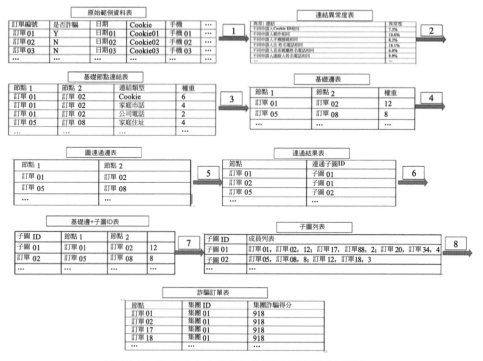

圖 12.28 金融線上申請反詐騙半監督處理資料流程

主要步驟及描述如下：

步驟 1 基於業務範例資料，計算不同實體之間連結的異常度或詐騙機率。詳細處理參考上節中「以業務為基礎的連結異常計算」部分。

步驟 2 基於連結異常度表和原始範例資料表，產生基礎節點連結表，詳細處理參考上節中「連結邊產生」部分。

步驟 3 針對基礎節點連結表中的訂單對，合併所有的邊權重並產生基礎邊表。舉例來說，訂單 01 和訂單 02 在 Cookie、家庭市話、公司電話等屬性上有連結並且邊權重分別為 6、4 和 2，經過合併，訂單 01 和訂單 02 的總權重為 12，即 6+4+2。

步驟4 基於基礎邊表，選取權重超過指定設定值的邊，分析出訂單對資料放入圖連通邊表，準備進行圖連通計算。

步驟5 在 GraphX/Networkx 中進行圖連通計算，產生結果連通子圖，連通結果表中包含每個節點及其所屬的連通子圖 ID。

步驟6 連結基礎邊表和連通結果表，在基礎邊資訊中加入子圖 ID，產生新的資料表，即基礎邊 + 子圖 ID 表。

步驟7 針對步驟 6 獲得的資料表，基於子圖 ID 進行分組（GroupBy）操作，進一步可以獲得每個子圖 ID 和對應的節點列表資訊。

步驟8 針對子圖清單中的每條子圖 ID 記錄，參考上節中「集團異常度計算」部分，計算連通子圖的異常度並產生最後的詐騙訂單。

3. 其他處理

對於使用者線上申請的訂單，金融機構一般會基於業務規則進行人工審核並標記詐騙範例。訂單樣本的典型屬性包含訂單號、訂單日期、是否詐騙等。

在方案落地的過程中需要對樣本資料進行以下輔助處理：

■ 前置處理：業務範例資料的分析及清洗，如去除無效值、去除重複範例等，前置處理使得詐騙集團的連結和採擷結果更可信。

■ 連結邊權重的融合策略：兩個訂單之間可能有很多維度的連結，如 Cookie連結、家庭市話連結、直親手機等，需要以不同維度為基礎的連結綜合計算連結邊的權重，典型的方法有加權組合、同類型連結設定最大值等，這樣計算更合理。

針對最後產生的詐騙訂單及詐騙集團資料，人工可以對呈現的詐騙集團進行審核排除。

12.3.3.3 結果展示

基於本方案採擷獲得的詐騙集團展現如下。其中詐騙集團 285 如圖 12.29 所示
（異常度為 0.9823）。

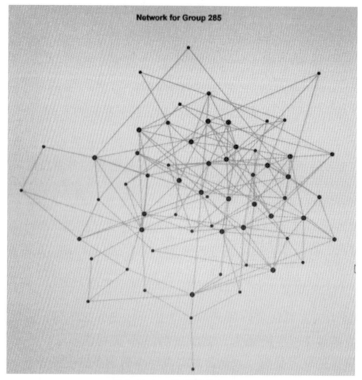

圖 12.29　詐騙集團 285

- 詐騙集團規模：71 個詐騙訂單。
- 詐騙集團作弊特點：綜合詐騙，內部有多組申請者的 Cookie 相同，多個申請者的住宅電話相同，內部有多組申請者的直親電話相同但姓名不相同，有多個申請者的電子郵件相同，地點集中在銀川。
- 量化特徵：該詐騙集團包含了 7 個已知的黑樣本。

詐騙集團 605 如圖 12.30 所示（異常度為 0.7839）。

- 詐騙集團規模：34 個詐騙訂單。
- 詐騙集團作弊特點：綜合詐騙，內部有多組申請者的 Cookie 相同，多個申請者的直親電話相同但姓名不相同，多個申請者的電子郵件地址相同，地點集中在長沙的幾所大學。
- 量化特徵：該詐騙集團包含了兩個已知的黑樣本。

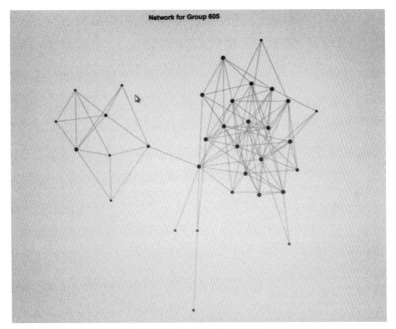

圖 12.30 詐騙集團 605

12.4 本章小結

本章主要介紹了機器學習原理在業務安全中的實戰案例，這個領域有很多可以深入探討的場景，例如更加複雜的「洗錢」「跑分」等，如果擴充開甚至可以單獨成書。

圖靈獎獲得者 Jim Gary 曾經提出過科學發展的「範式」理論：人類的科學發展經歷了實驗科學、理論科學、計算科學和資料科學 4 個「範式」，分別對應從自然實驗獲得認知、設立理論詮釋自然、透過大規模計算論證自然和從巨量資料中發現規律形成新的理論。現在，我們已經進入資料科學階段，隨著資料量的高速增長，電腦將不僅能實現模擬模擬，還能分析歸納並昇華為自然科學理論。過去由科學家完成的科學理論創新工作，未來可以由電腦來完成，而機器學習將承擔其中最關鍵的環節。

在業務安全領域中，機器學習的優勢和作用已經不需要贅述，這裡我們強調一下風控系統使用演算法模型時需要注意的地方：

- 風控系統原有的規則策略能力需要同步維護，機器學習模型通常可解釋性不是很好，當黑色產業攻擊行為和惡意模式發生突變時，模型有可能暫時無法覆蓋並且調整耗時較長，需要進行人工操作。

- 風控系統需要具備調整各個類型策略優先順序的能力，模型的運算資源負擔較大，名單系統策略可以攔截的就不需要使用模型攔截。

- 演算法模型檢測和打擊可以非同步進行，防止黑色產業攻擊者透過不斷嘗試發現模型的盲區。舉例來說，在註冊場景檢測到黑色產業虛假註冊行為時，可以對帳號打上標籤，但是不阻止註冊，之後在其他業務操作時封禁帳號。

網際網路反詐騙實戰

網際網路普遍存在各種詐騙風險。透過對前文的學習，大家也對風控系統建設有了一定的了解。本章將整合前文中的內容，詳細說明在實際情況中，如何根據實際業務場景設計一套行之有效的風控方案，如何實施落地乃至長期監控最佳化，架設完整的風控閉環。

13.1 典型反詐騙業務場景風險分析

隨著網際網路深入滲透生活的每一個環節，透過網際網路能做的事情越來越多，我們可以查詢、購物、訂票、繳納各種生活費用，還可以進行交友、看視訊、互動娛樂等。在使用這些豐富多樣的網際網路服務時，我們需要完成一環又一環的業務場景，包含註冊、登入、申請驗證碼、參與行銷活動、購買商品、進行支付或退款等。隨著網際網路業務的競爭越來越激烈，各網際網路平台為了吸引使用者對行銷活動的投入越來越高，儲值返現、免費騎紅包車和註冊領獎勵等活動越來越多，這也給了黑色產業取得暴利的機會。從圖 13.1 可以看出，每一個業務場景都存在著被黑色產業攻擊的風險。

本章將對典型的網際網路業務場景進行風險分析並介紹對應的解決方案，本章所述方案設計均以本書前幾章介紹的技術和產品為基礎，結合對應風險場景可以取得的資料維度、黑色產業作案手法進行綜合考量，希望能夠對大家有所幫助。

圖 13.1 網際網路典型風險場景

13.1.1 垃圾註冊風險識別

在第 1 章黑色產業介紹中，我們提到過一個「垃圾註冊」的概念。在註冊環節中，使用虛假、不穩定的身份資訊（虛假號碼、通訊小號、臨時電子郵件、虛假電子郵件註冊），透過訂製指令稿、註冊機進行批次註冊的行為稱為「垃圾註冊」。黑色產業若想在平台上進行牟利，先註冊新帳戶，再養號以便參與後續各個業務環節。在平台上，黑色產業營運的垃圾小號集團的存在就像是一個定時炸彈，既影響平台的生態秩序和營運資料表現，又可能對後續的行銷活動等進行批次攻擊，損害平台的利益。

為了提升使用者體驗，目前大多數平台支援多種註冊方式，包含本機手機號碼一鍵註冊、簡訊驗證碼註冊、協力廠商帳號註冊（電子郵件、微信、微博）等。在與黑色產業的對抗中，我們發現黑色產業註冊小號首選策略是，直接使用接碼平台提供的虛假號碼，使用模擬器、群控裝置、雲手機等模擬裝置環境，再透過指令稿呼叫進行批次註冊。

在註冊場景中，由於該帳戶是第一次存取平台，我們能夠取得的資料並不多，因此主要依賴目前註冊時使用的手機號碼、電子郵件、IP、裝置等資訊進行防控。該場景主要防控維度如下：

- 手機號碼畫像：透過黑名單資料庫的方式過濾黑色產業接碼平台的風險手機號碼。
- IP 畫像：識別巨量資料風控模型中標記為垃圾註冊 IP、識別代理 IP 與機房 IP 的風險。
- 裝置指紋識別終端風險：模擬器、安裝作弊工具裝置、參數異常裝置、參數篡改裝置、疑似更新軔體裝置等。
- 識別異常行為：透過對平台歷史資料的指標計算獲得頻繁註冊的裝置、IP 或手機號碼等。

這裡有一個小技巧，可以對發現異常的帳號進行標記，允許註冊和登入，但不允許參與後續的其他活動。從攻擊者的角度來看，如果策略直接在註冊或登入環節被攔截，那麼很容易透過多次嘗試，測試出風控的策略，相當大地降低了攻擊成本。

13.1.2 批次登入風險識別

登入場景風險可以分為兩種：正常使用者的帳號安全問題和黑色產業養號問題。

第一種的風險為正常使用者註冊帳號之後，某些網際網路平台被黑色產業個人資訊盜取、暴力密碼比對或暴力破解導致帳號密碼洩露，以至於帳號密碼可以被黑色產業獲得並登入平台，此時的異常登入行為又被稱為「盜號」。

「盜號」本質上屬於一種盜竊行為，黑色產業一旦盜號登入平台，後續可能造成的危害無法預計。通常這種攻擊行為來勢洶洶但特徵明顯，該場景的主要防控維度如下：

- IP 維度防控：透過黑名單資料庫的方式識別秒撥平台的 IP、識別代理 IP 與機房 IP。
- 裝置維度防控：透過裝置指紋識別自動化登入指令檔、虛假裝置、作弊裝置、是否是常用裝置、是否是常用地址等。
- 頻率維度防控：同一裝置或 IP 上登入過多帳號、同一帳號頻繁更換密碼登入等。

個人資訊盜取、暴力密碼比對、暴力破解攻擊常常伴隨登入流量異常升高的現象，需要對登入流量的平穩性進行監測，當出現登入流量異常升高的情況時應及時予以關注。

第二種養號問題則是黑色產業「做號——養號——賣號」的產業鏈中的關鍵環節。而登入行為就是養號過程中比較普遍，也是開始的步驟。登入後需要模擬正常使用者進行一系列的操作，持續一周以上時間。帳號養好後出售給下游產業鏈，這樣的黑色產業就是所謂的「帳號商人」。以微信為例，微訊號分為白號（新註冊帳號）、外國號（國外手機號碼註冊）、站街號（能正常使用「附近的人」和「搖一搖」功能的帳號）、瓶子號（能使用「漂流瓶」的帳號）、成品號（有 2000 個以上好友的帳號）等，每種帳號的價格不同。為了將帳號賣出一個理想的價格，黑色產業會透過工具模擬正常使用者在平台上的各種行為，形成看似真實使用者所使用的路徑，以便於後續作案時不會輕易被封號。圖 13.2 展示了微信養號的過程，可以看出微信養號的成本非常高，靠純手動方式幾乎不可能實現。

微信養號每日必做如下

- 打開騰訊每日推送的最新新聞，打開文章，模擬閱讀到最後，然後隨機再看三篇文章。
- 加入 5 個以上活躍群，每天在每個群裡發一個表情，一行文字，即正常的聊天互動。
- 和 5 個好友聊天，每天分三個時間段，每個好友來回聊天 5~10 句話，要配合使用文字、表情、語音、圖片等不能單向聊天，一定要有來有回。
- 養好加上的好友，每天主動和好友聊天，不是推業務，而是穩住好友，給好友一個你存在的理由，不要讓好友刪除你，這樣還同時增加了活躍度，具體話術根據自己的產品來編寫。
- 發朋友圈，並用其他號來點讚和評論，儘量和好友互動起來。
- 查看朋友圈，給好友點讚和評論。
- 搜尋公眾號，關注 1~2 個，並取消另一個公眾號的關注。
- 打開公眾號，隨機打開 2~3 篇文章，模擬閱讀並拉到最後。

圖 13.2 微信養號的過程

因為成本和維護的原因，黑色產業控制或養成的「惡意帳號」常常呈現聚集性，包含以下特點：

- 多個帳號聚集在同一裝置、IP 段、Wi-Fi 環境下。
- 多個帳號使用不同的裝置 ID，但使用了相同的改機工具（黑色產業集團所使用的改機工具套件名通常非常特殊，其表現特徵為非常見套件名稱的批次出現）。
- 多個帳號在使用者操作行為上存在相似性。
- 多個帳號在暱稱、圖示和個人簡介等方面具有隨機性，但有一定相似性。

這一點比較容易了解，如圖 13.3 所示，在一些遊戲對局中也會遇到類似的場景。

圖 13.3 帳號資訊的聚集特性

因此在該場景中的主要防控維度如下：

- 透過 IP 畫像系統識別代理 IP 與機房 IP。
- 識別歷史黑裝置、作弊裝置登入。
- 注意同一裝置、IP 段、Wi-Fi 上帳號的頻次。
- 透過分群演算法對使用者帳號資訊進行連結分析，以發現惡意群眾和黑色產業集團。
- 透過其他業務特徵，判斷操作時間段、操作時長、操作行為等是否有規律性。

13.1.3 「薅羊毛」風險識別

我們籠統地把使用虛假身份資訊或自動化工具參與各種行銷活動的行為稱為「薅羊毛」。常見的行銷活動包含但不限於折扣、返現、抽獎、滿減等形式，這些不能給平台帶來真實活躍度或商業利潤的使用者稱為「羊毛黨」。「羊毛」蛋糕越大，黑色產業的攻勢就越猛。他們密切關注網際網路平台活動，採擷平台漏洞，開發作弊指令稿，在社群和網站上招募眾包參與人員，甚至有一條完整的套現通路。隨著網際網路平台不斷開發新形式的行銷產品，各種拉新、促銷活動層出不窮，在這個場景下我們和黑色產業有了更加直接和激烈的對抗。

「薅羊毛」場景和「註冊」、「登入」場景不同的是，黑色產業在薅羊毛的過程中，會有一系列連續的業務動作，其中既包含小號註冊、批次養號，也涉及領券、積分兌換、提交訂單等行為。舉例來說，在電子商務企業中，為刺激活躍使用者數、成交量、成交額，主要的行銷活動方式為領券、滿減、特價秒殺。電子商務企業是最早產生「羊毛黨」的地方，近年來，各種名目的購物節頻頻誕生，在消費者享受購物狂歡之餘，大量黑色產業聚集在電子商務平台伺機而動。對於這些羊毛黨的防控措施，需要對黑色產業集團採用不同方法進行針對性防控。技術水準較低的黑色產業集團，一般採用正常的作弊工具進行自動化攻擊，在領券和提交訂單時可以採取下列防控措施：

- 手機號碼黑名單：對帳號手機或收貨人手機過濾異常手機號碼。
- IP 畫像：識別代理 IP 與機房 IP。
- 透過裝置指紋進行裝置風險分析：識別虛假裝置、作弊裝置、批次指令稿。
- 運用頻率維度統計規則：如裝置與 IP 段上連結過多的帳號。

還有對一些技術水準較高的黑色產業集團，透過手機號碼或裝置維度沒有識別出風險，那麼就需要使用其他維度的防控。

黑色產業集團在平台購物的路徑相對於正常人會更加簡單直接，使用者正常在電子商務平台上購物，路徑多為「搜尋入口 / 推薦入口 - 檢視商品詳情 - 重複以上路徑比較多個商品 - 收藏 / 加購 / 直接購買」，而黑色產業集團則在登入後即直接對優惠較大的商品下單。因此，我們可以觀察到以下行為維度：

- 購買某個特惠商品的帳戶群眾缺少交易外的其他平台活躍動作。
- 購買某個特惠商品的帳戶群眾具有一定的黑色產業集團特徵。
- 購買某個特惠商品的帳戶群眾在歷史註冊、登入資料上具有一定的黑色產業集團特徵。

在電子商務的交易場景中還有一個非常重要的資料維度，即收貨地址。從絕大多數的大型電子商務平台回饋的羊毛資料來看，針對黃牛低價囤貨、下單等問題，從地址上都能找到詐騙行為的痕跡，主要表現為以下幾種形式：

- 虛假相似收貨地址
- 與區域快遞合作，位址中包含暗號。
- 地址中包含實際下單收貨號碼。

對於這種地址問題，需要結合實際業務，運用 NLP 文字採擷能力進行特徵識別，對地址進行分類標記，同時綜合其他維度資料進行風險判斷。

黑色產業羊毛黨的存在對於平台的行銷活動影響範圍比較廣泛，而且常常會造成較大的經濟損失。據某報社報導的案例，犯罪嫌犯黃某透過篡改註冊指令稿，使用虛假資訊在某奶粉電子商務平台上註冊了約 20 萬個垃圾帳號並進行倒賣，黃某從中獲利約 6 萬元。其中 2 萬個帳號透過參加奶粉「買一贈一」的活動，薅走贈品奶粉共約 2 萬桶，可以大致估計該案件造成某奶粉電子商務平台經濟損失至少 200 萬元。

13.1.4 裂變拉新作弊風險識別

裂變拉新是由存量使用者透過社群觸達新使用者的引流方法，一度成為某些平台取得流量的主要方式。各平台設計的觸發方式也不盡相同，有分享領券、互助幫砍、拼團促銷等，但目的都是為啟動新使用者註冊，完成新使用者增長指標，進而轉化為營收。

拉新的獎勵通常非常豐厚，除新使用者本人可以獲得外，舊使用者也可以根據拉新人數獲得獎勵。獎勵的形式也各不相同，有贈送優惠券、實物商品、會員資格、現金等，行銷成本常常每人高達數 10 元。其中以現金形式作為拉新獎勵的活動，通常會成為黑色產業的重點攻擊目標。

由於新人券通常優惠金額較高，黑色產業在批次註冊新帳戶後，利用新人券進行下單活動或直接在二手電筒商平台上倒賣優惠券。這些帳號在使用完大額新人優惠券下單後即被拋棄，無法為平台帶來後續收益，製造了虛假的拉新效果。因此，我們對使用新人券的交易需要特別關注。平台在設計新人券發放和使用策略時，也需要足夠謹慎，加強取得新人券門檻。

裂變拉新的活動也有一個非常重要的資料維度，即邀請人帳戶 ID。我們可以利用此邀請人帳戶 ID 為線索採擷師徒集團特徵。

- 某邀請人短時大量邀請註冊新帳戶。
- 某邀請人名下新註冊手機號碼、裝置、IP 異常比例高。
- 某邀請人名下新註冊裝置特徵相似。
- 某邀請人名下新註冊帳戶集團行為相似。

13.1.5「任務」作弊風險識別

目前，「做任務」是一個比較常見的行銷方式，目的是透過完成任務的獎勵的方式來維持和提升平台使用者的活躍度。比較常見的任務是連續簽到 n 天獲得獎勵，資訊類別 APP 對於完成閱讀文章、觀看視訊、收藏點讚等行為可能都有一定的獎勵。因為資訊類別 APP 的較多獎勵都可透過一定形式套現，所以黑色產業對這種刷任務已經具有一定規模。

這種作弊方式需要在 APP 中持續進行點擊行為，因此，其裝置類別異常的比例相較於其他風險場景會更高，可以從以下幾個特徵發現風險：

- 透過指令稿工具偽造的虛假裝置。
- 真實裝置，但是安裝多個作弊工具，如「按鍵精靈」和「多開工具」。

- 真實裝置，使用了自動化指令稿工具。
- 群控特徵，如裝置長期靜止。
- 分群分析，如同一 C 段下的多個裝置在 APP 中的行為相似。
- 提現帳號相同或相似。

除此之外，還可以使用新型驗證碼和生物探針產品進行識別。

13.1.6 惡意退單風險識別

惡意退單主要分為 3 種形式：電子商務中惡意佔庫存、票務網站中惡意佔座、電子商務 O2O 中惡意退款。前兩者的共同點為透過提交訂單後不付款，鎖定庫存或座位，影響平台上其他正常使用者進行交易。而後者則為交易且支付後以不合理的理由申請退款，或在信用卡還款時拒付，這種行為會對平台造成直接的經濟損失，對部分主打售後服務的電子商務平台來說，這種損失是不可小覷的。如圖 13.4 所示為 2019 年真實發生的惡意退單的案例。

> 　　近日，上海市奉賢公安分局接到某網購平台工作人員報案稱：從2018年10月起，有人陸續在網購平台購買物品，隨後利用「七天無理由」極速退款的機制，進行惡意退款，不到一年的時間裡已累計超過200筆，大約為24600元，公司檢視收貨人地址，發現都是在奉賢區高州路某處。上海市奉賢公安分局民警畢迎春介紹，奉賢公安分局刑偵支隊民警劉偉等人接到報案後立即展開偵查，透過網購平台提供的資料，民警鎖定了向某、牛某、徐某3人。
> 　　「犯罪嫌犯向某本身有在物流公司工作的經歷，對一整套的退貨流程比較熟悉。他先在網購平台上購買一些比較貴重的物品，然後以'七天無理由退貨'機制進行退貨，退貨的時候郵寄一些比較廉價的物品回去。作為網購平台，它為了提升客戶體驗，對於一些信用等級較高的客戶，通常只要填寫快遞單號就會提前退款。這樣一來，犯罪嫌犯不僅獲得了物品，而且還收到了退款，」畢迎春說。

圖 13.4 惡意退單案例

退單退款會對平台業務造成較大的影響，因此，除識別出該風險問題外，對相關帳戶也建議從業務層面進行以下處置：

- 注意異常裝置與 IP 退單。
- 累積歷史行為資料，識別頻繁退單帳戶、退單率高的帳戶。
- 對帳戶進行分級管理，對識別過高風險的帳戶增加二次驗證。
- 進行相似位址分群及虛假位址核驗。
- 退單後退款需審核，延遲時間到帳。

還會有一種專業的退款工作室，利用蘋果 AppStore 退款政策漏洞。黑色產業在正常儲值行為之後，由退款工作室向蘋果發起退款客訴（有一定技巧），蘋果收到客訴後，會對其儲值款項進行退款操作，導致軟體開發廠商在每月結算時無法正常收到款項，而且不知道實際是哪一筆交易發生了退款。

隨著網際網路的技術逐步滲透到人們生活中，行銷活動的日新月異，各種網際網路業務場景會越來越豐富。作為風控從業人員，也需要積極研究網際網路生態，深入採擷各種業務和行銷細節，始終保持與時俱進的精神。同時也要深入了解黑色產業利益鏈和作業路徑。知己知彼，方能百戰百勝。

13.2 解決方案設計範例

在開始設計各種風險場景的解決方案時，需要先明確以下幾個問題。

1. 可用工具集

前文已經介紹了基於反詐騙系統建設需要的工具，如決策引擎、裝置指紋、手機號碼風險名單資料庫、IP 畫像標籤、情報系統、智慧驗證碼、機器學習技術等。接下來的方案設計範例便基於以上工具。工具是否全面，工具的識別準確性會對整個風險策略的效果產生直接影響。

2. 即時呼叫場景

場景是指使用者在平台的一系列操作中，基於每一次點擊行為或滑動行為，按照其實現功能的不同可以分類為各個場景，比較常見的有註冊場景、登入場景、領券場景、交易場景、支付場景、做任務場景等。

對於每一種風險，使用者在平台需要經歷的業務鏈可能不同，此時需要模擬黑色產業的作業路徑，設計一套全場景的風控方案，力求在每一個環節中都能進行風險識別、資料累積。

3. 可用資料維度

資料的覆蓋度和準確性也非常重要。在我們最先接觸到新使用者的註冊場景、登入場景中，基本的資料維度即為手機號碼、IP 及裝置資訊，而更加複雜的場景，如交易場景、支付場景，我們可以擷取使用者的訂單資訊、收貨資訊、支付資訊等。資料維度越豐富，可以採擷的特徵就越多，黑色產業露出馬腳的機率就越高。

4. 各種風險的容忍度

各平台對不同場景，甚至不同資料維度之間的風險認知不同，這可能取決於其風控人員的認知、業務場景的需要，或歷史資料帶來的經驗累積。舉例來說，電子商務平台對通訊小號是限制註冊的，但也有電子商務平台認為由於部分通訊小號已要求進行實名認證，少量的通訊小號註冊並不會對電子商務平台造成風險而選擇僅標記觀察。

5. 如何使用策略結果

決策引擎的輸出結果可以是一個直接結果，也可以是一個風險分數，風險分數後面也會根據設定值，再轉化為一個直接結果。

以某知名協力廠商風控公司決策引擎為例。決策引擎可以根據目前行為的風險高低，綜合決策後輸出一個建議結果，決策引擎輸出的標籤為 "Accept"，"Review" 和 "Reject" 三種（見圖 13.5），對應的含義為低風險建議通過，中風險建議人工審核，高風險建議攔截。對電子商務平台來說，如何使用決策建議結果也是需要考慮的問題。

○ Accept	85.00%
○ Review	10.37%
○ Reject	4.63%

圖 13.5 決策引擎輸出的標籤

通常電子商務平台對異常手機號碼、異常裝置進行註冊的行為限制較嚴，從源頭杜絕垃圾小號的產生，避免可能被薅羊毛的風險，對註冊場景輸出決策建議「拒絕」的呼叫，即直接攔截註冊。而對於新增使用者量、日常使用者量比較重視的資訊平台來說，他們更希望前序環節僅進行資料累積和觀察，而在可能會產生直接風險的環節再進行攔截，這時便需要進行訂製化的處理。

決策引擎的策略結果也可與其他風控產品結合使用。舉例來說，Review 部分使用者劃分風險權重分區間（見圖 13.6），增加呼叫智慧驗證碼服務、簡訊驗證服務、智慧語音互動等驗證方式，綜合多個風控產品的結果精準判斷風險。

明確以上問題後，我們便可以開始設計一套完整的解決方案。下面以兩個比較常見的風險場景為例介紹。

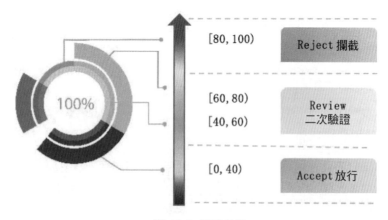

圖 13.6 風險分級

13.2.1 電子商務薅羊毛

1. 明確使用的風控工具

電子商務平台常常投入較多的行銷，客戶量大，容易魚龍混雜。在設計方案時，我們推薦主流的產品均可嘗試對接，如裝置指紋、手機風險名單資料庫、手機 /IP 畫像等。同時推薦使用智慧驗證碼產品，在登入或部分特惠商品秒殺時進行人機挑戰。

電子商務平台資料維度豐富，其位址詐騙樣本特徵明顯，可以使用文字採擷以分析位址中的詐騙特徵。同時引用機器學習平台，在確認少量黑樣本的前提下開發半監督等模型，以提升策略識別效果。

2. 明確對接場景

我們模擬黑色產業的作業路徑，如果想要完成一單薅羊毛，需要在平台上的操作包含註冊、登入、領券、交易、支付。需要對接的場景即為以上五個場景，在使用者每次點擊相關按鈕時，便發生一次決策引擎的呼叫請求。

3. 明確各場景資料維度

我們預設以上五個場景都可以擷取裝置資訊，在註冊場景和登入場景中都有帳戶 ID、手機號碼、IP 資訊等。領券場景可以取得優惠券的品類別、金額等，交易場景可以取得訂單資訊、收貨資訊，支付場景還可以取得支付方式、協力廠商支付平台的帳號。綜合這些資料維度可以設定出多個黑色產業特徵的識別規則。舉例來説，囤貨黑色產業可能在短時間內，參與同一類型的優惠活動，購買同一商品寄到相似的收貨位址；又如秒殺活動下單黑色產業，使用異常作弊裝置頻繁下單，同一個裝置連結多個不同的帳戶。

4. 明確策略結果應用方案

我們需要明確何時僅標記觀察，何時可以直接攔截。這裡的標記觀察並非説這個場景產生的風險比較小而可以放過，而是考慮平台的營運生態可以進行個性化處理。

如圖 13.7 所示，在簡單決策流範例中，決策引擎提供決策流部署功能。決策流是指對於同一呼叫場景，可以使用某個欄位進行區分，以設定不同風險偏重的策略，或對不同使用者等級，對應使用不同風險程度的策略防控。有了這個工具，在設定規則時可以更加靈活，降低對正常使用者的打擾，保障良好的使用者體驗。

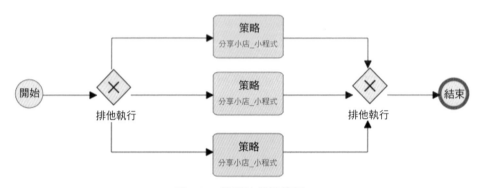

圖 13.7 簡單決策流範例

接下來我們介紹一個某知名電子商務平台的案例。該平台是中國大陸創辦較早的大型綜合電子商務平台，全年開展多個大型購物節活動，黑色產業攻擊的主要行銷活動類型為大額優惠券、滿額立減活動。對歷史資料進行重現時發現，黑色產業在平台大促銷期間每天薅羊毛成功的金額高達百萬元，其掌握的小號甚至有 10 年前使用電子郵件註冊的，多使用詐騙位址下單。因此我們設計了以下方案：

- 使用工具：決策引擎、裝置指紋、智慧驗證碼、手機號碼 /IP 畫像、位址反詐騙服務、半監督模型。

- 對接場景：註冊場景、登入場景、領券場景、交易場景。

- 資料維度：除正常場景能夠取得的資料外，在交易場景傳入帳戶註冊時間及 IP，以採擷潛伏時間較長的垃圾小號薅羊毛。

- 策略結果使用：我們設計了兩套策略，分別對應日常和大促銷期間。在日常營運中，對註冊場景及登入場景結合使用策略結果和智慧驗證碼，領券場景識別高風險則不發券，交易場景綜合前序各場景資料進行分析，並且增加位址反詐騙、半監督模型標籤，綜合識別高風險則取消該筆訂單；大促銷期間，額外對交易場景識別中風險的交易訂單，使用大額優惠券訂單增加人工審單環節。同時沉澱審單環節中發現的漏殺、誤殺樣本以進行策略最佳化。

該套方案上線後立竿見影，在第一年的 "6．18" 大促銷期間就發現有約 8% 的帳戶無法透過智慧驗證碼登入，約 15% 的異常帳號領券。在交易場景中，一周內累計識別高風險交易訂單約 10 萬筆，百分比 20%，涉案金額高達 500 萬元。其最典型的作弊方式為批次註冊的帳號購買多個特價商品，並且寄往相似虛假位址。位址中包含暗號、手機號碼、無意義字元試圖繞過簡單的重複位址，分析這些無意義字元後，對這些詐騙位址進行標記、學習，提煉出位址反詐騙模型，上線後反覆運算至今，成為風控系統中不可或缺的模組。

如圖 13.8 所示，在半監督決策流範例中，設定決策流對低等級帳戶增加呼叫半監督模型介面，即時傳回風險分數，補足線上策略效果以進一步採擷未知風險。半監督模型上線後提升了 5% 以上的風險識別效果。

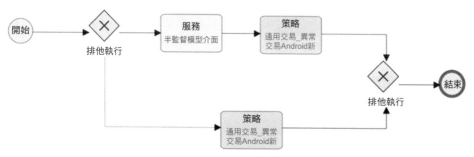

圖 13.8 半監督決策流範例

13.2.2 裂變拉新

1. 明確使用的風控工具

由於拉新活動常常需要註冊大量帳號，批次註冊指令稿是黑色產業慣用的方法。使用裝置指紋技術識別作弊的裝置、指令稿行為，標記裝置 ID 十分重要。除正常手機號碼畫像產品外，根據情報收集線索顯示，黑色產業使用註冊的手機號碼大多無法正常接通，此時可以增加使用「號碼撥測」方法抽樣檢測手機號碼的在網狀態。

2. 明確對接場景

裂變拉新場景和薅羊毛不同，這個作業路徑中涉及了兩個帳號主體，即邀請人和被邀請人。由於拉新獎勵通常是雙向的，對於這兩個主體會發生動作的所有場景都需要進行監控。

拉新註冊有兩種形式：第一種，舊使用者在 APP 內產生邀請連結或二維碼圖片，被邀請人點擊邀請連結或掃描二維碼後註冊，此時的連結和二維碼都是該邀請人獨有的，因此，當新使用者註冊時，我們已經可以取得邀請人資訊。第二種，舊使用者有唯一的邀請碼，新使用者註冊後，在單獨的介面輸出該邀請碼完成師徒關係的綁定。

對這兩種不同綁定師徒關係的形式，呼叫的場景也略微不同，前者為邀請人分享→被邀請人註冊；後者則為邀請人分享→被邀請人註冊→被邀請人綁定師徒關係。後續環節並無太多不同，現金獎勵需要監控提現場景；優惠抵用券獎勵需要監控交易場景、支付場景。因此，其對接場景為邀請人分享、被邀請人註冊 / 被邀請人註冊＋綁定師徒關係、交易場景、提現場景。

3. 明確各場景資料維度

預設的五個場景都可以擷取裝置資訊、帳戶資訊等。與普通電子商務場景不同的是，在被邀請人的每一個動作埋點中，都需要考慮邀請人 ID 的資訊。這是為了對同一個邀請人的徒弟群眾採擷每一步行為是否都有集團特徵。

4. 明確帳號風險處理機制

裂變拉新的實現方式就是新帳戶的產生，如何處理這些被識別了風險的垃圾小號是設計方案時必須思考的問題。為了不違背平台開展引流活動的初衷，又盡可能避免行銷資金的損失，建議對識別高風險的垃圾小號攔截註冊，對識別中風險的帳號進行二次驗證，驗證失敗則不發新人券且不計入邀請註冊名額中。對邀請人帳號來說，如果其邀請註冊的新帳戶中有較大比例為風險帳戶，則可對其提現帳戶進行凍結保護，人工驗證後再進行提現。

裂變拉新方案至今仍比較常見，我們接觸的多個類別的企業中均有客戶平台使用類似的拉新方案。一些初創平台在前期推廣期間廣泛應用拉新活動，邀請註冊後舊使用者可以獲得近 10 元現金，新使用者可以獲得高額折價券，一時之間黑色產業趨之若鶩，買賣手機號碼、開發註冊指令稿、倒賣新人券帳號，甚至建立了多個千人 QQ 群以溝通羊毛資訊。

對於上述拉新活動我們設計了以下方案：

- 使用工具：決策引擎、裝置指紋、手機號碼 /IP 畫像、實名認證服務、手機號碼撥測服務、情報服務。
- 對接場景：註冊場景、登入場景、綁定師徒關係場景、領券場景、交易場景、提現場景。
- 資料維度：在被邀請人註冊初期的資料中都需要帶上邀請人 ID 的資訊；當新註冊使用者下單時取得其優惠資訊；當邀請人提現時需要協力廠商平台帳戶的加密標識。
- 策略結果使用：黑色產業來勢洶洶，非常時期對識別高風險的行為一律攔截，同時在註冊場景下，識別裝置作弊風險的註冊行為一律攔截，並且對裝置進行標記。中風險帳戶進行實名認證和撥測，盡可能從源頭開始保障平台帳戶系統的健康發展。
- 情報支撐：全方位監控黑色產業動向，及時發現風險並部署規則。

拉新活動通常持續較長時間，和黑色產業的拉新攻防對抗是一場持久戰，需要保持足夠的耐心和信心。我們的黑色產業情報系統曾經監控到一款針對一個平台邀請註冊的黑色產業軟體，在一個月裡更新反覆運算了 30 個版本。本方案策略在某 O2O 平台上線之初，各場景的風險識別率顯著高於企業水平。註冊場景中不足 5% 的自然增長量，在被邀請註冊流量中，曾一度識別高風險比例達 80%。在此期間，黑色產業不斷更新其註冊作弊軟體，我們也持續更新防控規則，從最初的簡單識別作弊工具安裝、裝置多次註冊，到採擷各個裝置參數的異常情況，分析邀請人下線的新帳戶特徵、行為相似特徵，異常離散特徵等識別異常垃圾註冊行為。據不完全統計，每日均可挽回行銷損失約 3 萬元。策略反覆運算循環流程如圖 13.9 所示。

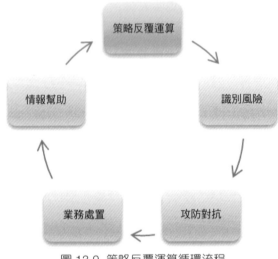

圖 13.9 策略反覆運算循環流程

13.3 策略部署

每一個場景下的風控規則集合稱為一套策略，策略的部署是在決策引擎上完成的。在方案設計完成後，如何準確地使用產品及方案實現成為一條條的規則，也非常考驗風控策略人員的分析能力、邏輯思辨能力。

13.3.1 策略設定

決策引擎提供了多樣化的規則部署範本。下面介紹幾種比較靈活且應用廣泛的策略設定規則。

1. 跨場景規則

在決策引擎中設定策略時，可以對同一維度資料進行跨事件的比對統計。舉例來説，當發生一筆交易呼叫時，可以觀察該交易裝置 ID 在註冊場景中是否存在註冊過多個帳號的行為，也可以對該資料分析跨事件的策略結果，如該交易帳戶是否在註冊場景中被識別為高風險。另外，還可以觀察其在不同場景的時間間隔，如交易後立刻發生退款行為。

2. 趨勢類別規則

對已累計的歷史行為資料，可以統計其趨勢特徵，以識別具有時間規律的自動化指令稿行為。舉例來説，某 IP 間隔註冊的時間相等，帳戶發生交易的金額逐漸上升，提示盜卡交易等。

3. 預警指標類別規則

預警指標類別規則是指對某一主體計算符合特定特徵的指標比例，當該比例達到一定設定值時提前預判風險。舉例來説，在裂變拉新場景下，某邀請人邀請註冊的帳戶 90% 均使用開機 10 分鐘內的裝置，在命中相關指標規則後，對該邀請人進行標記。標記使用者的所有邀請註冊行為都需要特別注意；在下單場景中，如果存在大量的相同收貨位址，則對該類別訂單進行警告。

4. 移動距離類別規則

本規則可用來發現黑色產業使用代理 IP 或偽造定位等行為，對同一帳戶、同一裝置，使用 IP 定位、GPS 定位資料來計算較短時間內的移動距離，判斷其移動速度是否異常。

5. 常用習慣規則

對於已經累積了一定歷史資料的存量使用者，透過分析其連結的 IP、裝置等資料，標記其常用地、常用裝置、常用瀏覽器，同時對裝置反覆運算可信裝置風險，以及對違背常用習慣的登入、交易等行為進行重點監控。

舉例來説，黑色產業發佈虛擬定位軟體廣告，黑色產業透過修改定位進行領券動作，此時只需觀察裝置指紋識別虛擬定位作弊軟體，判斷其領券行為是否發生在常用地，其領券行為與日常登入的移動距離是否發生短時瞬移等，即可識別這種作弊行為。

13.3.2 策略反覆運算

策略的部署也需要隨著平台行銷活動方案的變化、業務指標的表現，真實消費者的回饋和黑色產業的攻防對抗情況等進行及時的調整，主要的調整想法如下：

- 即時風險偏好：根據平台在不同業務階段對不同類型的詐騙風險偏好，進行策略調整。
- 消費者的客訴情況：這種情況是比較直接的效果回饋，如果對確定身份的消費者產生了誤殺，則可對其命中規則進行分析和調整。當然也有個別黑色產業會惡意客訴解封，這就需要風控方能夠提供確鑿的證據。
- 平台以其他資料交換驗證獲得為基礎的漏殺、誤殺樣本，透過分析其在關鍵場景中的各維度資料表現，對該場景中的相關策略進行調整。
- 當黑色產業攻防對抗激烈時，需要及時依據黑色產業的攻擊特徵設定相關規則。

13.4 營運監控

和黑色產業的對抗講究的是「快狠準」。前文中已經說明瞭如何精準地識別黑色產業，並且透過策略的反覆運算最佳化盡最大努力覆蓋風險。本節將介紹一些在營運任務中常用的工具，幫助我們即時監控風險波動，更加快速地感知和處理黑色產業攻擊行為。

13.4.1 監控預警示表

監控預警示表主要反映不同時間段的各場景風險概況，包含呼叫量、拒絕率、風險決策分數的波動情況，各欄位的傳遞參數情況等，在視覺化展示的同時設定定時 PSI 預警，對異常波動進行即時提示，營運策略同時可及時關注風險，如圖 13.10 所示。

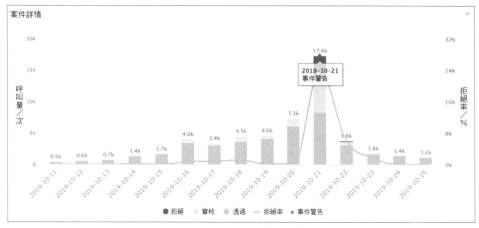

圖 13.10　監控預警示表

13.4.2　局勢感知

裝置風險局勢感知，下面兩個圖是某客戶裝置異常標籤分佈的深度分析。可以看到在正常情況下，該客戶百分比最多的異常標籤是「開機時間過短」和「路由器廠商未知」，如圖 13.11 所示；但是在黑色產業攻擊情況下，該客戶「裝置第一次出現」和「本機時間異常」的百分比提升，如圖 13.12 所示。

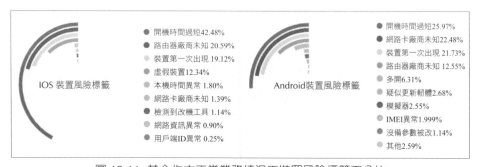

圖 13.11　某合作方正常業務情況下裝置風險標籤百分比

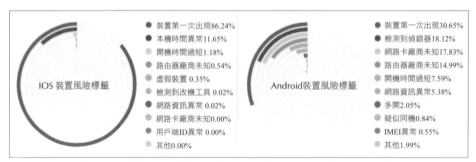

圖 13.12　某合作方黑色產業攻擊情況下裝置風險標籤百分比

下面兩個圖是某客戶裝置正常情況和黑色產業攻擊情況作業系統百分比。可以看到，在正常情況下，iOS 12.3.1 版本的百分比最高，如圖 13.13 所示；在黑色產業攻擊情況下，iOS 10.1.1 版本的百分比迅速提升，如圖 13.14 所示。

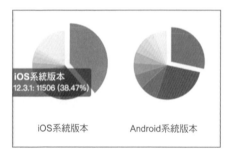

圖 13.13　某客戶正常情況下作業系統百分比

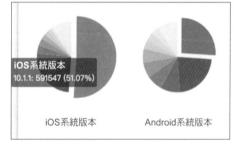

圖 13.14　某客戶黑色產業攻擊情況下作業系統百分比

透過風險局勢感知模組，對統計資料進行深度分析，可以發現在即時規則防控中未準確識別的風險，由此不斷進行策略最佳化。

13.4.3　情報監控

某大型酒店平台投入巨額行銷資金進行拉新活動，新使用者註冊可領取大額優惠券，舊使用者每邀請一位新使用者即可取得獎勵直接提現。活動一開始黑色產業便蜂擁而上，透過作弊軟體批次註冊虛假帳號邀請好友，取得平台現金獎勵，並利用二手平台進行優惠券轉賣獲利，單一虛假帳號獲利金額高達上千元。

發現這個情況後，我們透過黑色產業情報監控，取得黑色產業作弊軟體。

對該黑色產業工具進行測試和逆在分析，還原黑色產業作案手法和步驟。根據分析的結果有針對性進行規則調整，增加風控模型，在短時間內防控效果獲得了提升，但黑色產業群裡一片「怨聲載道」。

13.5 本章小結

本章從策略營運的角度，詳細介紹了反詐騙業務場景的典型風險場景，並舉例說明了實際應當如何結合現有的產品和技術，設計和營運風控策略，達到最佳的風控效果。本章案例均為真實案例，對策略營運人員有非常高的參考價值。

第四部分

新的戰場

物聯網時代的風控

近幾年，物聯網已經進入一個高速發展的階段。我們從身邊就能感受到，小到智慧手環、攝影機，大到網聯汽車都已經走進我們的生活。物聯網的本質是「萬物互連」，從人與人之間的網路互連溝通升級為人與物、物與物之間的溝通與對話，透過網路通訊技術、AI 技術為物理裝置賦能。

14.1 物聯網安全局勢

企業內預計，到 2021 年全球物聯網裝置將達到 150 億台，超過手機和 PC 的總和數；到 2025 年全球物聯網裝置將達到 800 億台。將會是一個數倍於現有行動網際網路的生態系統，巨量智慧裝置的互連，使得網路在更開放的同時也變得更為複雜，面臨著極大的安全挑戰。

物聯網生態的安全和風控將具有以下特點：

■ 物聯網安全的重要程度非常高：物聯網將虛擬網路和現實生活深度融合，以往的網際網路安全問題可能會造成伺服器、手機中毒等，而物聯網裝置的安全問題將有可能威脅到使用者的人身安全。另外，物聯網裝置具有使用壽命較長且地理位置分散的特點，巨量的物聯網裝置一旦被黑色產業大規模的攻擊入侵、控制組成極大的僵屍網路，將具備極強的破壞力。這一點 "mirai" 已經為我們展示過，在 2016 年 10 月 21 日，美國多個城市出現網際網路癱瘓情況，包含 Twitter、Shopify、Reddit 等在內的大量網際網路知名網站數小時無法正常存取。這起攻擊事件引起全球震驚，經過多個機構對攻擊源的調查，確認這是一款名為 "mirai" 物聯網病毒發起的攻擊。該病毒利用路由器、智慧攝影機等裝置的漏洞傳播惡意程式，感染並控制大批線上物聯網裝置，進一步形成巨大規模的僵屍網路。

- 物聯網安全的複雜程度非常高：相對手機和 PC 來說，物聯網裝置的類型非常多，這是一個特別複雜的產業鏈，每一個物聯網裝置都可能涉及感測器、通訊模組、硬體晶片、生產線等，同時也包含作業系統供應商、軟體供應商和雲端服務商等，整個生態鏈上每個環節的安全管理成熟度，都會影響物聯網裝置的安全性。

- 物聯網領域的基礎安全和業務風控將融為一體：物聯網安全將以基礎安全攻防技術為基礎，以演算法和資料驅動的安全系統，以及對整體風險的威脅局勢感知為重點，將業務風險控制和傳統基礎安全防護融為一體。

14.2 物聯網安全威脅分析

從攻擊介面上分析，物聯網在「雲、管、端」層面均面臨安全威脅，所謂「雲、管、端」是指物聯網平台的雲端平台、網路通訊和終端裝置，如圖 14.1 所示，下面進行詳細的分析。

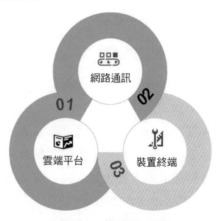

圖 14.1 雲管端結構

14.2.1 雲端平台安全威脅

雲端平台的應用一般具備了集中管理物聯網（Internet of Things，IoT）裝置（以下簡稱「IoT 裝置」）、系統版本管理、發送等功能，面臨的威脅和傳統雲端業務有很多相同之處，同時也具有本身的特點。

1. 系統安全性漏洞

雲端平台應用一般執行在通用作業系統上，如 Linux、Windows 等。這些作業系統曾經產生過大量可以被遠端利用的漏洞，目前仍然不斷有高危漏洞被曝光，如 CVE-2019-0708 漏洞，即 Windows 遠端桌面服務（又稱為終端服務）中存在的遠端執行程式漏洞，未經身份驗證的駭客使用 RDP 連接到目標系統並在發送特製請求時可導致伺服器被遠端控制。此漏洞無須身份驗證、無須使用者互動，成功利用此漏洞的駭客可以在目標系統上執行任意程式，風險極高。又如 "Shellshock" 漏洞，在 2014 年被公開後幾乎影響了所有 Linux 發行版本，駭客利用這個漏洞可以在未授權的情況取得伺服器控制權。

2. 應用軟體安全性漏洞

雲端平台開發常用的應用軟體，也普遍存在一些安全問題。舉例來說，被廣泛使用的 OpenSSL 曾經曝光過一個被命名為「心臟滴血」的漏洞，駭客透過建置畸形的資料封包，可以直接遠端取得伺服器記憶體中的重要資料。

3. 設定安全缺陷

雲端平台應用常見一些弱密碼、空中介面令服務對外開放，很容易被駭客攻擊，甚至引發蠕蟲自動攻擊控制雲端系統。舉例來說，Redis 未授權設定缺陷可直接取得 Linux 作業系統許可權，且攻擊方法及其好用，駭客利用該設定缺陷入侵 Linux 作業系統進行挖礦、掃描等行為時常發生。

4. 資料洩露風險

雲端平台資料洩露一直是一個嚴重的問題。2019 年，深圳市某科技有限公司就被媒體曝光發生了資料洩露。該公司主營業務為人臉識別、AI 和保全，漏洞導致雲端平台超過 250 萬人的隱私資訊能夠被駭客不受限制地存取。美國汽車追蹤裝置公司 SVR Tracking 也被曝光超過 54 萬個 SVR 帳戶的詳細資訊在雲端平台發生資料洩露，其中包含使用者的電子郵件地址、密碼及使用者的車輛資料，如 VIN（車牌識別號碼）、裝置的 IMEI 號碼等。洩露的資料中還包含 339 份記錄檔，其中包含有關車輛狀態和維護記錄的照片、資料及使用 SVR 追蹤服務的 427 家經銷商的文件資訊。這些事件也引發了人們關於 IoT 裝置雲端平台資訊安全方面的擔憂和關於隱私等方面的廣泛討論。

5. 程式安全性漏洞

在雲端平台應用軟體中，常見各種 SQL 植入、路徑穿越、身份驗證和授權認證的安全性漏洞，一旦這些漏洞被外部發現，均可能對雲端平台造成較為嚴重的安全威脅。

6. APP 漏洞

IoT 裝置一般都配有可以安裝執行在手機上的遠端系統管理 APP，透過 APP 可以對 IoT 裝置進行全方面的設定控管。舉例來說，使用者使用米家 APP，可以遠端操控家裡的小米電飯煲開始煮飯。如果 APP 安全設計不當，就會存在可以被利用的漏洞，可直接導致 IoT 裝置被駭客控制。中國大陸某大型網際網路公司曾推出一款「＊寶盒子」產品，該產品是一款車載智慧 IoT 裝置，可以幫助使用者對自己的汽車進行狀態檢查，並且可以與雲端系統相連接提供智慧出行服務。該產品的 APP 被安全研究人員發現存在安全設計缺陷，駭客可以利用 APP 和硬體產品互動的漏洞破解 PIN 碼，遠端控制和更新車載智慧裝置韌體，進而對汽車進行惡意攻擊。

14.2.2 網路通訊安全威脅

網路通訊鏈路安全主要有關協定安全、通訊加密、物理通訊鏈路安全等方面。

1. 協定安全

如果 IoT 裝置的網路通訊協定設計不夠增強，則有可能導致通訊綁架、重放等攻擊，進而導致資料洩露等各種嚴重的後果。

在 IoT 裝置 IP 化後,如果網路通訊對外開放通訊埠,則導致駭客能夠透過通訊埠對 IoT 裝置進行滲透攻擊。此外,如果通訊埠協定設計不當,則可能被黑色產業惡意利用形成僵屍網路,透過反射等方式對網際網路目標發起 DDOS 攻擊。利用通訊埠協定進行反射放大 DDOS 攻擊方式在傳統安全領域已經被黑色產業廣泛應用,海外網路安全公司曾經曝光過一種利用 LDAP 協定的反射攻擊技術。這種攻擊技術是一種利用輕量目錄存取協定(Lightweight Directory Access Protocol,LDAP)的放大攻擊,流量可放大數十倍,對目標進行攻擊的流量峰值可以達到 TB 等級。可以預見,如果 IoT 裝置的協定和開放通訊埠存在安全設計問題,也很快將被黑色產業加以使用。

2. 通訊加密

IoT 裝置向雲端傳輸的資料可能包含了照片、密碼、位置資訊、健康狀態、生活習慣、駕駛習慣等個人隱私資料,為了防止網路上的旁路偵測竊取資料,網路通訊傳輸資料也需要加密處理。

3. 物理通訊鏈路安全

物理通訊鏈路本身也存在著安全隱憂。舉例來說,使用 GSM 網路通訊的 IoT 裝置有可能被偽基地台綁架;使用 GPS 定位的 IoT 裝置有可能被業餘無線電裝置偽造 GPS 資料,或其 IoT 裝置網路訊號被隱藏。

14.2.3 裝置終端安全威脅

透過國家電腦網路應急技術處理協調中心維護的國家資訊安全性漏洞共用平台,(CNVD)對公開的智慧裝置的漏洞進行了檢索,選取的時間跨度為半個月,結果顯示多家大型公司的產品均有漏洞上榜。

裝置終端面臨的安全威脅主要有裝置服務漏洞、ROM 更新漏洞、版本過老、裝置後門、物理攻擊等,下面進行簡介。

1. 裝置服務漏洞

IoT 裝置系統常常附帶各種服務並且向對方開放通訊埠,常見的如 Web 服務、SSH 服務等，這些服務或使用開放原始碼軟體改造或自行開發，近年來，這些服務已經爆出多個安全性漏洞。黑色產業利用這些漏洞可以控制 IoT 裝置，完成資料竊取、DDOS 攻擊等非法行為。黑色產業甚至可以利用裝置的漏洞製作蠕蟲等惡意軟體，實現自動化的傳播，控制大量 IoT 裝置形成僵屍網路。前文提到 Mirai 蠕蟲就是利用攝影機裝置漏洞進行自動攻擊和傳播的蠕蟲病毒。中國大陸的某個安全公司曾經捕捉過利用機上盒 IoT 裝置進行攻擊和傳播的僵屍網路，並命名為 "Rowdy"。該蠕蟲病毒一旦植入機上盒就會進行惡意掃描，發送大量的資料封包並不斷地與 C&C 控制伺服器通訊，其功能及行為特徵與物聯網惡意病毒 Mirai 極為相似。

2. ROM 更新漏洞

韌體更新的簽名驗證機制如果存在缺陷，駭客可以透過網路綁架等方式為 IoT 裝置植入定制的惡意韌體。

3. 版本過老

部分 IoT 裝置被部署了以後，因為管理缺失、產品設計缺陷等原因長期無法更新，導致系統版本、元件版本過於老舊，存在大量未修復的安全性漏洞，成為黑色產業的攻擊目標。以 Android 系統核心開發為基礎的 IoT 裝置中這種問題很常見，系統附帶的瀏覽器引擎經常成為漏洞攻擊的突破口。

圖 14.2 安全研究人員取得亞馬遜 ECHO SHOW 5 的完全控制權

在 2019 年的 Pwn2Own 全球駭客破解大賽中，兩名安全研究人員成功獲得了亞馬遜 ECHO SHOW 5 的完全控制權，如圖 14.2 所示，他們利用 Google 舊版本 Chromium 核心的漏洞，研究人員透過製造惡意 Wi-Fi 熱點成功綁架了 IoT 裝置的網路請求，將裝置存取的網頁取代為帶有漏洞利用程式的攻擊頁面完成了整個攻擊流程。

4. 裝置後門

某些廠商出於遠端維護方便或其他一些不可推測的原因，在 IoT 裝置預植了後門功能，利用此後門功能可以直接獲得 IoT 裝置的管理許可權。

5. 物理攻擊

物理攻擊是指物理接觸 IoT 裝置，然後透過拆解、焊接及存取物理偵錯介面等方式對 IoT 裝置進行攻擊。這種的攻擊一般是為了分析裝置中的韌體，之後進行反向分析、採擷漏洞取得控制許可權。可能存在的漏洞有序列埠偵錯介面開放、韌體未加密、密碼強制寫入等。某安全團隊曾經成功透過物理接觸的方式破解了 Google 的智慧喇叭，在分析 ROM 之後進行了深入分析，最後實現了控制音響實現遠端錄音、發送錄音檔案等攻擊行為。

14.2.4 物聯網安全監管要求

物聯網領域面臨的安全問題已經引起了工信部等部門的高度重視，安全系統的建設也被列入了對應的產業發展規劃。工信部在 2018 年發佈的《車聯網（智慧網聯汽車）產業發展行動計畫》中提出了相關的要求，其核心思想是「建設技管結合的安全保障系統」，相關的要求可以作為物聯網企業的參考指引。

1. 健全安全管理系統

以產品和系統的執行安全、網路安全和資料安全為重點，明確相關主體責任，定期開展安全監督檢查。增強車聯網網路和資料安全的事件通報、應急處置和責任認定等安全管理工作。

2. 提升安全防護能力

重點突破產業的功能安全、網路安全和資料安全的核心技術研發，支援安全防護、漏洞採擷、入侵偵測和局勢感知等系列安全產品研發。督促企業強化網路安全防護和資料安全防護，建置智慧網聯汽車、無線通訊網路、車聯網資料和網路的安全要素檢測評估系統，開展安全能力評估。

3. 推動安全技術方法建設

增強產業安全技術支撐能力，致力提升隱憂排除、風險發現和應急處置水平，打造監測預警、威脅分析、風險評估、試驗驗證和資料安全等安全平台。推動企業加強安全投入，創新安全運行維護與諮詢等服務模式，提升企業安全保障服務能力。

14.3 物聯網安全風險控制系統建設想法

對 IoT 裝置的安全架構來說，中國大陸物聯網解決方案提供商海康威視從傳統安全技術角度提出了一個非常好的架構系統，有興趣的讀者可到海康威視的官方網站自行下載並閱讀該產品的安全白皮書。我們在此基礎上，從業務風險控制的角度出發，提出融合傳統安全和業務風控的 IoT 安全解決方案，如圖 14.3 所示。

下面從雲端應用、網路通訊、終端裝置 3 個方面進行詳細介紹。

在雲端應用安全強化方面，覆蓋以下內容：

- 系統安全：建立系統安全基準線，如及時安裝更新修復系統漏洞、定期升級系統核心版本、關閉不需要的通訊埠、進行管理員密碼複雜度及異常登入記錄檔稽核等。
- 元件安全：對 OpenSSL、Apache 等應用元件進行必要的安全設定和漏洞更新升級。
- Web 安全：對雲端開放的 Web 應用進行定期的安全性漏洞掃描，覆蓋常見的 SQL 植入、路徑檢查、越權操作等類型的漏洞。

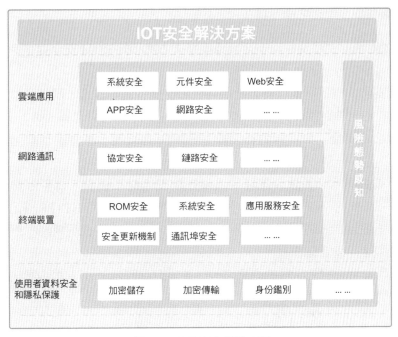

圖 14.3 IoT 安全解決方案

- APP 安全：提供給使用者的 APP 需要做好安全強化保護，以對重包裝、動態偵錯和反向分析等駭客攻擊方法進行有效的對抗。同時，對於 APP 本身容易產生的元件曝露、Activity 綁架、應用通訊安全、隱私資料洩露等安全問題也要進行全面的檢測。
- 網路安全：為雲端服務提供完整的網路安全防護備案，在遭遇 DDOS 攻擊時能夠快速清洗惡意流量，確保平台穩定的提供服務。

在網路通訊安全方面需要重點保障協定安全、鏈路安全等，其中協定安全包含以下內容：

- 資料傳輸採用高強度加密的協定，無明文傳輸。
- 關閉不安全的協定，如 SSLV3 等。
- 協定的穩固性需要獲得有效驗證，避免協定缺陷造成遠端拒絕服務攻擊。
- 通訊協定採用的憑證的申請、簽發、更新和廢除等安全管理機制需要完備。
- 演算法元件本身需要具備一定的安全強度，對抗黑色產業的反向分析。

在終端裝置安全強化方面，覆蓋以下內容：

- ROM 安全：生產時採用安全編譯等技術方案提升 ROM 安全強化等級，增加駭客反向分析的難度。
- 系統安全：對系統進行安全設定強化和安全性漏洞修復，同時系統在啟動載入核心元件時需要有簽名驗證機制，防止駭客植入惡意程式碼。
- 應用服務安全：如終端對外開放 Web/FTP 等服務，應該進行安全檢測和強化。
- 安全更新機制：終端裝置需要具備遠端安全更新機制，當發生安全問題時，可以快速修復安全問題。更新檔案的傳輸應該採用 HTTPS 協定或其他安全傳輸協定，防止更新檔案被綁架取代。同時在本機更新時，應該對更新檔案進行簽名驗證。
- 通訊埠安全：對外開放的通訊埠，應該設定存取來源 IP 為白名單，儘量避免全面曝露在網際網路中。

IoT 裝置會和使用者生活的各方面深度耦合，日常生活中的照片、外出軌跡、所在位置、社交行為及身體健康狀況等資料，在使用者授權和法律條款允許的情況下都有可能被 IoT 裝置記錄並且上傳到雲端。資料上傳的傳輸過程需要嚴格加密，防止被中間人攻擊、綁架造成資料洩露。IoT 裝置本機的資料儲存、雲端資料的儲存也應當採用高強度的加密措施。同時，雲端的使用者身份鑑別、存取控制也應該做到安全可信。

14.4 物聯網安全風險局勢感知系統

對 IoT 裝置的安全架構設計來說，需要具備以下的系統監控和風險感知能力：

- 安全性原則建置：依據安全基準線設計產生安全模型和安全防護策略，對 IoT 裝置形成安全檢測基準。
- 安全整合發佈：整合安全 agent 到 IoT 裝置中，進行全面的安全基準線符合性檢測，識別潛在的安全風險；IoT 裝置的核心程式應該經過強化保護。

■ 安全營運：IoT 裝置上線後，安全感知系統應能夠即時監控 IoT 裝置風
險，從以下幾個方面提升風險識別和處置能力。

- 對異常行為感知和阻斷：按照基準線的策略規則，識別超出 IoT 裝置行
  為預期的事件並採取對應的處置措施，阻止威脅事件。
- 對裝置漏洞檢測和修復：檢測 IoT 裝置存在的安全性漏洞，並提供對應
  的修復措施和建議，防止威脅侵入。
- 導致風險預警：當檢測到異常行為、IoT 裝置漏洞時，即時通知管理員
  安全風險的細節並提供處理建議，阻止可能存在的安全事件。

需要注意的是，IoT 裝置的運算能力、記憶體和儲存空間比較有限，這限制了
在 IoT 裝置上做很多複雜的安全對抗工作，所以資料和演算法驅動的雲端威脅
局勢感知將成為解決方案。基於以上的想法，可以為 IoT 裝置建置一個覆蓋
「雲、管、端」的安全局勢感知系統。擷取 IoT 終端、APP 端的裝置資料上傳
到雲端，結合雲端應用的業務資料，進行安全風險建模分析，以發現正在被
攻擊或已經被攻陷的 IoT 節點。透過局勢感知系統，能夠對大面積的攻擊或破
壞行為進行及時的預警，做到防患於未然。

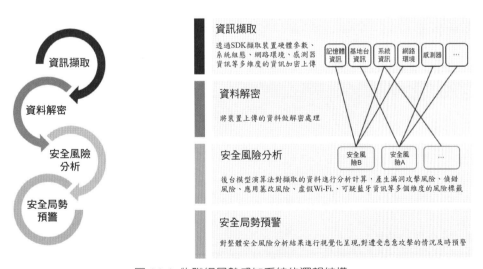

圖 14.4 物聯網局勢感知系統的邏輯結構

我們以智慧網聯汽車為例，對物聯網局勢感知系統建設介紹。該系統的邏輯
結構如圖 14.4 所示，分成資訊擷取、資料解密、安全風險分析和安全局勢預
警 4 個部分。

1. 資訊擷取

終端場景的資料獲取可以覆蓋 APP 端、IoT 裝置，透過 SDK 植入的方式進
行，其欄位覆蓋系統版本資訊、系統執行時期資訊、韌體資訊、應用資訊和
敏感檔案資訊等。SDK 擷取資訊完成後，會透過可靠的演算法加密後上傳到
雲端，以防止被截取破解導致資料洩露。該系統擷取的資料覆蓋以下內容，
如圖 14.5 所示。

場景	APP 端	車載終端	大螢幕
	IMEI、IMSI/IDFA、IDFV	韌體資訊	韌體資訊
	Android ID/MAC	敏感檔案特徵	USB 等外接裝置使用信
SDK 擷取	裝置型號、裝置名稱		
	系統版本、電信業者		
	開機時間、電量、螢幕亮度		
	CPU、記憶體、儲存大小		
	偵錯資訊		
	處理程序列表、安裝應用、開放通訊埠、是否 root 等系統執行環境資訊		
	網路環境資訊 (內外網 IP、Wi-Fi 資訊、基地台資訊等)		
	各種感測器資訊		
通訊協定	協定指紋、TCP/IP 協定等資訊		
雲端服務	雲端應用資訊和記錄檔、作業系統資訊和記錄檔、入侵偵測 系統記錄檔等資訊		

圖 14.5 車聯網擷取資訊

2. 資料解密

對於 SDK 上報的資料，雲端應用收到以後會進行解密和預計算產生一些風險
標籤，同時將風險標籤和原始資料儲存用於後續的模型計算。

3. 安全風險分析

依靠對駭客攻擊方法的了解，建置多層智慧檢測模型，對上報的資料進行綜
合分析。以智慧網聯汽車為例，我們分析的模型覆蓋以下內容：

- 通訊破解和綁架：駭客對終端到雲端的通訊協定進行分析和破解，過程中產生大量通訊錯誤訊息，透過異常分析模型可以發現這種攻擊。

- 反向分析：駭客對手機終端 APP、車載終端韌體進行反向分析，試圖反編譯出原始程式分碼析相關機制。

- 動態偵錯：駭客對 APP、車載韌體和車機系統進行動態偵錯後會產生當機等異常，上報後可透過模型規則分析發現這種攻擊。

- 韌體攻擊：駭客透過非法方法取得車載終端韌體控制權進行惡意程式碼即時執行，可以透過系統狀態的變化發現這種攻擊。

- 車機介面攻擊：駭客利用修改系統功能模組，非法呼叫網路介面、檔案介面和敏感介面，風險探針發現相關資訊會及時上報雲端。

- Root 提權：駭客對車載終端、車機進行本機許可權的提升攻擊，可以透過預設的風險 SDK 探針，精確檢測到利用各種已知和未知的本機許可權提升漏洞，以對攻擊 Linux、Android 核心的攻擊行為，及時上報預警。

- 雲端攻擊：針對駭客對雲端服務進行通訊埠掃描、系統應用指紋掃描和特定漏洞等的掃描，產生相關的記錄檔；針對滲透雲端平台，水平移動取得雲端控制許可權並試圖攻擊雲端，系統可以檢測到相關行為並預警。

- 異常行為：透過使用者行為資料建立本人行為模型，當使用者行為發生較大偏移時可進行預警。

4. 安全局勢預警

透過預設的預警規則，對風險計算的整體結果進行視覺化呈現和預警。對單台裝置的預警重點是關注嚴重漏洞的利用和病毒木馬的感染事件；對整體的風險預警需要關注的是大面積、連結性的攻擊行為；對大型突發事件進行提前處置。

以上是通用安全風險的感知，在一些實際的產品場景中還可以擷取業務資料，透過影像識別、AI 模型等進行更深入的業務場景安全風險感知。舉例來説，在營運車輛監控場景中，可以透過擷取位置、車速、駕駛行為、車輛狀態等資料做以下即時安全預警（同時也可以作為對司機關注的依據）：

- 危險駕駛行為預警：疲勞駕駛預警、分神駕駛提醒、行車玩手機提醒、行車接打手機提醒、左顧右盼提醒、行車抽煙提醒、行車超速提醒、司機身份識別、換人提醒。

- 正向安全檢測：前方碰撞預警、車道偏離預警、車速檢測與警告、急加速與急剎車提醒、高速轉彎提醒、側翻警告等。

14.5 本章小結

本章從「雲、管、端」3 個層面深入分析了物聯網可能存在的安全風險，分享了物聯網安全風控系統的建置想法，並以智慧網聯汽車為例介紹風險局勢感知系統建置的方案，供讀者參考。

隨著 5G 的正式商用，真正的物聯網時代正在加速來臨。這是一個和傳統網際網路完全不同的新時代，創新的網際網路業務、應用和終端裝置將百花齊放。作為基礎承載設施的 IoT 裝置呈現出相當大的碎片化和異構化，因此其安全和業務風險系統的建置及營運將非常複雜。潛在的安全風險和可能造成的影響也更大。因此，在設計物聯網技術方案時應該優先考慮安全性。

物聯網打通了虛擬和現實世界，黑色產業的攻擊會真正影響到網際網路使用者的人身安全甚至社會穩定，因此物聯網安全必將成為國家網路空間安全戰略的重要組成部分。

內容安全與符合規範

網際網路業務平台的互動場景，如使用者聊天、電子商務評論、發文、留言、視訊、直播、彈幕等多個場景中，會產生大量的文字、影像、語音、視訊等 UGC（User-generated Content）和 PGC（Professional-generated Content）的內容。這些內容會產生以下各種業務和符合規範風險：

- 有關謾罵、灌水、廣告。
- 有關色情、暴力、政治內容等。

這些不符合規範的內容，給網際網路平台帶來了以下諸多經營風險：

- 廣告會導致業務流量被黑色產業和競爭對手惡意啟動流失。
- 謾罵、灌水會導致業務產生大量低品質垃圾內容，影響平台核心競爭力。
- 暴力、政治內容會觸犯國家法律法規，導致業務整改、關停甚至其他嚴重後果。

綜上所述，我們需要控管業務平台中使用者互動產生文字、影像、視訊、音訊等造成的內容安全風險，保障業務的正常發展和符合規範經營。

15.1 內容安全符合規範概述

一直以來，網際網路上傳播謾罵、暴力資訊的情況都比現實生活中更嚴重。此外，各大網際網路平台又有各種「謠言」類別的虛假資訊呈「爆發式」傳播，對廣大網民健康使用網際網路產生了相當大影響。

網路空間不是法外之地，近幾年來中國大陸透過不斷增強法律法規、建立監管系統和完成技術方法等方面逐漸建立了相對完整的網際網路內容監管系統。對於產生較大影響的網際網路內容安全事件，已經可以做到及時發現、依法處罰。處罰的方法包含立即整改、從 APP 商店臨時下架甚至永久下架關停等。

內容安全符合規範風險已經逐漸上升為網際網路平台的歸零風險，必須慎重對待。涉及線上內容的網際網路平台，包含生產、傳輸、儲存和展示等環節，都需要根據監管要求進行內容審核過濾，包含以下範圍：

- 內容生產方（新聞媒體類別、交友類別、直播類別和討論區類別等）。
- 傳輸展示方（電信業者、廣播電視等）。
- 儲存方（IDC 機房、各大雲端平台等）。

為了提升內容安全的自動化審核能力，我們建置了 AI（Artificial Intelligence，人工智慧）驅動的內容安全審核系統，其整體架構如圖 15.1 所示。該系統以傳統機器學習演算法和深度學習為基礎，GPU 和 CPU 多種算力組合使用，模型層根據防控的場景、目標和尺度不同，建置文字、語音、影像、視訊的多種模型，業務層綜合模型、敏感詞、黑白樣本資料庫、行為等多種子系統，綜合判斷內容是否符合規範，及時對不符合規範內容進行阻斷或轉入人工審核。

本章分別從文字、影像、語音、視訊及內容安全工程化等幾個方面介紹實現的方案。

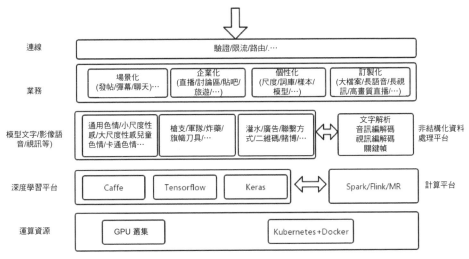

圖 15.1　內容安全審核系統整體架構圖

15.2　文字內容安全

文字內容安全主要有關敏感詞識別、情緒識別、語義識別等。為了達到文字審核的效果一般採用敏感詞識別和基於 NLP（Natural Language Processing，自然語言處理）的 AI 模型（簡稱 NLP AI 模型）等多個子系統組合使用的方式。

■ 敏感詞系統：敏感詞系統也被稱為關鍵字系統，主要用於精確比對該段文字中是否包含詞庫中的詞。舉例來說，詞庫中有「加微信」、「加 QQ」和「小姐姐」等詞，判斷一段文字「想和小姐姐聊天，加微信 12345」是否包含詞庫中的詞。該系統具備快速、準確、高效、可解釋性強等特點，當風控營運系統發現一個新的違規樣本時，只需要把敏感詞加入詞庫，即可快速進行防控。該系統本身並不對文字語義進行了解，這就導致會有一些誤判，並且對變種詞、新詞等無法高效應對，也無法對整個句子的情緒進行了解。

- NLP AI 模型：NLP 技術經過幾十年的發展，尤其是近年來隨著統計語言模型和深度學習技術的發展，可以透過對大量標記資料進行學習，對文字進行精確分類，在垃圾郵件識別、文字正負面情緒識別、文字相似度識別等諸多領域均獲得了較好的成果。同理，把 NLP 技術用在文字內容安全中，對灌水、廣告、謾罵等違規進行識別，也可以取得較好的效果。NLP AI 模型的反覆運算更新需要經過收集樣本、標記、訓練、部署等多個流程，有一定的時間週期，無法快速即時生效，在防控中有一定的落後性。

在文字內容安全實作中，一般將敏感詞系統和 NLP AI 模型組合使用。

15.2.1 敏感詞系統

敏感詞系統在內容安全防控系統的作用非常重要，下面詳細介紹敏感詞系統的應用和營運。

15.2.1.1 敏感詞識別

檢測違規文字，傳統的做法是建立敏感詞的詞庫對目標文字進行過濾。文字內容進來後，如果是命中了關鍵字，則判斷是違規文字。在實際系統執行中，主要需要解決以下幾種問題：

- 海量詞庫快速比對：一個生產系統可用的敏感詞庫，都不是一個簡單的詞表，一般包含廣告、色情、謾罵、政治等多個大類，每個大類又包含多個企業小類別，整體詞庫數量規模達數百萬量級。

- 變形詞的比對識別：黑色產業為了逃避關鍵字攔截，會對關鍵字進行各種變形，如下所述。

  - 同音詞：如「加我微信」變為「加我維信」，「QQ」變為「扣扣」等。
  - 加干擾：如「加我微信」變為「加 1 我 2 微 3 信 4」等。
  - 形近詞：如「加我微信」變為「加我徵信」等。
  - 簡繁體轉換：如「双修」變為「雙修」等。

■ 誤殺控制：敏感詞系統對語義並不進行了解，所以難免會有誤殺。以上面的變形詞防控為例，如果把「微信」的變形詞「徽信」作為廣告敏感詞加入詞庫中，那麼「安徽信用聯社」就會命中為廣告。不同的詞彙，在不同的領域表示的含義不同，也會導致誤殺。舉例來說，「木耳」在美食評論領域是正常詞，但是在某些社交領域就變成了敏感詞。如果不分領域場景進行分別防控，就會導致誤殺。

針對以上的幾種問題，解決方案如下。

海量詞庫的快速比對，一般利用雙陣列字首樹 DAT（Double-Array Trie）演算法進行比對，DAT 演算法由日本學者 Jun-ichi 發明，能高速完成單串比對，並且記憶體消耗可控，支援百萬等級敏感詞的快速比對。

為了應對變形詞，應當進行變形詞表的維護，如維護同音詞、形近詞、進行跳詞識別等。

在誤殺控制方面，首先，應當結合分詞技術，控制誤殺。還以「安徽信用聯社」為例，如果「徽信」被認為是廣告敏感詞，並且文字分詞後面被分開的「安徽」和「信用聯社」都沒有被認為是敏感詞，那麼綜合判斷這裡有潛在的誤殺風險，可以根據風險偏好選擇放過或進入人工複審環節。其次，應當建立場景化敏感詞庫。同樣的詞在不同的企業表示的含義各有不同，因此，不同產業對敏感詞防控的尺度也就各有不同。舉例來說，電子商務企業，根據法律法規有禁限售的商品目錄和相關詞庫。但是，在討論區、微博等 UGC（使用者原創內容）平台，這些詞又是可以隨意討論的。舉例來說，某些動物有一定的影射和象徵意義，因而需要防控。但是，在美食評論網站，就只是單純對食物進行討論。舉例來說，在醫學網站，器官的文字討論和器官圖片都是合法符合規範的，但是在一個旅遊討論區，可能就會有關色情違規。因此，如果是甲方風控部門，則需要根據業務場景，建立不同的敏感詞庫。如果是乙方防控服務的廠商，則需要建立企業場景化的詞庫。在不同產業的不同場景，進行訂製化的敏感詞庫設定。

以實際使用的敏感詞庫為例，包含高危通殺詞庫、中低危通殺詞庫、特殊時期詞庫、企業詞庫、客戶訂製詞庫和場景詞庫等，其中通殺詞庫數十個，客戶訂製詞庫數百個。當某個場景需要進行防控時，可以靈活設定詞庫和風險等級，進行針對性最佳化。

15.2.1.2 敏感詞庫營運

敏感詞要持續保持好的效果，需要不斷更新反覆運算敏感詞庫，及時跟進政策法規及企業需求。一般來說有以下途徑取得新的敏感詞：

- 業務人員回饋：根據業務使用過程中回饋的誤殺和漏殺案例，有針對性地對詞表進行修訂。
- 與法律法規和主管部門檔案同步：如對廣告法規定的禁用詞、網信辦公佈的禁用詞等要及時跟進並修訂詞庫。
- 新詞發現系統：新詞或變種詞出現是有規律的，可以透過以詞為基礎的相似性演算法對新詞進行採擷，並透過營運人員標記確認，輸入敏感詞詞庫。
- 合作夥伴提供：市場上有大量的協力廠商風控服務廠商，除提供文字安全的呼叫服務外，也提供敏感詞同步服務。甲方可以根據本身需要，選擇購買協力廠商文字安全的呼叫服務，也可以選擇購買敏感詞同步服務。

在實際防控中，還應當不斷監控詞表的效果，進行週期性分析最佳化。

15.2.2 以 NLP 為基礎的 AI 模型

以敏感詞為基礎的防控方法，有快速、高效、準確、可解釋等諸多優點，但是同時也有誤殺、抗變形能力差、非常依賴風控營運等諸多的限制。為了提升文字識別的精準度和召回能力，引用 NLP 模型是一個非常好的選擇。

從早期的統計語言模型開始，文字處理就被進行了大量應用，如單純貝氏模型應用於垃圾郵件過濾等。近年來，隨著深度學習技術的發展，CNN、RNN等模型開始應用於文字分類，其中 TextCNN 方法在處理文字分類中有較多成功的實作。

架設 NLP AI 模型需要經過樣本標記、模型訓練、模型部署 3 個步驟，並且還要在實作中不斷補充樣本標記，更新反覆運算模型，保障效果。

15.2.2.1 樣本標記

業務上違規識別的需求，可以定義文字的常見違規分類。

- 灌水：如一段文字是「啊啊啊啊啊啊，hihihihihi」，這種用敏感詞是無法識別的，但是本質上，這是一段無意義的文字，屬於灌水內容。
- 廣告：很多廣告會有大量的變形詞和同音詞、形近詞變化，如「加扣，一2 三肆 5 六 789」等，敏感詞設定也會非常煩瑣。
- 謾罵：謾罵是指文字中包含髒話、極度不雅用語等發洩情緒的描述。
- 負面：負面本身是一種情緒識別，用敏感詞較難實現，基本無法列舉負面的詞彙。
- 政治：包含對某些政治事件和政治人物等言論的描述。

以上這些分類的樣本標記，日常可以透過營運的審核複查進行標記累積，但是資料量有時達不到模型訓練的要求，這樣，就需要集中調動大量標記人員進行標記。為了提升資料標記和回收的效果，一般我們會專門開發對應的標記系統。有些公司，如果標記人員不足，則可以選擇業界的協力廠商標記公司進行標記外包，還可以在模型訓練中，加入業界開放原始碼公開的標記資料集。

15.2.2.2 模型訓練

文字本身是一種非結構化的資料，在標記的文字資料進行模型訓練之前，需要進行結構化的數值表示，一般包含以下處理步驟。

1. 文字前置處理

- 去除特殊字元：如網頁中的標籤，無意義的特殊字元等。
- 去除標點。
- 運用分詞技術：對中文，需要使用分詞技術，常用的有「結巴分詞」等。

- 特殊語法處理：對英文，需要處理單複數等特殊語法。
- 去除停用詞：如英文的 "a"、"the"，中文的「的」等。
- 語法轉換：中文簡繁體轉換，英文大小寫轉換等。

2. 特徵分析

經過上面處理後的文字是比較乾淨的文字，之後需要透過演算法分析特徵，主要的特徵分析方法包含以下兩種：

- 詞袋模型：即把所有的詞建立一個詞典，組成一個詞袋。不考慮詞法及語序問題，只考慮詞的出現次數和頻率。TF-IDF（Term Frequency–Inverse Document Frequency）是一種常用的詞袋模型，演算法簡單高效，容易了解，可以快速計算出一篇文件中的關鍵字頻和權重，但是無法表現上下文語義關係的結構。
- 詞向量模型：詞向量模型是考慮詞位置關係的一種模型，透過大量的語料訓練，將每一個詞對映到高維向量中，透過餘弦的方式可以判斷詞的關係。舉例來說，貓和狗兩個詞，餘弦值可能接近於 1，因為兩個都是寵物。目前，常用的詞向量模型是 word2vec，底層採用以 CBOW 和 Skip-Gram 演算法為基礎的神經網路模型。

標記文字進行前置處理和特徵分析後，就可以進入模型訓練環節。在實作中，常用的模型包含 TextCNN（TextCNN 基於論文 *Convolutional Neural Networks for Sentence Classification*）等。

如圖 15.2 所示為 TextCNN 的模型結構。可以看到，在這個模型結構中，首先對文字前置處理，然後經過神經網路嵌入層轉化為高維的向量表示，最後經過卷積、池化、全連接等操作得出模型分類輸出結果。

15.2.2.3 模型部署

模型訓練完成後就可以部署到線上，供違規文字識別服務進行呼叫。該服務可以綜合敏感詞和模型的結果，結合對應的策略靈活最佳化，輸出業務滿意的結果。

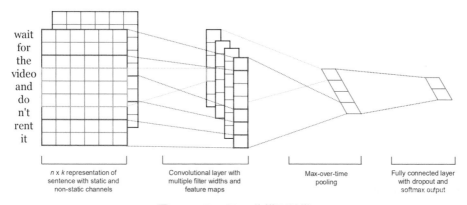

圖 15.2 TextCNN 的模型結構

15.3 影像內容安全

影像內容安全的問題可以歸結為以下幾大類：

- 影像分類：影像分類主要解決色情、暴力、政治等場景識別問題。尺度把握是影像分類最關鍵、最核心的環節。影像分類可以包含很多的大類和細分子類別，大類的差異較大，但是某些細分子類別的判斷標準，有很細微的差別。舉例來說，性器官裸露明顯的色情識別並不難，但是對小尺度性感、大尺度性感、色情之間的細微區分標準就非常難以把握。同樣，暴亂、合法遊行和普通人群正常聚集的區分也存在非常難以區別的情況。

- 敏感人物識別：敏感人物識別主要有兩種，一種是政治人物，另一種是明星。政治人物需要識別並標識領導人、歷史敏感人物、落馬官員等；明星需要識別並標識明星，包含正面明星、負面明星、封殺明星等。

- 影像文字識別：影像文字識別主要識別圖片上的文字，一旦圖片上有文字，就可能會涉及文字安全的廣告、政治等違規。圖片中的文字可能會包含印書體、手寫體、藝術字等多種類型。

- 特殊標識識別：特殊標識識別主要針對 LOGO 等，如某些反動團體的 LOGO，某些恐怖組織的 LOGO 等。

- 其他細分類識別：其他細分類識別可能包含地圖殘缺識別、二維碼識別、條碼識別等特殊類型。

接下來，我們對影像分類、敏感人物識別、影像文字識別進行詳細説明。對於 LOGO 識別、二維碼識別等，本書暫不進行説明，讀者可以在網際網路上搜尋相關資料閱讀。

15.3.1 影像分類

影像分類主要指對影像安全中色情、暴力、賭博、政治等場景的識別。現在的主流影像分類方法是以深度神經網路模型為基礎的分類技術。在實際的工程實現過程中，主要需要解決樣本標記、模型訓練兩個核心問題。

15.3.1.1 樣本標記

「有多少智慧，就有多少人工」，是深度學習領域的經典名言。為了滿足各企業、各場景的影像分類需求並進行靈活的尺度調整。需要對圖片進行人工標記分類，為了較好的模型識別效果，模型訓練需要的每個小類別下的樣本數級要求，從幾千張到幾萬張甚至幾十萬張不等。以小尺度性感樣本標記為例，小尺度性感包含露肩、露臍、露腿、露背、以上裸露隨機組合等，大尺度性感、色情、暴力等也有多種細分類。

為什麼一定要進行這麼細緻的標記？因為不同場景，不同產業的尺度把握各不相同。舉例來説，直播場景，網際網路法規僅允許大尺度性感中的某些部位裸露，而其他一概不允許。

對一般的人臉識別、物體識別，網際網路上有一些開放原始碼公開的樣本集合可以參考使用。但是違規圖片，本身就不允許傳播，想去收集樣本就非常困難，只能依賴營運日常標記和專職標記人員進行素材批次收集與標記。

以樣本標記工作為例，實際工程中的樣本標記數量如表 15.1 所示。

表 15.1 實際專案中的樣本標記數量

樣本類別	子類別樣本數	黑樣本總數	白樣本總數	標記人員
近十個大類別，幾十個以上小類別	最少的小類別樣本數在 5000 ～ 10000 個，較大的小類別樣本數在 10 萬個以上	數百萬規模以上	數百萬規模以上	日常數十人以上，特殊時候動態增加

以上的樣本標記只是打下一個基礎，在後續的實作中，需要不斷補充新的正常圖片樣本和違規圖片樣本，保持模型的更新反覆運算。

15.3.1.2 模型訓練

模型訓練之前，要進行資料增強，來加強模型的泛化能力。資料增強一般包含影像的隨機修改、隨機翻轉，RGB 顏色與亮度轉換等技術。隨機修改的目標是在不同尺寸和位置上學習物件的重要特徵。

近年來，神經網路分類模型從經典的 CNN 網路發展到 AlexNet（2012 年 ImageNet 大賽冠軍）、VGGNet（2014 年 ImageNet 大賽亞軍）、GoogLeNet（2014 年 ImageNet 大賽冠軍），再到的 ResNet（殘差網路 Residual Network，2015 年 ImageNet 大賽冠軍）等，不斷反覆運算進化。在分類神經網路的發展進化中，透過建置多個子模組成複雜卷積核心來加強學習能力和抽象能力，擴大了網路的深度，也加強分類網路的代表深度與模型效果。因此，在進行模型訓練時，可以選擇的模型範圍非常廣泛。

同樣，在深度學習快速發展的過程中，深度學習架構也層出不窮，如 Google 的 TensorFlow、Facebook 的 Caffe、百度的 PaddlePaddle 等都在實際生產環境有大規模的成熟應用。在實際的工程中，可以自由選擇深度學習架構進行模型的開發和訓練部署。

接下來以 ResNet 網路訓練 ImageNet 資料集中的影像分類為例進行詳細介紹。ResNet 架構由何凱明等人提出，他們試圖透過這個架構訓練更深的網路，進而增加網路的抽象能力。在原來的神經網路中,增加深度會導致更高的訓練誤差,梯度問題(梯度消失/爆炸)可能會導致訓練收斂性的問題。如圖 15.3 所示為一般的神經網路模型不同層次層高的訓練誤差。

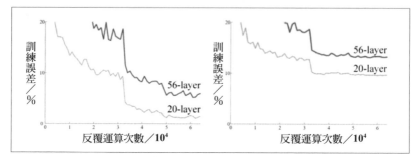

圖 15.3　一般的神經網路模型不同層次層高的訓練誤差

ResNet 的主要貢獻是增加了神經網路的跳過連接(Skip Connection),使用批次歸一化並移除了作為最後一層的全連接層。透過跳過連接(Skip Connection),只要神經網路模型能夠適當地將資訊從前一層傳遞到下一層,它應該就能變得無限深,如圖 15.4 所示。透過跳過連接,把輸入跨層連接到下一層,透過訓練使得訓練更關注網路之間的變化,即殘差。

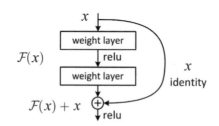

圖 15.4　ResNet 跳過連接

ResNet 能做到隨著層深的增加,效果更加理想,如圖 15.5 所示。

我們在內容安全的影像分類實作中,選擇了 ResNet50 網路。在 ResNet50 網路訓練時,使用 ImageDataGenerator(一個影像處理模組)做資料增強,加強模型的堅固性。ImageDataGenerator 提供了許多操作,包含圖片旋轉、對稱、平移等操作。

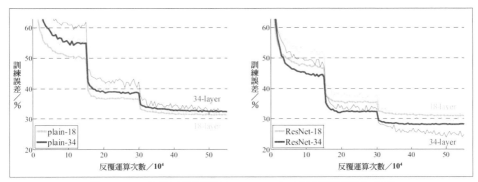

圖 15.5 一般的神經網路與 ResNet 在不同網路層深的表現

以某次暴力模型訓練為例,我們使用 NVIDA(英偉達)Tesla P100 顯示卡 2
塊,CPU 48 核心的機器訓練,百萬級圖片的訓練耗時大概是 2 天。某次暴力
模型訓練的準確率和召回率如表 15.2 所示。

表 15.2 某次暴力模型訓練的準確率和召回率

標籤	正確識別白樣本	正確識別黑樣本	誤殺	漏殺	準確率	召回率
暴亂	21050 個	348 個	365 個	34 個	48.80%	91.10%
血腥	20295 個	1269 個	78 個	144 個	94.21%	89.81%
焚燒	21181 個	491 個	29 個	85 個	94.42%	85.24%
重型武器	19510 個	1754 個	260 個	262 個	87.09%	87.00%
刀具	21067 個	485 個	5 個	229 個	98.98%	67.93%
負面特殊著裝	20871 個	556 個	90 個	269 個	86.07%	67.39%
正面特殊著裝	19377 個	1212 個	362 個	835 個	77.00%	59.21%
負面特殊符號	21597 個	143 個	17 個	29 個	89.38%	83.14%
正面特殊符號	20912 個	662 個	43 個	169 個	93.90%	79.66%

從表 15.2 中可以看出,在暴亂場景中的準確率偏低,正面特殊著裝的召回率
偏低。為了最佳化這兩個子標籤的整體精度,我們需要對樣本進行分析,加
強收集再進行最佳化訓練。其中正面特殊著裝主要收集黑樣本,增加覆蓋度;
而暴亂場景主要增加白樣本,增加暴亂和人群聚集等正常場景的區分度。

以上的準召率（準確率和召回率的統稱），只是在提供樣本分佈情況下的準確率和召回率。如果某一個新場景的某類別圖片，並不在覆蓋範圍內，準召率就無法保障。舉例來說，提供的圖片僅包含發帖場景中的圖片樣本，那麼當用於直播場景時，準召率可能就會大幅降低。同理，使用 O2O 場景圖片訓練的模型，在電子商務場景中準召率可能也會大幅降低。為了讓模型的效果更好，讓模型有更多的普適性，有多種最佳化選擇：一種選擇是，訓練樣本逐漸覆蓋更多的場景；另一種選擇是，為不同的場景訓練專有的模型。兩種方案的優劣不能一概而論，要根據實際的業務情況進行取捨。一般來說，常常選擇逐漸最佳化通用模型；但是如果某業務場景的經濟價值很高或呼叫量很大，則要求更高的準召率和更好的效能，專門訂製模型會是非常好的選擇。舉例來說，在直播火熱發展、監管又非常嚴格的情況下，直播場景的訂製模型就非常有必要。

模型訓練完成後即可部署上線，用於影像分類。為了提升效能，模型執行 GPU 和模型訓練 GPU 應當選用不同的類型。舉例來說，NVIDA Tesla P40 顯示卡或 NVIDA Tesla T4 顯示卡專為模型執行而設計，可以大幅提升模型執行時期的效能，而 NVIDA Tesla P100 顯示卡或 NVIDA Tesla V100 顯示卡更適合模型訓練，如果使用在模型執行場景，就比較浪費。在實際場景使用中，需要根據影像分類輸出的標籤進行場景化的設定。

15.3.2　敏感人物識別

敏感人物識別一般包含政治人物識別和明星人物識別兩大類，本質上是人臉識別的經典問題。敏感人物識別主要解決兩個問題，一是人臉識別，二是敏感人物資料庫的維護。

15.3.2.1　人臉識別

人臉識別不同於人臉比對，人臉比對做的是 1:1 的比對，即判斷兩張圖片中的人物是不是同一個人。舉例來說，「張三」的多張圖片和「李四」的多張圖片，然後在其他圖片中，識別出是否有張三或李四。

人臉識別技術從 20 世紀 70 年代開始就是電腦視覺和生物識別領域的重要研究課題。傳統的方法依賴於人工設計的特徵（邊緣和紋理等），再加上機器學習技術組合，由於是人工分析特徵，在面對特徵變化時，需要針對性設計演算法，如應對不同年齡、不同姿態，不同表情等。

經典的人臉識別系統通常由以下幾個模組成：

■ 人臉檢測：負責檢測影像中是否存在人臉，若存在則列出人臉框四個座標點位置。

■ 人臉關鍵點檢測：對檢測到的人臉，檢測出左右眼瞳孔中心座標，鼻尖和左右嘴角座標位置。

■ 人臉對齊：使用檢測到的關鍵點和標準關鍵點進行仿射轉換，將人臉矯正成一張標準臉。

■ 人臉代表：代表階段，人臉像素值會被轉換成可判斷的特徵向量，同一主體的人臉對映到相似的特徵向量。

■ 人臉比對：在人臉比對模組，兩個範本會進行比較，獲得一個相似度分數。列出人臉屬於同一主題的可能性。

近年來，隨著深度學習技術的興起，傳統的人臉識別方法，基本都已經被以卷積神經網路為基礎的深度學習方法所替代。深度學習方法可以基於大量人臉資料集進行訓練，自動學習到代表資料的最佳特徵。深度學習獲得的人臉特徵表達具有手動特徵表達所不具備的重要特性。舉例來說，它是中度稀疏的、對人臉身份和人臉屬性有很強的選擇性，對局部遮擋具有良好的堅固性，這些特性是透過巨量訓練獲得的，並未對模型加入顯性約束或後期處理，能夠保證人臉檢測和關鍵點對外部環境的依賴、對人臉狀態的依賴很小，相當大地加強了人臉識別的準確率。

同時，為了促進人臉識別技術的發展，許多大專院校和企業提供了公開的人臉資料集用於研究、競賽等，推動了人臉識別技術的發展。表 15.3 列出了常用於人臉識別的公開資料集，很多資料集都還在持續不斷更新。

表 15.3 常用於人臉識別的公開資料集

資料集	圖片數量級	維護者	描述
PubFig:Public Figures Face Database	5.8 萬張	哥倫比亞大學	哥倫比亞大學公眾人物人臉庫
CelebA:Large-scale CelebFaces Attributes Dataset	20 萬張	香港中文大學	香港中文大學人臉庫
CASIA-FaceV5：CASIA Face Image Database Vision 5.0	0.25 萬張	中科院自動化研究所	中科院自動化研究所人臉資料庫
MageFaces Dataset	470 萬張	華盛頓大學	華盛頓大學百萬級人臉識別庫
MS-Celeb-1M Dataset	1000 萬張	微軟	微軟百萬級人臉識別庫

2015 年，Google 工程師提出了一個絕大部分人臉識別問題的統一解決架構，即識別、驗證、搜尋都可以放到特徵空間中進行，需要解決的僅是如何更進一步地將人臉對映到特徵空間。FaceNet 可以從人臉中分析高品質特徵，這個過程稱為人臉嵌入（Face Embeddings），再透過這些高品質特徵建置特徵訓練人臉識別系統。FaceNet 有大量的協力廠商開放原始碼實現和極高品質的預訓練模型。

2016 年，《使用多工串聯卷積網路的聯合人臉檢測與對齊》（*Joint Face Detection and Alignment Using Multitask Cascaded Convolutional Networks*）這篇論文提出了多工串聯卷積神經網路（Multi-Task Cascaded Convolutional Neural Network，MTCNN），這種先進的人臉深度學習模型又使得人臉檢測技術進入了一個新的階段。

下面先列出一個基於 Keras 深度學習開發架構，使用 MTCNN 進行人臉檢測，Google FaceNet 進行人臉特徵分析，然後進行明星人臉分類的範例（該範例參考 Jason Brownlee 的文章 *How to Develop a Face Recognition System Using FaceNet in Keras*）。透過該範例，我們先對人臉識別流程有一個整體的認識，再介紹線上萬級以上政治人物和明星識別的工程實現。這個範例的整體工作流程如圖 15.6 所示。

圖 15.6 人臉識別整體工作流程

在本範例中，人臉資料庫使用五個明星和一個網路人物的人臉資料集作為人臉資料庫，明顯資料集目錄如圖 15.7 所示。

圖 15.7 明星資料集目錄

首先，業界有許多高品質的 FaceNet 預訓練模型可以使用，本範例下載 Hiroki Taniai 提供的預訓練模型。

首先使用 MTCNN 檢測人臉，然後使用 FaceNet 分析特徵，再使用 SVM 建立分類模型，用於識別實際的人臉，範例程式如下：

```
1. from tensorflow.keras.models import load_model
2. import numpy as np
3. from PIL import Image
4. from mtcnn.mtcnn import MTCNN
5. from sklearn.svm import SVC
6. from sklearn.preprocessing import LabelEncoder
7. from sklearn.preprocessing import Normalizer
8. from sklearn.metrics import accuracy_score
9. import os
```

```
10. import filetype
11. from matplotlib import pyplot
12. from matplotlib.font_manager import FontProperties
13.
14.
15. # 載入圖片
16. def loadImage(filename):
17.     image = Image.open(filename)
18.     image = image.convert('RGB')
19.     pixels = np.asarray(image)
20.     return pixels
21. # 分析一個人臉
22. def extractFace(filename, requiredSize=(160, 160)):
23.     image = loadImage(filename)
24.     detector = MTCNN()
25.     results = detector.detect_faces(image)
26.     print(results)
27.     if (len(results) == 0):
28.         return None
29.     x1, y1, width, height = results[0].get('box')
30.     x1, y1 = abs(x1), abs(y1)
31.     x2, y2 = x1+width, y1+width
32.     face = image[y1:y2, x1:x2]
33.     image = Image.fromarray(face)
34.     image = image.resize(requiredSize)
35.     faceArray = np.asarray(image)
36.     return faceArray
37.
38.
39. # 分析資料夾下的人臉和標識
40. def loadFaces(directory):
41.     faces = list()
42.     for filename in os.listdir(directory):
43.         path = directory + filename
44.         fileType = filetype.guess(path)
45.         if fileType is not None and fileType.extension == 'jpg':
46.             face = extractFace(path)
47.             faces.APPend(face)
48.     return faces
```

15-18

```
49.
50.
51. # 分析整個資料夾下的資料集
52. def loadDataset(directory):
53.     x, y = list(), list()
54.     for subdir in os.listdir(directory):
55.         path = directory + '/' + subdir + '/'
56.         if not os.path.isdir(path):
57.             continue
58.         print('load path:{}'.format(path))
59.         faces = loadFaces(path)
60.         labels = [subdir for i in range(len(faces))]
61.         x.extend(faces)
62.         y.extend(labels)
63.     return np.asarray(x), np.asarray(y)
64.
65.
66. # 計算人臉特徵
67. def getEmbedding(model, facePixels):
68.     facePixels = facePixels.astype('float32')
69.     mean, std = facePixels.mean(), facePixels.std()
70.     facePixels = (facePixels - mean) / std
71.     samples = np.expand_dims(facePixels, axis=0)
72.     yPre = model.predict(samples)
73.     return yPre[0]
74.
75.
76. if __name__ == '__main__':
77.     model = load_model('facenet_keras.h5')
78.
79.     dataSet = 'star'
80.     datasetFile = dataSet + '.npz'
81.     if os.path.exists(datasetFile):
82.         print('load loadDataset from datasetFile :{}'.format(datasetFile))
83.         data = np.load(datasetFile)
84.         trainX, trainY, testX, testY = data['arr_0'], data['arr_1'], data
85.         ['arr_2'], data['arr_3']
86.     else:
87.         trainX, trainY = loadDataset(dataSet + '/train')
```

```
88.         testX, testY = loadDataset(dataSet + '/test')
89.         np.savez_compressed(datasetFile, trainX, trainY, testX, testY)
90.
91.     embeddingsFile = dataSet + '-embeddings.npz'
92.     if os.path.exists(embeddingsFile):
93.         print('load data embeddings from embeddingsFile:{}'.format
94.                 (embeddingsFile))
95.         data = np.load(embeddingsFile)
96.         newTrainX, newTrainY, newTestX, newTestY = data['arr_0'],  data
97.         ['arr_1'],  data['arr_2'],  data['arr_3']
98.     else:
99.         # extract embeddings
100.            newTrainX = list()
101.            for facePixels in trainX:
102.                embeddings = getEmbedding(model, facePixels)
103.                newTrainX.APPend(embeddings)
104.            newTrainX = np.asarray(newTrainX)
105.            newTrainY = trainY
106.            print("newTrainX shape:".format(newTrainX.shape))
107.
108.            newTestX = list()
109.            for facePixels in testX:
110.                embeddings = getEmbedding(model, facePixels)
111.                newTestX.APPend(embeddings)
112.            newTestX = np.asarray(newTestX)
113.            newTestY = testY
114.            print("newTestX shape:".format(newTestX.shape))
115.            np.savez_compressed(embeddingsFile, newTrainX, newTrainY,
                newTestX,
116.                newTestY)
117.
118.        # classfication model
119.        inputEncoder = Normalizer(norm='l2')
120.        newTrainX = inputEncoder.transform(newTrainX)
121.        newTestX = inputEncoder.transform(newTestX)
122.
123.        outEncoder = LabelEncoder()
124.        outEncoder.fit(newTrainY)
```

```
125.        newTrainY = outEncoder.transform(newTrainY)
126.        newTestY = outEncoder.transform(newTestY)
127.
128.        classModel = SVC(kernel='linear', probability=True)
129.        classModel.fit(newTrainX, newTrainY)
130.
131.        yPreTrain = classModel.predict(newTrainX)
132.        yPreTest = classModel.predict(newTestX)
133.
134.        scoreTrain = accuracy_score(newTrainY, yPreTrain)
135.        scoreTest = accuracy_score(newTestY, yPreTest)
136.
137.        print('Accuracy: train=%.3f, test=%.3f' % (scoreTrain*100,
            scoreTest*100))
138.
139.        testFace = extractFace('test.jpg')
140.        testEmbedding = getEmbedding(model, testFace)
141.        testEmbeddings = list()
142.        testEmbeddings.APPend(testEmbedding)
143.        testEmbeddings = np.asarray(testEmbeddings)
144.        testEmbeddings = inputEncoder.transform(testEmbeddings)
145.        print("testEmbeddings:")
146.        print(testEmbeddings)
147.        testPreClass = classModel.predict(testEmbeddings)
148.        print("testPreClass:")
149.        print(testPreClass)
150.        testPreClassProb = classModel.predict_proba(testEmbeddings)
151.
152.        testPreClassIndex = testPreClass[0]
153.        testPreClassProb = testPreClassProb[0, testPreClassIndex] * 100
154.        testPreNames = outEncoder.inverse_transform(testPreClass)
155.        print('predict test.jpg:{}'.format(testPreNames[0]))
156.        print('predict test.jpg probability:{}'.format(testPreClassProb))
157.        font = FontProperties(fname='/Library/Fonts/Songti.ttc', size=10)
158.        pyplot.imshow(testFace)
159.        title = '%s (%3f)' % (testPreNames[0], testPreClassProb)
160.        pyplot.title(title, fontproperties=font)
161.        pyplot.show()
```

該範例程式，首先從資料夾中讀取圖片獲得圖片集合；然後使用 MTCNN 檢測人臉，以 MTCNN 檢測到為基礎的人臉，使用 FaceNet 分析特徵，用特徵產生訓練集和測試集資料；最後根據特徵訓練 SVM 分類器。對一個新圖片的測試過程，也同樣遵循這個流程。模型訓練完成後，用網路人物的測試圖片進行測試，測試圖片和識別結果如圖 15.8 和圖 15.9 所示，識別結果正確，分類可信機率為 89.7%。

圖 15.8 網路人物的測試圖片

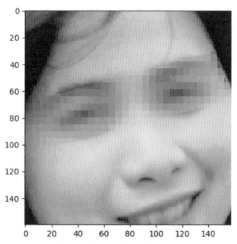

圖 15.9 網路人物人臉識別結果和分類機率

結合上述範例的實作，我們可以更進一步設計生產環境使用的敏感人物識別服務整體流程，該識別服務的業務需求如下：

■ 人物可以隨時增加和刪除，識別能夠快速生效。

■ 人物資料庫量級在萬等級以上。

■ 每個人物僅需要 10 張左右的圖片（圖片要求過多，對風控營運壓力較大）。

該服務分為兩個過程：首先是初始化過程，把敏感人物資料庫中的含有人臉的標記圖片，分別使用 MTCNN 做人臉檢測，用 FaceNet 做特徵分析，並選擇分類模型進行人臉分類，獲得初始的人臉分類模型；其次是週期性的增量過程，定期檢測敏感人物資料庫中是否有新增圖片或刪除圖片，增量過程把變更的圖片資料重複使用 MTCNN 做人臉檢測，用 FaceNet 做特徵分析，把新的樣本資料加入初始化的資料集中，重新訓練並更新人臉分類模型。

在線上生產環境中，為了更好的識別精度，我們使用 MTCNN 做人臉檢測，以 VGGFace2 資料集訓練為基礎的 FaceNet 進行人臉特徵分析，以 ResNet50 作為分類模型。

實際線上敏感人物的準確率大概在 98% 以上，召回率在 90% 以上。如果發現某個人物的準召率較低，一般和該人物的入資料庫樣本圖片數量及姿態變化較少有關，需要給該人物增加更多不同角度的圖片。

15.3.2.2 敏感人物資料庫

敏感人物資料庫規模一般在上萬等級，可能還會更高。在維護敏感人物資料庫的過程中，為了能更進一步地進行人臉識別，需要對每個人物收集多張人臉照片，用於特徵學習。該如何收集照片呢？什麼樣的多張組合照片能收穫更好的效果呢？

我們都知道，人臉在現實世界中有高度的可變性，一個真實的人臉圖片可變的地方可能有頭部姿勢、年齡、遮擋、光源條件和人臉表情等。*Face Recognition: From Traditional to Deep Learning Methods* 這篇論文整理了人臉的不同變化情況。

所以，當新增一個敏感人物入資料庫時，需要盡可能覆蓋這些變化。舉例來說，在實作中增加某個政治人物到人臉資料庫時，我們增加了 9 張圖片，這 9 張圖片覆蓋了該政治人物不同的角度、表情、姿勢、年齡等，可以從中分析到更多的特徵，在後續的識別中效果會比較好。

以上列出了維護敏感人物的影像樣本資料庫一般準則。在實作中我們還會為人物打上不同的標籤，根據識別人物的標籤進行防控。這些標籤需要根據政治和企業情況進行及時的調整。

15.3.3 影像文字識別

在影像內容安全中，影像文字識別本質上是通用技術方法，識別出影像上的文字，然後使用文字安全服務判斷該影像是否違規。傳統的文字識別指 OCR（Optical Character Recognition，光學字元辨識）技術，對固定位置、固定格式、印刷體文字的識別，目前已經達到非常高的精度，如名片、證件照、營業執照、發票等文字識別準確率都高達 99% 以上。不同於傳統的 OCR，影像內容安全面臨的挑戰主要包含自然場景影像中的文字識別技術，業界稱為 STR（Scene Text Recognition），其技術難度遠遠高於傳統 OCR，識別準確率也一直較低。影像內容安全中的文字識別，面臨非常大的挑戰。一般來説，影像中的文字較難識別的原因主要包含以下幾個方面：

- 語言變化：中文簡繁體、英文字母大小寫。
- 字型變化：影像中會有印書體，手寫體、藝術字等，而且字型大小不一。
- 字型姿態變化：文字的旋轉、扭曲等。
- 文字來源不同：有些是影像後期增加的文字，有些是影像中本身有旗幟、橫幅、標語等，文字的色彩和光源條件變化也比較大。

目前，隨著 OCR 和 STR 技術的發展，同樣也進入了深度學習領導的時代。為了獲得較好的 STR 識別效果，需要大量的高品質標記樣本、高精度的字元定位演算法和字元識別引擎等。其中，最大的挑戰還是樣本。目前，在證件、發票、憑證等 OCR 領域中，各家廠商的精度都比較高，差距不大；在 STR 領域中，擁有巨量樣本，一般是百度、Google 等公司的效果比較好。

影像內容安全文字識別重點用於識別政治、色情、廣告文字，要求對這種文字有較高的識別率。因此，在實作中，我們採用人工標記和自動化產生的方式累積訓練樣本。在自動化產生過程，我們採用常用文字、敏感詞庫文字、常用字型組合的方式，產生巨量樣本用於訓練。

15.4 語音內容安全

在行動網際網路時代，音訊直播、語音聊天已經成為普遍的溝通交流方式。面對這些音訊內容，平台需要加強審核標準，確保語音內容符合規範。

語音內容安全和文字、影像類似，同樣面臨著政策監管，主要為色情、政治、暴力等。從技術上分為兩種問題，一種是有語義語音，需要識別說話中的語義是否有有關色情、低俗、政治、謾罵、廣告等；另一種是無語義語音，是否有透過聲音的情緒表達有關色情、驚悚等。

15.4.1 有語義語音

有語義語音的識別流程如圖 15.10 所示。

圖 15.10 有語義語音辨識流程

其中有語義語音處理主要有關語音的接收、編解碼等。

語義識別即語音轉文字，這是一個人工智慧問題，在這裡不再贅述。語音轉文字這個環節，面臨著很多挑戰，如背景音、方言、語速等各種問題，想要做好非常不容易。目前，市面上也有許多著名的語音轉文字公司，如科大訊飛、百度等。

語義識別後的語音文字，再呼叫前文提到的文字內容進行安全檢測。

目前，還有一種技術是聲紋技術，即找出違規語音之後，分析違規語音的聲紋特徵，建立聲紋黑名單資料庫。當再有新的語音進入時，識別語音發聲的人是否在聲紋黑名單資料庫中，並進行防控。該技術對聲紋識別的準確率要求極高，比較難實現。

15.4.2 無語義語音

透過語音辨識加文字安全過濾，可以解決一部分問題，但是變種總是源源不斷產生。音訊中的資訊常常會有一些情緒的暗示，如驚悚、爆炸等。這種沒有語義的語音，無法轉化為文字內容識別，只能透過聲音本身分類來識別。

要進行語音分類，需要進行以下幾部分工作：

- 標記資料：需要對各種語音進行細粒度的標記。這部分最大的困難是違規樣本的取得，即業務中沒有大量的違規樣本。這時就需要手動取得和剪輯一些素材，但是手動取得和剪輯的素材又和實際業務中的資料有一定的差異。
- 語音切分：在實際資料中，語音的長短、大小不一致。我們不僅需要識別一長段的特徵，也需要識別一長串正常語音中的違規片段。所以在訓練素材時，就需要進行細粒度切分。
- 語音特徵分析：最常用的語音特徵分析是 MFCC（MEL Frequency Cepstral Coefficients，梅爾頻率倒譜系數），MFCC 回饋的是語音在短時的功率譜包絡特徵。
- 分類模型訓練：鑑於語音是有前後關係的時序資料，一般需要使用 RNN 循環神經網路。在實作中，我們使用基於 LSTM（long short-term memory，長短期記憶）的門控 RNN。

無語義語音的識別流程如圖 15.11 所示。

圖 15.11 無語義語音辨識流程圖

如果違規樣本充足，則該方案可以獲得一個相對較好的模型。如果違規樣本不足，則該方案只得出一個語音分類的基礎模型，需要結合線上的實際效果進行不斷最佳化反覆運算。

在實作中，我們主要使用標記資料、語音切分、語音特徵分析、分類模型訓練的流程，但是需要根據業務進行調整和最佳化。下面列舉一個範例，我們為某音訊社交 APP 語音安全的模型訓練主要做的最佳化實作包含以下內容：

- 針對子句音（60 秒內）進行更細粒度切分，切分到 10 秒甚至 5 秒。因為在樣本中發現有整段音訊大部分正常，但是有小段的音訊違規。
- 樣本分佈的均衡，如在初次訓練時，我們主要使用女性聲音素材，後來發現效果不好，違規樣本裡面也有部分男性聲音素材。

最後，我們在該語音社交場景的標記樣本上，獲得的模型準召率都達到 90%以上。

15.5 視訊內容安全

相對前文提到的文字、影像、語音，視訊內容安全是一個綜合的內容安全產品。舉例來說，一個線上觀看的電影，有可能出現違規彈幕和配音，也有可能出現色情視訊畫面。尤其是直播和小視訊等自媒體產業，平台必須對使用者發佈的視訊內容進行嚴格的審核。

有彈幕的直播場景視訊，在審核內容時，需要將影像、音訊、彈幕分拆並分別進行識別。

15.5.1 視訊內容安全處理流程

視訊內容安全是多元綜合防控決策的服務，因此，視訊安全演算法的核心在於對多元素的拆解。以正常的直播為例，僅從直播內容來看，是由直播的影像幀、語音流和彈幕等元素檢測綜合起來的。對視訊流的內容審核，首先是對視訊進行解碼，分離出影像和音訊。將分離出來的影像流截幀處理，然後呼叫影像內容安全服務。截幀的方法有兩種，一種採用間隔截幀處理，即每隔幾秒截取一幀；另一種分析關鍵幀，透過關鍵幀的識別減少同一場景內的連續影像檢測。

對於拆離出來的音訊流可以呼叫語音內容安全服務進行識別。對於直播彈幕等文字則呼叫文字內容安全服務進行識別。最後視訊的審核結果透過多項內容審核的結果進行綜合決策，同時提供對應的證據說明。

15.5.2 關鍵幀分析

關鍵幀是視訊資料結構化的一部分，在視訊製作和壓縮編碼的過程中，也普遍使用關鍵幀技術。在獲得關鍵幀之後就可以進入以內容為基礎的影像審核階段，這樣能夠有效地提升視訊審核效率，避免重複審核圖片。

傳統的關鍵幀分析技術多基於色調、邊緣、塊比對、統計判別、長條圖相關性等鏡頭分割演算法，這些比較適宜於畫面簡單、變化量少的視訊場景。針對內容複雜、場景繁多、動作豐富的視訊，其效果和效能存在明顯的瓶頸。

以深度學習為基礎的關鍵幀分析技術利用對視訊影像幀的綜合特徵分析，融合多維度特徵後進行相似度的判斷，將有用的視覺或語義特徵整合到分群演算法中，形成了資料更少的子鏡頭，最後從子鏡頭中選擇與分群中心距離最小的幀。這種深度學習的方法無須人工操作，對複雜場景的識別和處理效率更高、更準確。

15.6 內容安全工程

綜上所述，內容安全涉及的領域十分廣泛，需要的解決方案也各不相同。以 AI 模型為基礎的內容安全是一個系統工程，該系統除上文提到的分類模型外，還包含資料資產管理、儲存、頻寬、模型快速訓練、模型部署執行等環節。

整個工程需要解決的業務問題如下：

- 統一標記平台：解決文字、語音、影像、視訊的標記、質檢，外部標記資料的匯入等問題。
- 統一儲存平台：解決非結構化資料的儲存問題，還需要解決其他物件的儲存問題。

- 訓練平台：面對頻繁的模型反覆運算，需要基於統一的運算資源管理平台，對 GPU 資源統一控管，隨選分配。
- 模型執行平台：有關數十個模型，需要集中控管部署，隨選排程資源，提供穩定的服務。
- 應用平台：應用平台負責提供外部統一的 API，企業化與場景化介面訂製，隨選呼叫關鍵字、模型、儲存等服務，對外組裝輸出。
- 營運控管平台：營運控管平台針對營運人員，提供場景設定、參數調整、模型切換、效果比對等能力。

在實作中，可以根據自己公司的實際情況，選擇性地進行整體規劃和模組建設，來解決這些業務問題。在本章內容安全符合規範概述中，已經列舉了一個從業務、模型、深度學習平台和運算資源角度出發的內容安全的整體架構。如圖 15.12 所示為落地的內容安全系統架構。該內容安全系統的架構基本解決了上述提到的各種工程問題。由於工程涉及許多業務模組，各模組的建設難度也有較大差異，讀者在建設自己公司的內容安全工程時，可以根據業務的緊急重要程式進行適當修改。

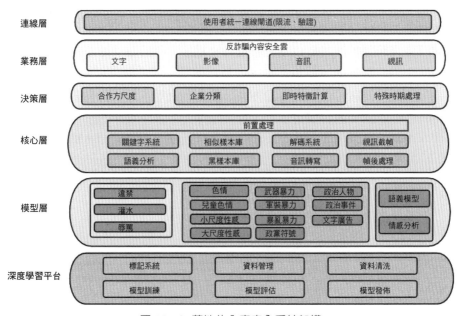

圖 15.12 落地的內容安全系統架構

15.7 內容安全系統的評價指標

內容安全的評價指標本質上和機器學習的評價指標是一樣的,這裡對準確率、召回率的概念不再贅述。

重點強調的是,對內容安全系統的評價需要建立多套標準測試集合。集合的變化維度要包含以下內容:

- 企業變化:如直播企業、電子商務企業分別建置測試集合。
- 比例變化:黑白樣本比例,包含 1:1、1:N 等各種組合,不宜黑白樣本差距過大。
- 素材變化:如文字長度、圖片清晰度、語音背景音樂等都要有所變化。

其他情況可以根據業務再進行對應的調整。

15.8 本章小結

網路溝通互動是網際網路使用者的核心需求之一,也是國家網信部門特別注意的符合規範領域。本章首先從維護業務秩序、遵守法律法規的角度整理了內容安全對於企業的重要性。然後分別介紹了文字、影像、音訊、視訊的需求、技術難度及在工程中的實現方法。最後列出了一般的內容安全工程化實作和內容安全系統的評價指標。內容安全涉及了數十種不同的演算法模型,需要持續投入大量的人力營運。如何更進一步地實現樣本的共用和模型的遷移,仍需企業同仁不斷摸索與努力。

風控與資料符合規範使用

16.1 網路安全立法處理程序

從全世界來看，歐美國家等同樣也在進行資料符合規範的立法工作。

- 2018 年 5 月 25 日，歐盟的《通用資料保護條例》（以下簡稱 GDPR）正式實施。GDPR 對涉及使用歐洲公民資料的企業提出了非常嚴厲的監管條款以保護歐洲公民的隱私，禁止向該區域以外的國家流出個人資料。根據該條例，企業或機構的違規行為可能會導致高達其年收入 4% 的罰款。2019 年 1 月 22 日，法國監管機構對 Google 開出了首筆 GDPR 罰款，金額高達 5000 萬歐元。

- 2018 年 6 月 28 日，美國《加州州消費者隱私保護法案》（以下簡稱 CCPA）經加州的州長簽署公佈，定於 2020 年 1 月 1 日起正式實施。

GDPR 和 CCPA 的立法目的都是為了加強對個人資料和隱私的保護，透過標準企業處理資料的行為，強化企業的相關責任，並且均設定了較為嚴厲的處罰。

16.2 個人資料符合規範使用

隨著國內外法律法規的增強健全和監管越來越嚴格，資料符合規範使用也已經成為風控企業關注的重點。法律法規密集公布，是為了治理網際網路企業中不良企業違規擷取使用資料甚至是非法販賣的問題，沒有強制切斷資料合理流通的路徑。相關法律檔案均透過設定異常條款，指定多種符合規範路徑使用資料，鼓勵透明、符合規範的使用資料。

16.2.1 使用者隱私政策

從 APP 營運者的角度來看，一個相對完整的使用者隱私條例應該至少包含以下幾個方面的內容：

- 如何收集和使用資訊。
- 終端使用者資料的授權與同意。
- 資訊的更新與儲存。
- 採取的資料保密措施。
- 對未成年人資訊的保護政策。
- 如何向其他方揭露和共用資訊。
- 資料跨境傳輸問題。
- 政策更新與效力。
- 適用法律與爭議解決。
- APP 營運方聯繫方式。

當風控公司透過 SDK 為網際網路合作方提供反詐騙能力時，應該要求合作方在其 APP 的使用者隱私條款中用通俗容易、簡單直觀的方式進行揭露，明確告知個人資訊主體風控 SDK 收集、儲存、使用和保護個人資訊的相關過程和用途。專項治理工作群組曾通報過多家網際網路公司，有些網際網路公司因為其 APP 的使用者隱私協定文字沒有換行，需要手動水平滑動才可以閱讀完相關條款，這也屬於典型的不符合規範行為。

SDK 在獲得個人資訊主體的主動授權後才能擷取相關資訊，不能未經同意「私自擷取個人資訊」，更不能以預設、綁定、停止安裝使用等方法變相強迫使用者授權擷取。「不授權就不讓使用者使用 APP」也屬於典型的違規行為。

在 SDK 擷取裝置資料過程中應遵循最小化原則，不收集與風控無關的資訊，不能「超範圍擷取個人資訊」，更不能違反法律法規收集使用個人資訊。典型的「超範圍擷取個人資訊」行為包含擷取使用者通訊錄、簡訊、通話記錄、帳號及開啟麥克風錄音等，絕大部分網際網路業務場景的風控都不需要這些個人敏感資訊。同時 SDK 也應該避免主動申請敏感許可權的行為，防止 APP 違規。

APP 常常會透過 WebView 等方式引用網頁。如果被引用的網頁嵌入了類似 Google Analytics 這種的 JS 程式來收集使用者網頁瀏覽記錄等個人資訊，同樣需要遵循使用者隱私政策。

另外，SDK 符合規範擷取的個人資訊在使用時均應採用去標識化的處理方式。所謂個人資訊的去標識化處理，是指資料控制者在收集個人資訊後透過對應的特殊技術處理，使得單憑該個人資訊無法準確定位到特定個人。

16.2.2 資料安全流轉

在風控系統運轉的過程中會有關資料傳輸互動、分析處理的場景。在線上生產環境和辦公環境之間、線上各個伺服器和系統之間如何實現方便快速而又安全符合規範的資料流轉是一個很大的挑戰。

為了解決資料符合規範流轉的問題，我們研發了資料安全交換平台（以下簡稱 DataX）。DataX 使用高強度的資料加密傳輸通道，整合安全的審核流程，提供多種資料交換方式，打破資料流通的各種阻礙，如圖 16.1 所示。

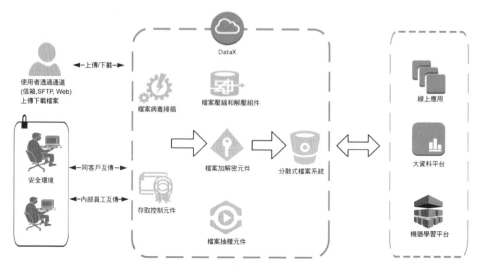

圖 16.1 資料安全交換平台

DataX 支援各種協定的轉換，如電子郵件、SFTP、FTP、Web 等，合作方可以透過各種方式檔案發送到相關測試人員的信箱中，檔案最後使用增強式加密儲存在分散式檔案系統中。

DataX 能準確實現對惡意檔案掃描和檔案內容檢查：

- 惡意檔案掃描：檔案上傳到 DataX 後都要經過安全掃描，防止攜帶惡意程式碼的檔案流入系統中。
- 檔案內容檢查：檔案流出需要經過檔案內容檢查，檢查是否包含敏感資訊。如果有敏感資訊，則需要人工仔細審核通過才能繼續流轉。

16.3 資料符合規範技術創新實作

在雲端運算時代，企業正在廣泛使用各種 SaaS 服務為業務實現降本增效。與此同時，中國大陸各企業監管部門公布了各種監管法律法規，使用者隱私保護和資料安全已經成為企業的核心符合規範需求和業務歸零風險。在此背景下，大家都在尋求和設計「不需要使用原始資料就可以加工資料輸出結果」的解決方案，如端智慧計算、聯邦學習、多方計算及同態加密等技術均受到了相當大的重視。本節主要介紹風控領域中的一些優秀資料產品設計方案供大家參考。

16.3.1 資料匿名查詢

下面以黑色產業 IP 畫像服務為例介紹資料匿名查詢技術方案（這是一個簡單的 Demo 方案，用於供讀者了解想法）。黑色產業 IP 畫像資料主要儲存了風控系統沉澱的黑色產業 IP 和對應的黑色產業風險標籤。基於符合規範的目的，我們採用匿名查詢的方式將 IP 位址去標識化。同時出於效能角度考慮，我們將 IP 位址按段分資料庫處理。

觀察需要覆蓋的 IP 位址，主要有以下幾種：

- A 類別位址範圍是 1.0.0.1 ～ 126.155.255.254（其中 10.X.X.X 是私有地址，127.X.X.X 是保留位址均可以排除）。
- B 類別位址範圍是 128.0.0.1 ～ 191.255.255.254（其中 172.16.0.0 ～ 172.31.255.255 是私有位址，169.254.X.X 是保留位址，均可以排除）。
- C 類別位址範圍是 192.0.0.1 ～ 223.255.255.254（其中 192.168.X.X 是私有位址，可以排除）。
- D 類別地址範圍是 224.0.0.1 ～ 239.255.255.254。
- E 類別位址是實驗位址，可以排除。

為了加強查詢效率，可以將 IP 位址 hash 表根據明文首段的不同分成 239 個表（1.0.0.1 ～ 239.255.255.254），每個表內儲存資料不超過千萬筆。

黑色產業 IP 畫像資料庫建置完成後，使用者即可透過上傳加密的 IP 密文到雲端 API 介面查詢相關的風險，整個流程如圖 16.2 所示。

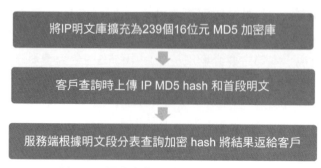

圖 16.2 黑色產業 IP 畫像匿名查詢流程

建置風控產品系統，需要將風控效果和使用者資料保護進行綜合考慮。在合法符合規範的範圍內擷取、儲存和使用使用者資料，保護使用者資料安全不洩露，這是建置風控產品不可逾越的底線。

16.3.2 區塊鏈共用黑名單

近年來，區塊鏈已經引起了國家的高度重視，該技術有關數學、密碼學、網際網路架構和電腦安全等多個領域。從風控領域的角度來看，區塊鏈本質是一個分散式的共用帳本和資料庫，具有去中心化、不可篡改、全程可溯源、公開透明等特點。這些特點確保了區塊鏈的「誠信」與「透明」，為區塊鏈創造信任奠定基礎。

蘇甯金融在 2018 年建置了一個以區塊鏈技術為基礎的黑名單共用平台，其技術架構如圖 16.3 所示。

該黑名單共用平台以 fabric 聯盟鏈為基礎，實現了增加、查詢、刪除黑名單及客訴四大功能。加入該平台的金融機構可將已有的黑名單資料按照系統約定的加密演算法進行資料脫敏處理，然後透過交易的方式發佈到區塊鏈上。成員機構發佈資料即可獲得積分，積分可用於查詢其他機構發佈的黑名單資料。如果有機構發佈的黑名單資料品質不高或存在造假的行為，則成員機構查詢發現後可透過客訴服務追訴資料提供方。這是一個非常好的企業實作，資料脫敏處理，機構之間匿名交易，降低了金融機構資料共用的維護成本。

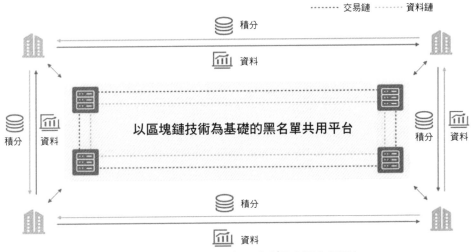

圖 16.3 以區塊鏈技術為基礎的黑名單共用平台

基於區塊鏈能夠解決資訊不對稱和潛在的資料壟斷問題，實現多個主體之間的協作信任與一致行動，真正讓資料產生價值，在風控和反詐騙領域具有廣闊的應用空間。我們的區塊鏈實驗室也在研發以區塊鏈技術、同態加密技術為基礎的多方安全計算平台，可以將多方提供的資料融合到一個安全計算環境中進行建模分析和風險決策。該平台可以實現資料可用不可見，讓資料所有方更加安全可信地共用資料，解決資料合作過程中的資料安全和隱私保護問題，提升風險防控的效果和效率。

16.4 本章小結

網路空間正在逐漸有序化、法制化，個人資料符合規範合法使用是風控企業目前面臨的首要問題，守住資料安全底線是長期發展的前提和基礎。

需要注意的是，在隱私保護和資料安全方面並沒有「一招制勝」的法寶，需要在風控產品的各個環節均有充分可信的設計和技術落地方案。以聯邦學習（Federated Learning）為例，該架構在 2016 年由 Google 提出，用於解決 Android 手機終端使用者在本機更新模型的問題。聯邦學習是一種分散式的機器學習平台，設計目標是在多方或多計算節點之間開展高效率的協作計算，同時，充分保護個人的隱私資料。在落地過程中，如果聯邦學習架構實現得不夠完善，則會存在使用者隱私資料洩露的安全風險。

很多團隊在聯邦學習落地實現的過程中進行了演算法模型的安全強化，推動這些先進的演算法架構在生產中真正安全可靠地發揮其最大價值。在資料安全符合規範使用的前提下，讓資料在風控領域產生極大的價值，我們任重而道遠。

海外風控公司

海外風控公司在企業領域起步較早,產品有很強的創新性,在傳統安全風控技術和機器學習相結合的領域做了很多探索實作,具有非常好的學習價值和參考意義。本章將簡單介紹幾家海外優秀的風控公司。

17.1 Arkose Labs

Arkose Labs 成立於 2015 年,總部位於舊金山。該公司早期的名稱為 Funcaptcha,產品為智慧驗證碼,產品應用場景主要聚焦在 Anti-Spam 領域,如圖 17.1 所示。近年來,Arkose Labs 轉型為全球大型主機構並提供網路反詐騙服務,客戶企業包含電子商務、旅遊、金融、社交媒體與網路遊戲等。Arkose Labs 號稱能夠在不影響使用者體驗和業務開展的情況下,事先阻斷詐騙和黑色產業攻擊行為。

圖 17.1 Arkose Lab 智慧驗證碼

Arkose Labs 在 2019 年 RSA 大會創新沙盒進入最後決賽環節，也是唯一入選的風控領域公司。最後 Arkose Labs 無法奪得冠軍，但是依然引起了業內廣泛的關注。

Arkose Labs 認為目前傳統反詐騙服務都是以行為分析或風險評分為基礎的機制，這些方法具有兩個缺點。第一，這些工具透過對收集到的大量資料進行分析，並透過監控使用者行為的方式來對每個使用者進行風險評分。但是這些風險評分機制通常列出的是一種機率，很少能列出一個確定的好壞判斷，設定值的選取主要依靠經驗。第二，這些反詐騙服務大都是基於一些前置知識和經驗，對策略營運人員的依賴程度非常高，對於正常的黑色產業攻擊可以有效檢測。但是對於進階的、未知的詐騙攻擊，防禦策略就很容易被繞過。Arkose Labs 的產品理念如圖 17.2 所示。

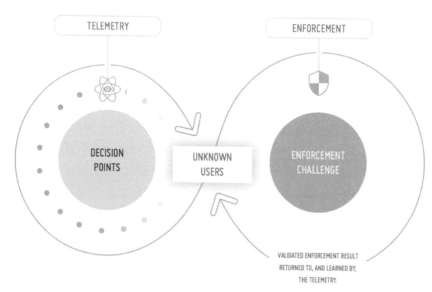

圖 17.2 Arkose Labs 產品理念

針對上述以行為分析和風險評分方法為基礎的缺點，Arkose Labs 將早期的智慧驗證碼產品和機器學習演算法結合，形成了「檢測＋處置」的雙邊人機識別方案，以實現在不影響使用者體驗和業務開展的情況下事先阻斷詐騙和黑色產業攻擊行為。

Arkose Labs 產品方案中的驗證碼技術主要是依賴於 3D 模型影像投影,將 3D 動物模型從不同角度投影,每次驗證過程都為使用者產生唯一的視圖影像。使用者需要識別動物,並將動物旋轉至頭朝上的位置。人類很容易區分這些圖片,但是對機器來說短時間內很難識別這些圖片,進一步大幅提升攻擊成本。對人機識別不同風險程度的客戶進行不同層級的驗證,結合後台機器學習演算法實現一種動態循環提升防禦策略的效果。處理策略是動態更新的,攻擊者無法探測出處置策略。這個理念將檢測和驗證形成閉環,具有很強的自我調整性。

需要注意的是,Arkose Labs 產品方案的前提是驗證碼不被破解,這可能過於理想。一旦驗證碼被破解,模型會被攻擊者污染,將惡意使用者識別為正常使用者。

17.2 Sift

Sift 成立於 2011 年,又稱為 Sift Science,是美國一家利用機器學習預測詐騙的公司。Sift 依靠全網資料、訂製化機器學習模型、自動化技術和綜合報告幫助上萬名客戶防止詐騙、簡化營運並推動收入增長。Sift 目前已經完成了累計超過 1 億美金的融資,客戶包含 Twitter、Airbnb 和 Twilio 等公司。

Sift 的 SaaS 風控場景主要聚焦帳號安全(Account Fraud)、支付安全(Payment Fraud)及內容安全(Content Fraud)。這些場景是網際網路業務安全的核心場景,也是網路詐騙最氾濫的地方。

Sift 的核心技術在於它的巨量資料處理能力和機器學習模型。原始資料包含使用者身份資訊(姓名、E-mail、手機號碼)、使用者行為(瀏覽習慣、按鍵特徵)、位置資訊(GPS 定位、郵寄地址、帳單地址)、裝置資訊(手機廠商、型號)、網路資訊(IP、網路名稱、電信業者)、訂單詳情和訂單歷史(訂單金額、訂單數量、付款方式)、特有資料(如酒店預訂房間天數)、協力廠商資料。

交易詐騙、帳戶盜用、虛假註冊、詐騙內容和虛假推廣，每個場景都需要一種獨特的方法識別詐騙行為。因此，Sift 為每個場景建置了一個獨立的模型組合，即使用不同的機器學習演算法。對每個客戶來說，模型組合都代表機器學習模型的加權輸出。使用的演算法有邏輯回歸、隨機森林、深度學習（RNN）、N-gram 和貝氏。任何一種演算法都無法解決全部問題，將所有這些模型結合在一起效果要優於單一模型。客戶要做的就是使用 Sift 提供的模型組合，評估效果，針對不同的企業透過聯合建模的方式訂製模型。

17.3 Forter

Forter 是一家專門為電子商務提供詐騙交易解決方案的以色列公司，該公司一直致力於透過即時的交易決策系統為客戶提供關於詐騙交易的安全檢測服務。

Forter 於 2013 年成立，在 2014 年，Forter 獲得了來自 NEA 和紅杉資本的 1500 萬美金融資。2018 年，Forter 又獲得了由 March Capital、Salesforce 資本領投，紅杉資本、NEA 在內的投資者跟投的 D 輪 5000 萬美金融資。

Forter 主要聚焦支付保護、帳號保護、交易符合規範和 PSD2（歐洲支付服務指令）解決方案。在市場方面，Forter 業務範圍覆蓋歐洲、非洲、拉丁美洲、亞洲、北美洲。

Forter 認為電子商務業務在激烈的市場競爭中，網際網路企業都在尋求業務增長途徑的同時減少黑色產業攻擊造成的損失。傳統的風控方案主要依賴黑資料庫和人工設定的經驗規則，這種方案在即時性和準確性方面存在很大的問題，會造成大量需要人工審核的疑似詐騙事件。基於此，Forter 提供了一個資料驅動、全自動的即時風控解決方案，該方案可以不依賴規則、評分和人工審核，並且對 C 端使用者做到完全無感、不影響體驗。Forter 的線上決策系統是由資料科學家和黑色產業情報領域的頂級專家不斷維護更新的，客戶的持續風控效果可以獲得有效保障。同時，Forter 認為自己的方案也是市場上比較準確、具有前瞻性的方案，Forter 並不會用單一的「黑名單」限制使用者的購買行為,而是動態分析使用者情況判斷風險,所以使用者體驗和誤報率都控制得非常好。每一筆交易,在不影響任何使用者體驗的情況下,Forter 會對即時資料和過去行為資料進行全面分析,在毫秒級的時間內完成計算,與目前的行為進行風險識別比較,最後列出決策結果,有效降低客戶的詐騙交易。

17.4 Shape Security

Shape Security 成立於 2011 年,曾經是矽谷紅極一時的 Web 安全領域的創業公司。Shape Security 的客戶覆蓋了多家世界 500 大企業和世界各地的政府機構。Shape Security 的投資者包含 Baseline Ventures、KPCB、NVP、Venrock、Google Ventures、Eric Schmidt 等知名風投。此外,Facebook、Twitter 和 LinkedIn 的天使投資人也對 Shape Security 進行了投資。2019 年,Networks 以 10 億美金的價格收購了 Shape Security。

隨著企業的發展,Shape Security 也逐漸從 Web 安全發展成為業務安全解決方案供應商,「防止對 Web 和行動應用程式的複雜詐騙與網路攻擊」已經成為 Shape Security 產品的口號。值得關注的是,在 CB Insights 發佈的 2019 年全球人工智慧領域 100 強中,Shape Security 申請的專利是最多的。

Shape Security 的企業防禦產品致力於防禦攻擊者模擬人類在網站和 APP 上進行的惡意詐騙行為。Shape Security 在早期做動態防禦 WAF 類別產品的過程中發現,企業的 Web 和行動應用業務面臨的攻擊越來越複雜,攻擊者越來越偏好濫用企業的業務特性進行攻擊謀利,而非單純地利用應用程式的漏洞。攻擊者使用智慧自動化工具模擬人類行為,進一步進行大規模詐騙或未經授權的活動。從這個角度來看,企業面臨的普遍威脅包含以下幾個方面:

- 帳號安全:近年來網際網路上的多個安全事件洩露了大量使用者帳號及密碼資訊,由於使用者出於方便記憶的原因,經常在不同的網站使用相同的密碼,這導致了暴力密碼比對攻擊氾濫。根據 Shape Security 的統計,洩露的資料用於暴力密碼比對攻擊,通常在大型網站或行動應用程式上的登入成功率為 0.5% ～ 2%，這個比例非常高。黑色產業集團暴力密碼比對成功可導致帳戶被控制接管，並進行後續的線上詐騙行為。

■ 非授權爬取：攻擊者採用自動化的程式從企業網站或行動應用程式中取得有價值的資訊，並將資料出售給競爭對手或用於未經授權的目的。結合暴力密碼比對攻擊，甚至有可能取得其他使用者的隱私資訊，如支付流水、購物清單、通話記錄等。

■ 虛假註冊：在企業線上業務系統進行各種行銷活動時，攻擊者建立大量帳戶進行詐騙，取得行銷活動的獎勵。

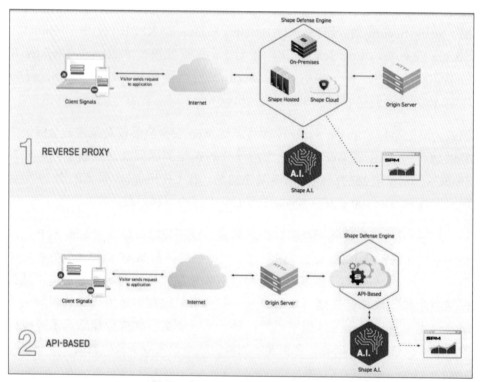

圖 17.3　Shape Security 產品理念

Shape Security 認為這些針對業務場景特性的攻擊，擊敗了傳統的安全防護系統，包含下一代防火牆和 Web 應用程式防火牆（WAF）都難以防禦。因此，

Shape Security 建置了兩套企業防禦產品，用於保護 Web、APP 及 API 介面免受複雜攻擊，預防大規模詐騙的發生。一種是前置的反射代理模式，另一種是後置的以 API 介面為基礎的模式，其產品理念如圖 17.3 所示。

整個系統由用戶端 SDK、防禦引擎和 AI 引擎組成：

- 用戶端 SDK：Shape Security 透過在 Web 應用程式中部署 JS 和在 APP 中部署 SDK 擷取用戶端資訊。

- 防禦引擎：防禦引擎用於防禦規則的決策計算，綜合用戶端 SDK 擷取的資訊、業務資料等多維度的資料進行風險決策。

- AI 引擎：分析所有交易請求的資料，透過機器學習演算法採擷新的攻擊方式，自動產生新的規則同步給防禦引擎來阻斷繞過的攻擊。

和前面提及的幾家公司不同，Shape Security 的產品形態是串列在客戶系統裡的，類似 WAF。因此可以取得客戶全部的網路流量資訊，相對而言，資料計算量會更大，發現惡意攻擊的機率也會更高。

17.5 Okta

Okta 成立於 2007 年，創始團隊來自雲端運算先驅 Salesforce 公司。Okta 在 2017 年 4 月 IPO 登入納斯達克後市值一路走高，在 2019 年底已經達到 120 億美金。Okta 已經為超過 5000 個企業提供了複雜應用場景下的身份認證及業務安全問題解決方案，成為全球身份管理的領軍企業。

在安全領域中，帳號安全和身份管理是最核心的問題之一。黑色產業集團透過暴力密碼比對攻擊、釣魚攻擊和木馬攻擊等方法控制關鍵帳號造成的使用者資料洩露、商業機密失竊甚至內網被滲透的安全事件層出不窮。隨著各種雲端服務和行動辦公的普及，企業的帳號安全和身份管理的問題變得更加複雜。

Okta 致力於透過雲端服務的方式解決員工身份管理和合作方身份管理兩個難題，如圖 17.4 所示，成功地打造一個全面覆蓋行動端和 PC 端的企業帳號系統。

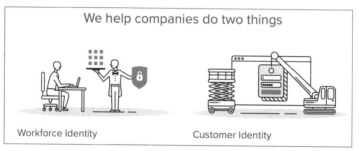

圖 17.4 Okta 聚焦的場景

2009 年，Okta 在北美開闢了一個全新的戰場，從 to B 的角度切入，成功地在網際網路流量系統中佔據了一個關鍵位置。

Okta 產品模式如圖 17.5 所示。

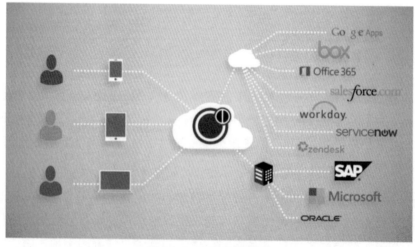

圖 17.5 Okta 產品模式

Okta 的服務平台已經對接了 4600 多個雲端服務，服務類型覆蓋各種業務場景，企業可以直接在其平台上便捷選用。

下面我們將介紹 Okta 採用了哪些技術方法幫助企業做好員工身份管理。

1. 通用目錄

根據員工所屬部門和角色的不同，可自訂不同的使用者群組，設定不同的身份認證和許可權管理策略，甚至可以透過 Agent 方式對接企業網域控制器，如圖 17.6 所示。

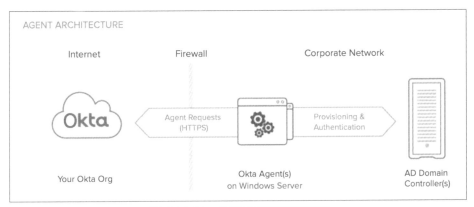

圖 17.6 Okta 對接企業網域控制器

2. 單點登入

在企業連線 Okta 之前，員工使用不同的雲端服務時常常會設定相同的密碼或有規律的不同密碼，這是暴力密碼比對攻擊流行的原因。企業一般會要求員工設定比較複雜的密碼，這又很不方便記憶，影響員工的工作效率。Okta 可以透過單點登入技術解決了複雜密碼的問題，對於員工使用各種雲端服務，可以設定密碼強度等策略要求，如圖 17.7 所示。員工只需要在 Okta 平台上登入一次即可免除後續使用時頻繁輸入複雜密碼的煩惱，如圖 17.8 所示。

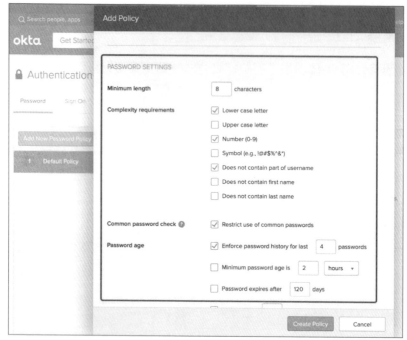

圖 17.7 Okta 密碼策略要求

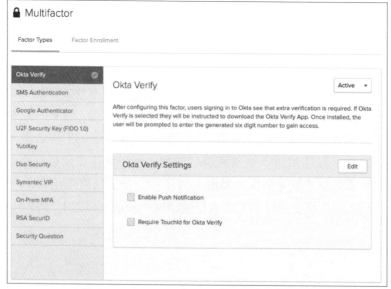

圖 17.8 Okta 平台可設定的多因素認證技術

3. 多因素認證

Okta 透過一個強大的策略框架組成了各種常見的多因素認證技術，企業可以針對不同的業務系統和不同的員工角色設定相適應的身份認證策略，如圖 17.9 所示。

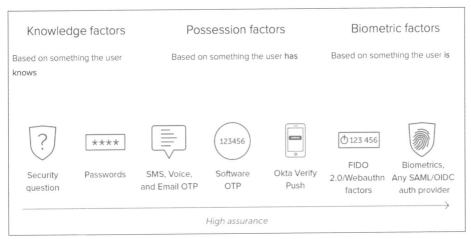

圖 17.9　Okta 多因素認證理念

4. 生命週期管理

透過使用者目錄和雲端應用程式之間的無縫通訊，當員工入職和離職時，Okta 平台會根據設定的策略對帳號進行對應的處理。

Okta 在裝置維度認證的技術能力也在持續提升，並且在 2019 年底收購了 ScaleFT。這是一家以裝置為中心的「零信任」解決方案供應商，和 Okta 現有的產品可以快速整合。在幫助企業去掉 VPN、幫助員工忘記密碼的道路上，Okta 又前進了一大步。

Okta 的戰略眼光令人驚歎，在 to C 桌面流量爭霸戰「3Q 大戰」十年後，中國大陸的巨頭才開始紛紛佈局 to B 流量入口：

■ 2019 年 10 月，阿里雲全資收購身份認證雲端管理平台北京九州雲騰科技有限公司。該公司是中國大陸最早提供商業化 IDaaS（身份認證及服務）

的公司。阿里雲收購該公司後,將加強以雲為基礎的統一身份認證管理服務。

- 2020 年 1 月,騰訊聯合金蝶、用友、有贊、微盟、銷售易、六度人和、道一等企業廠商成立了「SaaS 技術聯盟」,建立統一的帳戶系統(IDaaS),實現帳戶通用。

隨著雲端服務和產業網際網路的發展,to B 統一帳號系統的價值會越來越高,將會是一場新的流量戰爭。

17.6 本章小結

透過本章介紹可以看出,雖然海外業務安全公司的解決方案和產品形態不完全相同,但是前瞻性和創新能力都非常強。從趨勢上看,機器學習驅動的自我調整業務安全決策系統必將是未來風控重要的方向。

[1]   ARM 官方文件標準，https://developer.arm.com/docs/dui0801/latest/a64-general-instructions/

[2]   Apache Flink，基於資料流程的有狀態計算系統 https://flink.apache.org/

[3]   Apache Storm，分散式即時計算系統 http://storm.apache.org/

[4]   如何在 Keras 中使用 FaceNet 開發人臉識別系統
https://machinelearningmastery. com/how-to-develop-a-face-recognition-system-using-facenet-in-keras-and-an-svm-classifier/

[5]   FaceNet ，https://github.com/davidsandberg/facenet Daniel Sáez Trigueros, Li Meng, Margaret Hartnett , Face Recognition: From Traditional to Deep Learning Methods

[6]   Arkose Labs Enforcement Solo Animals Demo

[7]   《CAPTCHA：Using Hard AI Problems For Security》，Louis Von Ahn

[8]   ACM CCS 2018《Yet Another Text Captcha Solver: A Generative Adversarial Network Based Approach》中國西北大學的房鼎益、陳曉江教授團隊、北京大學及英國蘭卡斯特大學聯合發表

[9]   NuData Security《The-Next-Evolution-of-Authentication-NuData-Security》

[10] BioCatch《Device, system, and method of detecting user identity based on inter-page and intra-page navigation patterns》

[11] 《You Are How You Touch: User Verification on Smartphones via Tapping Behaviors》，Nan Zheng；Kun Bai；Hai Huang；Haining Wang

[12] 《Recognizing the Operating Hand and the Hand-Changing Process for User Interface Adjustment on Smartphones》，Hansong Guo；He Huang；Liusheng Huang；Yu-E Sun

[13] Crowd Fraud Detection in Internet Advertising Tian Tian, Jun Zhu, Fen Xia, Xin Zhuang and Tong Zhang International World Wide Web Conference（WWW），2015

[14] Optimistic Concurrency Control for Distributed Unsupervised Learning Xinghao Pan, Joseph Gonzalez, Stefanie Jegelka, Tamara Broderick, Michael Jordan NIPS, Dec. 2013

[15] Qiang Cao, Xiaowei Yang, Jieqi Yu, and Christopher Palow. Uncovering Large Groups of Active Malicious Accounts in Online Social Networks. In ACM Conference on Computer and Communications Security（CCS），November 2014

[16] Anaconda 下載網址為 https://www.anaconda.com/distribution/

Note

Note